Einmal gerettet – immer gerettet?

Einmal gerettet – immer gerettet?

DAVID PAWSON

ANCHOR RECORDINGS

Copyright © 2020 David Pawson

Einmal gerettet – immer gerettet?
Orginaltitel: Once saved, always saved?

David Pawson ist gemäß dem Copyright, Designs and Patents Act 1988 der Urheber dieses Werkes.

Herausgeber der deutschen Ausgabe 2020 in Großbritannien:
Anchor Recordings Ltd, DPTT, Synegis House, 21 Crockhamwell Road, Woodley, Reading RG5 3LE UK

Dieses Werk ist urheberrechtlich geschützt. Ohne vorherige schriftliche Genehmigung des Verlages darf kein Teil dieses Buches in irgendeiner Form vervielfältigt oder weitergegeben werden. Das betrifft auch die elektronische oder mechanische Vervielfältigung und Weitergabe, einschließlich Fotokopien, Aufzeichnungen und Systemen zur Informations- und Datenspeicherung und deren Wiedergewinnung.

Übersetzung aus dem Englischen:
Anita Janzarik und Tilman Janzarik, Traunstein

Weitere Titel von David Pawson, einschließlich DVDs und CDs:
www.davidpawson.com

KOSTENLOSE DOWNLOADS:
www.davidpawson.org

Weitere Informationen:
info@davidpawsonministry.com

ISBN 978-1-913472-11-5

INHALT

Vorwort	7
1. Varianten von EGIG	17
2. Evangelikale Anschauungen	25
3. Biblische Befunde	49
4. Traditionen	123
5. Theologische Einwände	147
6. Grundsätzliche Widersprüche	175
7. Praktische Auswirkungen	193
8. Übernatürliche Betrachtungen	201
Nachwort	213
Anhang I Unbequeme Texte	217
Anhang II Der Abgefallene Apostel	229

Vorwort

Während ich an diesem Buch schrieb, saß ich einmal in einem Zug nach London, um meinen Verleger zu besuchen. Die letzte Station des Zuges, an der Fahrgäste zustiegen, war Clapham Junktion. Ein Mann bestieg mein Zugabteil am hinteren Ende, setzte sich und musterte mich ein paar Minuten lang, um dann schließlich mir gegenüber Platz zu nehmen. Wenn ich mich recht erinnere, verlief unsere Unterhaltung folgendermaßen:

„Ich glaube, ich kenne Sie. Sind Sie nicht ein Prediger?" „Ja, wo haben Sie mich denn gesehen?" „Vor fünfzehn Jahren nahm mich jemand mit nach Guildford, um einen Prediger zu hören, und ich glaube, der waren Sie." „Das kann sehr gut sein. Sind Sie ein Christ?" „Ja." Nach einer Pause sagte er: „Kann ich Sie etwas fragen?" „Ich kann Ihnen nicht garantieren, dass ich eine Antwort parat habe, aber fragen Sie nur." „Nun, es ist folgendes. Ich habe meine Ehefrau verlassen und lebe nun mit einer anderen Frau zusammen." „Warum haben Sie denn Ihre Ehefrau verlassen?" „Weil ich dieser anderen Frau begegnet bin und ich mich in sie verliebt habe." „Was wollen Sie denn nun wissen?" „Wenn ich mich nun rechtmäßig scheiden lasse und die andere Frau heirate, wäre das in Gottes Augen in Ordnung?" „Nein, ich fürchte, das ist es nicht." „Aber was wäre denn richtig?" „Sie sollten diese Frau verlassen und zu Ihrer Ehefrau zurückkehren." „Ich wusste, dass Sie das sagen würden." „Ich glaube, dass Jesus dasselbe sagen würde, wenn Sie ihn fragen würden." Fortan herrschte Schweigen. Als der Zug langsamer wurde, um in Waterloo einzufahren, und mir klar wurde, dass ich nur noch ein oder zwei Minuten hatte, um mit ihm zu reden, wollte ich die Furcht des Herrn, die doch der Anfang der Weisheit ist, in ihm wachrufen und nahm das Gespräch wieder auf. „Sie stehen vor einer schwierigen Wahl." „Vor welcher denn?" „Sie können entweder mit dieser Frau für den Rest Ihres jetzigen Lebens zusammenleben oder mit Jesus die Ewigkeit verbringen. Aber beides zusammen geht nicht." Er bekam Tränen in die Augen, stieg auf den Bahnsteig und entfernte sich in der Menge. Ich konnte Jesus nachfühlen, wie es war, als der reiche Jüngling ihn verließ. Ich bete, dass dieser Mann niemals vergessen sollte, was ich ihm gesagt hatte, bis er Buße getan hätte.

War es denn richtig, was ich ihm gesagt hatte? Hatte ich ihm die Wahrheit gesagt oder versuchte ich ihn nur mit einer Lüge zu ängstigen? Eigentlich wollte er sich nur dahingehend absichern, dass seine Sünde seiner Errettung nichts anhaben könnte. Aber diesen Gefallen konnte ich ihm nicht tun.

Ein oder zwei Monate vorher passierte mir etwas Ähnliches, aber diesmal nicht mit einer einzelnen Person, sondern mit einigen Tausenden. Ich war der Hauptsprecher bei der christlichen Veranstaltung „Spring Harvest" in Minehead und hatte die Aufgabe, den Philipperbrief des Paulus auszulegen. Ich kam zum 11. Vers des 3. Kapitels „...ob ich irgendwie hingelangen möge zur Auferstehung aus den Toten" und wies darauf hin, dass selbst Paulus seine zukünftige Errettung nicht als festbeschlossene Tatsache ansah, sondern fürchtete, möglicherweise disqualifiziert zu werden (1.Kor.9,27). Ich belegte dies mit Texten aus jedem Teil des Neuen Testaments (wir werden diese in Kapitel 3 des Buches betrachten).

Dann sprach ich über diejenigen, die mit Gott Spielchen treiben, weil sie sich sicher sind, ein Ticket in den Himmel zu haben. Als Beispiel führte ich Christen auf, die ihren

Vorwort

Ehepartner für jemand anderen verlassen haben, egal ob sie mit dieser Person in wilder Ehe leben oder geschieden und wiederverheiratet sind. Viele gehen weiterhin zur Kirche, beanspruchen den Segen Gottes für ihre neue Partnerschaft und rechnen damit, in den Himmel einzugehen. Aber Sünde bleibt Sünde, egal ob sie von Gläubigen oder Ungläubigen begangen wird. Gott hat keine Lieblinge. Wir sind durch Glauben gerechtfertigt, aber wir werden aufgrund unserer Werke gerichtet werden.

Meine Aussagen führten zu einem regelrechten Tumult! Auf der einen Seite der Rednertribüne stampften sie mit den Füßen und schrien zu mir in Sprechchören: „Niemand kann uns von der Liebe Gottes in Jesus Christus trennen." Dann forderten sie die Lobpreisband auf, diesen Vers mit Gesang und Musik zu begleiten. Dann fing einer der Hauptveranstalter an, ein öffentliches Gebet für mich und meine „arme Ehefrau" zu sprechen, weil „unser David die Dinge nicht immer ganz richtig sieht." Die Situation wurde durch Roger Forster gerettet. Er nahm das Mikrophon und sagte, wir sollten über die Botschaft und nicht über den Sprecher nachdenken. Er machte einen Aufruf, bei dem die Leute in Scharen nach vorne kamen, angeführt von sieben schluchzenden Männern. Es gab nicht genügend Seelsorger für alle, und einer von ihnen sagte mir später, dass er noch nie solch eine aufrichtige Buße im Seelsorgeraum erlebt habe.

Die Tonaufnahme meiner Predigt wurde aus dem Verkehr gezogen, aber später, nach vielen Protesten doch veröffentlicht; allerdings mit einer zusätzlichen Erklärung, dass ich wegen der Kürze der zur Verfügung stehenden Zeit nicht in der Lage gewesen sei, meine Ausführungen zu begründen – aber das war durchaus nicht der Fall.

Damit war meine „Karriere" bei Spring Harvest beendet! Der Doppelschlag, „einmal gerettet – immer gerettet" in Frage zu stellen und Christen, die ihre Ehegatten verlassen

Einmal gerettet – immer gerettet?

hatten, um mit einem anderen Partner zusammenzuleben, der Sünde zu bezichtigen, war einfach zu viel. Ich kam zwar davon, war aber nun gezwungen, zwei Bücher über diese wichtigen Themen zu schreiben. Das erste haben wir vor uns liegen.

„Einmal gerettet – immer gerettet" ist ein sehr bekanntes Schlagwort in evangelikalen Kreisen und erscheint als Überschrift auf vielen Büchern und Pamphleten, so auch auf diesem Buch, welches aber wahrscheinlich das einzige ist, bei dem ein Fragezeichen hinzugefügt ist.

Obwohl dieser abgedroschene Ausdruck nicht in der Bibel gefunden werden kann, wird er doch so oft verwendet, als ob er in der Bibel stände. Sein Gebrauch ist so weit verbreitet, dass er den Status eines Sinnspruchs (wie z.B. „eile mit Weile"), wenn nicht gar eines kleinen Glaubensbekenntnisses erhalten hat. Zumindest hält man ihn für einen Glaubensvers, der allgemein anerkannt ist.

Dass man ihn nicht in der Bibel finden kann, bedeutet freilich nicht, dass er „unbiblisch" sein muss oder gar der Bibel widerspricht. Er könnte ja durchaus eine biblische Aussage enthalten, auch wenn er nicht wörtlich in der Bibel steht. Auch menschliche Aussagen können göttliche Wahrheiten enthalten. Wir müssen uns deshalb fragen, ob er die Aussagen der Bibel in rechter Weise oder zumindest angemessen zusammenfasst. Wir müssen an die entsprechenden Passagen der Bibel offen und unvoreingenommen herangehen. Das ist allerdings aus einer Reihe von Gründen, die mit unserem Verstand, unserem Herzen und unserem Willen zusammenhängen, gar nicht so einfach.

Unser Verstand kann vom Konzept der „ewigen Sicherheit" tief durchdrungen sein. Evangelisten transportieren dieses Gedankengut oftmals, ohne es direkt anzusprechen, und Pastoren lehren es frei heraus, sodass sich die Hörer über ihre Zukunft gewiss sind. Dabei überrascht es nicht, dass die Begriffe „gerettet" bedeutet, sich „in einem sicheren Hafen" zu befinden.

Trotzdem muss diese Annahme, die man schon fast universal nennen kann, auf den Prüfstand gestellt werden. Hier muss ich noch zwei Dinge, die ich selbst beobachten konnte, hinzufügen. Viele Jahre lang habe ich dieses Thema mit vielen Christen diskutiert und dabei zwei überraschende Entdeckungen gemacht.

Erstens: Die meisten, wenn nicht sogar alle, glaubten dies, weil es man ihnen so gesagt hatte. Sie hatten es nicht selbst herausgefunden, sondern von jemand anderem gehört. Sie waren mehr von speziellen Auslegungen einzelner Bibelpassagen als durch eigenes Bibelstudium beeinflusst. Mit anderen Worten: Sie näherten sich der Bibel mit der Erwartung, diese Auslegung zu finden – und fanden sie deshalb auch. Ich habe meine Predigerkollegen oft gefragt, warum sie so etwas predigen. Keiner von ihnen hat jemals gesagt: Weil es so in der Bibel steht. Ohne Ausnahme sagten sie: Weil ich dem reformierten Lager der Kirche (Calvinisten) angehöre. Damit offenbaren sie, dass die Quelle ihrer Überzeugungen viele Jahrhunderte jünger ist als das Neue Testament.

Zweitens: Jeder meiner Gesprächspartner, der die Bibel ohne fremde Hilfe studiert hatte, war zu der Überzeugung gelangt, dass man „nicht lockerlassen sollte", bis man den Himmel erreicht habe. Das führt dazu, dass Neubekehrte fürchten, dass sie nicht in der Lage sein könnten, an ihrem anfänglichen Bekenntnis bis zum Ende festhalten zu können. Wenn sie dann noch falsche Seelsorge erhalten, kann dies noch zu weiterer Verwirrung führen. Entweder sagt man ihnen, dass Gott sie ganz sicher festhält, weil sie ihm einmal geglaubt haben, oder man sagt ihnen, dass Gott in der Lage ist, sie fest zu halten, wenn sie ihm weiter vertrauen.

Einmal gerettet – immer gerettet?

Zwischen diesen beiden Möglichkeiten des Trostes liegen Welten!

Dieses Konzept hat sich dermaßen tief in das Denken eingegraben, dass es für viele schier unmöglich ist, eine Alternative zu bedenken. Das muss ich leider auch für diejenigen Leser meines Buches befürchten, die nur darauf aus sind, Fehler darin zu entdecken. Selbst wenn sie am Ende zum Schluss kommen, dass ich falsch liege, wäre es für mich dennoch ermutigend, wenn sie dann wenigstens in Erwägung ziehen würden, dass sie selbst falsch liegen könnten. Vorurteile können fatale Auswirkungen haben.

Wahrscheinlich haben wir mit unserem Herzen noch mehr Probleme als mit unserem Verstand. Es handelt sich ja um ein sehr emotionales Thema, was durchaus heftige Gefühle hervorrufen kann. Dadurch wird eine nüchterne Betrachtung sehr erschwert, und eine objektive Debatte kann schnell zu einer subjektiven Verteidigung werden.

Da gibt es zuerst einmal diejenigen, die um sich selbst besorgt sind. Sie fühlen sich, selbst wenn man nur diskutiert, schnell bedroht. Tatsächlich gehen viele einem Dialog aus dem Wege, weil schon ein Zweifeln sie zur Verzweiflung bringen würde. Ihre „Sicherheit" ist so zerbrechlich, dass man sie noch nicht einmal herausfordern darf. Wo sie sich einst sicher gefühlt haben, wittern sie jetzt nur noch Gefahr. Wenn dieses Buch einem von ihnen in die Hände fällt, würde ich ihnen dringend raten, es zu Ende zu lesen, besonders das letzte Kapitel. Und in Liebe möchte ich sie daran erinnern, dass die Bibel uns ermahnt, uns selbst zu prüfen, ob wir im Glauben sind (2.Kor.13,5). Der Apostel Paulus hat sich nicht gefürchtet, den Stand der korinthischen Gläubigen in Frage zu stellen.

Dann gibt es diejenigen, die um andere besorgt sind. Vom Glauben Abgefallene werden dieses Buch kaum lesen, obwohl gerade sie es nötig hätten. Aber ihre Verwandten und Freunde könnten es lesen und entdecken, dass ihre schlimmsten Befürchtungen zutreffen. Die Kirche in ihrer Gesamtheit trägt schwer an der Last, mit anschauen zu müssen, wie Hunderttausende den Glauben verlassen, den sie einst so willkommen geheißen haben, sei es in einer Evangelisationsveranstaltung oder indem sie durch ein normales Gemeindeprogramm zu Gemeindemitgliedern wurden. Wenn alle dabeigeblieben wären, dann wäre die Anzahl der Christen um ein Vielfaches höher. Die Frage: „Wo sind sie jetzt?" ist schon schmerzhaft genug, selbst wenn man noch nicht einmal fragt: „Wo werden sie sein?" Viele können den Gedanken emotional nicht verkraften, dass jemand, der einst den schmalen Weg, der zum Leben führt, verlassen hat und nun den breiten Weg, der ins Verderben führt, beschritten haben soll.

Aber auch unser Wille ist beteiligt. Das Fleisch ist naturgegeben faul und träge. Die Faulheit (Acedia) zählt zu den Todsünden. Wir würden uns das Königreich des Himmels gerne als Wohlfahrtsstaat vorstellen, der auf Handzetteln und Traktaten basiert. Eine Gesellschaft, die auf sofortige Lustbefriedigung gebaut ist, reagiert am leichtesten auf ein Evangelium der sofortigen Gnade. Es ist leichter, Gottes Geschenk der Erlösung zu predigen, als seine Forderung nach Gerechtigkeit.

Der Gedanke, dass Errettung auch mit Anstrengungen unsererseits einhergeht, wird geringschätzig als Werkegerechtigkeit verworfen. Werke, die aus der Gerechtigkeit entspringen, werden mit Werken, die Gerechtigkeit bewirken wollen, verwechselt.

Seit langem bin ich zu der Erkenntnis gelangt, dass die Menschen das glauben, was sie gerne glauben wollen, ganz gleich welche Beweise man ihnen auftischt. Und so scheint es auch bei diesem Thema zu sein. Welche Sichtweise sagt denn den Menschen, selbst wenn sie erlöst sind, mehr zu:

Einmal gerettet – immer gerettet?

dass eine einmalige Entscheidung oder eine lebenslange Nachfolge über unser ewiges Schicksal entscheiden soll?

Unser Verstand, unser Herz und unser Wille können also verhindern, dass wir an diese Diskussion ohne Vorurteile (ja sogar Vorverurteilung) herangehen, was auch die Würdigung der biblischen Belege betrifft.

Ein Grundsatz der Bibelauslegung war schon immer, dass man zunächst die einfachste und offensichtlichste Betrachtungsweise wählt, wenn es keine klaren Gründe gibt, anders vorzugehen. Und das soll auch unser Bestreben sein. Wir wollen die Texte so nehmen, wie sie sind, mit ihrer offensichtlichen Aussage, und dabei auch den Kontext betrachten. Wir wollen uns davor hüten, die Verse, die nicht zu unseren Fundstellen passen, als Problemtexte zu bezeichnen, was einer Vorauswahl, einer Selektion gleichkäme.

Es seien noch zwei weitere Vorbemerkungen gestattet, bevor wir unser Themenfeld betreten.

Das Wort „Christ" wird nicht oft vorkommen. Es war ein Spottname, der von Außenstehenden im Neuen Testament geprägt und verwendet wurde (Apg 11,26; 26,28; 1 Petr 4,16, wo Ungläubige diesen Namen verwenden). Seine moderne Bedeutung ist: Ein Mensch, der irgendwie unter den Geretteten angekommen ist oder zumindest eine gewisse Schwelle überschritten hat. Dieses Wort ist statisch und drückt kein weiteres Fortschreiten aus. Die am häufigsten verwendete Bezeichnung für Gläubige in der frühen Kirche (siehe Apostelgeschichte) war „Jünger", was viel dynamischer ist, denn es beschreibt einen Menschen, der von seinem Meister lernt und ihm folgt. Es beinhaltet viel mehr die Vorstellung, „auf dem Weg" zu sein als eine Schwelle überschritten zu haben. Es ist bemerkenswert, dass die allererste Bezeichnung des christlichen Glaubens „Der Weg" war (siehe Apostelgeschichte).

Vorwort

Weil es auf Dauer umständlich und mühselig ist, immer wieder den Ausdruck „einmal gerettet – immer gerettet" zu lesen, werde ich ihn im weiteren Text mit „EGIG" abkürzen. Was aber meinen nun die Leute eigentlich damit?

1.

Varianten von EGIG

Es kann sein, dass viele Leser von diesem Kapitel überrascht sein werden. Weil EGIG (einmal gerettet – immer gerettet) so einfach klingt, meinen sie, dass es jeder auf Anhieb versteht. Für sie ist die Angelegenheit ganz einfach: Entweder man glaubt´s oder man glaubt´s nicht. Es geht darum, ob man seine Errettung verlieren kann oder nicht.

Leider ist es nicht ganz so einfach. Unter EGIG versteht nicht jeder dasselbe. Es gibt ein wahres Spektrum von Verständnisweisen, und wir müssen darauf eingehen, weil unsere Kritik sonst schnell zur Karikatur verkommt.

Zwei grundlegende Fragen zeigen die große Bandbreite der Definitionen von EGIG.

Erstens: Wie schwerwiegend ist Sünde im Leben des Gläubigen? Hier gibt es auch eine große Bandbreite von leicht bis schwer. Für einige bedeutet es, dass man jemanden damit enttäuscht. Für andere stellt Sünde ein schwächendes oder sogar ein schädigendes Element dar. Keiner der EGIG-Anhänger erkennt eine Gefahr für die Ewigkeit darin.

Zweitens: Wie wichtig ist Heiligkeit für den Gläubigen? Auch hier gibt es eine große Bandbreite von optional bis zwingend notwendig. Bei Letzterem variiert es von „man sollte" bis „man muss" heilig sein. Aber nur wenige erwähnen die Strafe für diejenigen, die nicht heilig sind. Kein EGIG-Anhänger würde behaupten, dass fehlende Heiligkeit den Himmel verwirkt.

Einmal gerettet – immer gerettet?

Es ist offensichtlich unmöglich, das ganze Spektrum abzudecken, aber man kann es so anpacken, dass man beide Extreme beschreibt, denn irgendwie ist jedes eine Mischung aus diesen beiden Extremen mit verschiedenen Anteilen daraus. Das eine Extrem nimmt Sünde und Heiligkeit der Gläubigen auf die leichte Schulter, während sie im anderen Extrem ziemlich schwer wiegt. Das eine Extrem versteht EGIG ganz einfach, das andere Extrem versteht EGIG sehr kompliziert. Ich werde nun diese Extreme mit dem ersten und letzten Buchstaben des griechischen Alphabets bezeichnen, Alpha und Omega – man wird bald sehen warum.

Die Alpha-Sichtweise
Das ist das einfachste Verständnis von EGIG. Seine Befürworter glauben, dass man, wenn man einmal an Christus geglaubt hat, für immer sicher und für die Ewigkeit bewahrt ist, gleichgültig was danach passiert. Anders ausgedrückt heißt das: ein Moment des Glaubens- irgendwann in einem ganzen Menschenleben - ist ausreichend für einen sicheren Platz in der Herrlichkeit.

Man muss nur das christliche Leben beginnen, dann ist man „gerettet". Dann hat man die garantierte Eintrittskarte zum Himmel. Damit ist alles erledigt. So gesehen ist Start und Ziel das gleiche. Nur der erste Schritt ist notwendig. Man muss nur am Anfang anfangen. Und so ist das Alpha-Label durchaus zutreffend.

Die Predigt vieler Evangelisten transportiert diese Botschaft, auch wenn sie das nicht wahrhaben wollen. Es mag unbewusst sein, aber sie präsentieren das Evangelium als eine Lebensversicherung für das nächste Leben, eher als einen Ausweg aus der Hölle denn als eine Befreiung von den Sünden. Das kommt daher, dass sie sich mehr auf den Tod als auf das Leben fokussieren („Wenn du heute Nacht stirbst, wirst du dann im Himmel oder in der Hölle aufwachen?"). Allzu oft wird ein garantierter Platz im Himmel als Antwort auf ein 30-Sekunden-Bekehrungsgebet angeboten, das man dem Evangelisten nachspricht, wobei weder die der Buße würdigen Taten noch die Bekehrung zu Gott noch der Empfang des Heiligen Geistes und noch viel weniger die Wassertaufe Erwähnung finden. Das steht im starken Kontrast zur apostolischen Evangelisation im Neuen Testament (siehe dazu mein Buch *Die normale christliche Geburt*, wo die ersten Schritte eines Christen detailliert dargestellt werden; Hodder & Stoughton, 1989).

Obwohl es meist nicht erwähnt wird, bleibt einfach der Eindruck, dass nichts im späteren Leben des Bekehrten einen Einfluss auf seinen Stand in Gott haben kann.

Zusammengefasst: Der Zugang zum Himmel erfordert Vergebung, aber keine Heiligkeit, Rechtfertigung ist notwendig, aber Heiligung nicht.

Es ist kein Wunder, dass das zu moralischer und geistlicher Gleichgültigkeit führt. Schlimmstenfalls führt es dazu, dass man über seine Rettung jubelt, während man gleichzeitig in offener Sünde lebt. Genau das war im Zug von Clapham und bei Spring Harvest passiert (siehe Vorwort). Ich hörte einmal eine sehr bezeichnende Aussage einer amerikanischen Mutter: „Meine Tochter ist eine drogensüchtige Prostituierte, aber Preis dem Herrn, im Alter von sieben Jahren hat sie sich für den Herrn entschieden, und ich freue mich, sie in der Herrlichkeit wiederzusehen."

Das ist die Sicht von EGIG, die am weitesten verbreitet ist. Sie nimmt sowohl Sünde als auch Heiligkeit des Gläubigen sehr leicht. Weder das eine noch das andere hat ernsthafte Auswirkungen auf das ewige Schicksal. Die Hauptsache ist, dass man so viele wie möglich „rettet", was gleichbedeutend ist mit einem Start im Glauben.

Natürlich ist das bei weitem nicht die Ansicht von allen EGIG-Anhängern. Gewiss würden viele das als ein Zerrbild, eine ungehörige Karikatur ihrer Auffassung bezeichnen. Sie wollen nicht in einen Topf mit so einer freizügigen Haltung geworfen werden und würden solche Haltung als Gesetzlosigkeit bezeichnen. Deshalb müssen wir uns nun das andere Ende des Spektrums ansehen.

Die Omega-Version
Dies ist das differenzierte Verständnis von EGIG, mehr durchdacht und viel weniger freizügig. Sowohl Sünde als auch Heiligkeit des Gläubigen finden mehr Beachtung.

Auch wird die Beständigkeit im christlichen Leben für notwendig erachtet. Heiligkeit ist genauso notwendig wie Vergebung, Heiligung ist genauso notwendig wie Rechtfertigung. Gläubige dürfen niemals gleichgültig und selbstzufrieden werden, sondern nach vorne zum Preis ihrer hohen Berufung streben. Den Lauf zu vollenden ist ebenso wichtig wie den Lauf zu starten – daher auch mein Omega-Label für diese Sichtweise.

Die Lehre vieler Pastoren beinhaltet diese Sichtweise, besonders derjenigen, die sich dem „reformierten" Lager zuschreiben würden. Sie mahnen ihre Hörer, zur Reife zu gelangen, nicht stehen zu bleiben und erst recht nicht zurückzugehen. Die Betonung auf Beständigkeit unterscheidet sie von der einfacheren Alpha-Position. Tatsächlich mögen auch einige den Slogan „einmal gerettet – immer gerettet" nicht, weil er nicht die Notwendigkeit des Weitergehens im Glauben beinhaltet. Deshalb wird er eher vermieden, und zwar weil er unzureichend ist und nicht, weil er falsch ist.

Es ist nicht zu weit gegriffen, wenn man behauptet, dass die Verfechter dieser Sichtweise glauben, dass nur derjenige, der bis zum Ende durchhält, auch gerettet werden wird und dass derjenige, der nicht durchhält, für immer verloren sein wird. Wie kann man sie dann als EGIG-Vertreter bezeichnen? Was sie über die Beständigkeit sagen, scheint EGIG zu widersprechen. Genauer betrachtet versuchen sie, beides zu glauben, und da beginnen die Feinheiten. Diese Spannung kann auf zwei Arten gelöst werden.

Einige lösen das Problem damit, dass sie die Strafe für den Glaubensabfall (Apostasie) definieren. Sie sagen, dass man höchstens den Lohn oder einen besonderen Segen verlieren kann, sei es nun in dieser Welt oder – und das ist häufiger der Fall - in der nächsten. Man kann also den Extrabonus, den man für seine Beständigkeit erhalten könnte, verlieren, während die Teilnahme an der himmlischen Herrlichkeit weiterhin garantiert ist.

Andere lösen das Problem, indem sie die Möglichkeit eines Glaubensabfalls verneinen, zumindest in einer dauerhaften Form. Das läuft darauf hinaus, dass man glaubt, dass alle, die wahrhaftig wiedergeboren sind, gar nicht anders können, als beständig zu sein –dass sie es also nicht nur sollten, sondern geradezu dazu gezwungen sind.

Und nicht nur das: diese unabwendbare Beständigkeit wird nicht von ihnen ausgeübt, sondern ist vielmehr eine Gabe Gottes, die sie nicht ablehnen können. Gott stellt sicher, dass sie ihren Lauf beenden, genauso, wie er es sichergestellt hat, dass sie ihn begonnen haben. Diese Gabe und das Vertrauen darauf wird oft als das „Ausharren (die Beständigkeit) der Heiligen" bezeichnet, was eigentlich eine Fehlbezeichnung ist, da es sich ja doch um eine göttliche Tat und nicht um eine menschliche Tat handelt. In letzter Zeit wird diese Überzeugung zutreffender als die „Bewahrung der Heiligen" bezeichnet.

Die logische Folgerung aus all diesem ist, dass all diejenigen, die in der Praxis nicht beständig sein konnten, niemals wahrhaftig von neuem geboren waren. Sie mögen zwar den Glauben bekannt haben und deshalb sogar die Zugehörigkeit zu einer Kirche gewählt haben, aber sie waren

Einmal gerettet – immer gerettet?

nur „Namenschristen" und deshalb überrascht es nicht, dass sie ihre Pilgerreise nicht fortgesetzt haben.

Das betrifft natürlich auch die Heilsgewissheit. Wie kann man wissen, ob man sich in der Schar der Heiligen befindet, die beständig sind, bevor man bis zum Ende Beständigkeit bewiesen hat? Wenn man diese Gedanken weiterführt, kommt man in echte Schwierigkeiten!

Wir müssen zu unserem ersten Gedankenansatz zurückkehren. Die beiden Extreme des EGIG-Spektrums unterscheiden sich deutlich, ganz besonders im Hinblick auf Apostaten (Abtrünnige vom Glauben). Alpha-EGIG würde sie als weiterhin gerettet betrachten, Omega-EGIG sieht sie als nie wahrhaft gerettet.

Beide Sichtweisen können missbraucht werden, eine zu Freizügigkeit und Zügellosigkeit und die andere zu Gesetzlichkeit, die alles verbieten will (ähnlich wie die Sadduzäer und Pharisäer in den Tagen Jesu). Jedoch darf keine dieser EGIG-Sichtweisen aufgrund solcher Zerrbilder beurteilt werden.

Beiden Sichtweisen ist aber folgendes gemeinsam – und tatsächlich treffen auf das ganze Spektrum von EGIG diese Worte zu: *Wenn man einmal wahrhaftig begonnen hat, dann wird das Christenleben unausweichlich das Ziel erreichen.* Wenn das Alpha errichtet wurde, ist das Omega garantiert. Was auf Erden begonnen hat, wird ganz sicher im Himmel enden.

Darin sind sich alle Befürworter von EGIG einig, ob man nur richtig starten oder auch richtig enden muss, ist eher eine Frage der Gewichtung und Betonung. In der Praxis hat dies keine Auswirkung auf das Endergebnis. Wiedergeburt läuft zwangsläufig auf Verherrlichung heraus, was auch immer dazwischen passiert.

Man ist versucht, dies als „Rolltreppenerrettung" zu bezeichnen. Wenn man einmal eingestiegen ist, kann man hinauf- oder hinuntergehen, aber niemals aussteigen. Früher oder später wird man ganz sicher oben ankommen.

Jedoch spricht das Neue Testament viel mehr von einem „Lauf" oder zumindest von einem „Beschreiten eines Weges" als von einem „Ritt" oder einer „Fahrt". Ob man nun läuft oder schreitet, es kann passieren, dass man nicht ankommt oder sogar ganz und gar vom Weg oder der Straße abkommt. Aber wir eilen schon wieder voran, springen bereits zu Schlussfolgerungen. Es soll zunächst genügen, wenn wir feststellen, dass die Bibel klar sagt, dass WIR es sind, die gehen oder laufen sollen.

Bevor wir die Bibel untersuchen, haben wir noch eine Aufgabe: Wir müssen einige Anschauungen betrachten, mit denen man an die Bibel herangehen kann, die nicht nur beeinflussen, nach was wir suchen, sondern auch das, was wir finden.

2.

Evangelikale Anschauungen

Kein Thema des christlichen Glaubens kann isoliert betrachtet werden. Unterschiedliche Lehren wollen verknüpft werden, jede berührt eine Reihe von anderen oder wird von anderen berührt.

EGIG ist da keine Ausnahme. Es gehört wie andere Lehren auch in ein Netzwerk von Konzepten und Ideen. Eigentlich ist es mit zwei Gruppen von Ansichten verbunden, eine spezielle und eine allgemeine.

Das *spezielle* theologische System, mit dem EGIG verbunden ist, ist der Calvinismus, benannt nach dem protestantischen Reformer in Genf, Johannes Calvin. Wir werden später noch darauf zurückkommen, wenn wir auf die historische Entwicklung der EGIG-Idee zurückkommen. Der *allgemeine* Hintergrund, mit dem wir uns jetzt befassen, ist der Evangelikalismus, der den Calvinismus in gewisser Weise miteinschließt, aber viel weiter gefasst ist. Es ist das gemeinsam geteilte Verständnis des Evangeliums, das eine Basis für eine vereinte Evangelisation bildet, sei es auf weltweiter oder auf lokaler Ebene.

Die gemeinsamen Überzeugungen beinhalten auch Glaubensgrundsätze wie Errettung, Glaube, Vergebung, ewiges Leben und das Königreich Gottes. Man nimmt im Allgemeinen, wenn auch nicht überall, an, dass EGIG gut in dieses Paket hineinpasst.

Wir müssen aber erkennen, dass EGIG nur dann

hineinpasst, wenn diese Glaubensgrundsätze auf eine gewisse Art und Weise interpretiert werden. Wenn man voraussetzt, dass eine Interpretation dann richtig ist, wenn sie sich auf die Gesamtaussage der Bibel stützt und nicht nur auf einzelne Textstellen, die womöglich noch aus dem Kontext gerissen sind, kann man gegen sie keinen Einwand erheben. Wenn sich aber herausstellt, dass diese Themengebiete ernstlich missverstanden werden, muss man auch EGIG in Frage stellen.

Und genau das soll in diesem Kapitel gezeigt werden.

Gemeinplätze über das Evangelium können schnell missverstanden werden und sogar verführen. Beginnen wir nun mit dem grundlegendsten Thema: Was verstehen wir unter „Errettung"?

Errettung

Das Schlüsselwort von EGIG ist augenscheinlich „gerettet". Sein weit verbreiteter Gebrauch offenbart schwerwiegende Defizite, wenn man ihn mit dem Neuen Testament vergleicht. Es wird ausnahmslos in der Vergangenheitsform verwendet, so als ob alles, was damit zusammenhängt, ein für alle Mal vorbei ist. Überdenken wir doch einmal folgende ganz übliche Verwendungsmöglichkeiten:

„Vor zehn Jahren wurde ich auf einer Evangelisationsveranstaltung von Billy Graham gerettet."

„Letzten Sonntagabend wurden bei uns sieben Personen gerettet."

„Bist du gerettet, mein Bruder?"

Aber es folgt noch mehr daraus. Die Errettung ist nicht nur etwas Abgeschlossenes, sie geschieht auch in ganz kurzer Zeit, wenn nicht sogar in einem Augenblick. Man kann sie deshalb mit einem Datum versehen, einem Jahr, einem Monat, einer Woche, einem Tag, einer Stunde, ja manche können sogar die Minute angeben. Wenn man den genauen Zeitpunkt seiner Errettung nicht angeben kann, dann empfinden manche das sogar als Makel, ganz besonders, wenn man Zeugnis geben soll.

All das passt nicht so recht zu dem, was die Bibel sagt, wenn dort die vier grundlegenden Schritte beim Start des Glaubenslebens (Buße hin zu Gott, Glaube an Jesus, Wassertaufe und Empfang des Heiligen Geistes) über Stunden, Tage, Wochen, Monate oder sogar Jahre verteilt sind.

Eine viel wichtigere Frage ist, ob der Start des Glaubenslebens, wenn er denn richtig vonstattenging, mit Errettung gleichgesetzt werden kann. Kann man alle, die gestartet sind, als gerettet betrachten? Die Antwort überrascht.

Die Lehre der Apostel benutzt das Wort „retten" in drei grammatikalischen Zeiten: Vergangenheit, Gegenwart und Zukunft, also: Wir wurden gerettet, wir werden gerettet und wir werden gerettet werden. Wenn es verwendet wird, dann immer in der Zukunftsform (z.B. Matth 24,13; Röm 5,10, 1.Kor 5,5; 1Tim 4,16; Heb 9,28).

Was folgern wir daraus? Errettung ist ein Prozess, der Zeit benötigt, und nicht ein punktuelles Ereignis. Das Evangelium spricht von einem „Weg der Errettung", den wir beschreiten müssen, um das Ziel zu erreichen.

Mit anderen Worten: Die Errettung ist bei keinem von uns vollendet. Richtiger wäre es, dabei das Partizip Präsens zu verwenden, was wie folgt lautet: „Wir sind dabei, gerettet zu werden." So wie es im Gebet des alten Baumwollpflückers heißt: „Oh Herr, ich bin nicht so, wie ich sein sollte, ich bin nicht so, wie ich einmal sein werde, aber Preis dem Herrn, ich bin nicht so, wie ich einmal war."

Ein Wort, das mit dem Wort „Errettung" verwandt ist, ist das Wort „Verwertung" (Anm: Im Englischen klingen die beiden Worte sehr ähnlich). Es wurde während des 2.

Einmal gerettet – immer gerettet?

Weltkrieges oft verwendet, ist jetzt aber durch das Wort „Recycling" ersetzt worden. Es bedeutet, dass man Müll (Papier, Metall, Glas usw.) vor dem Müllplatz „rettet", ihn wieder zubereitet und so dem Gebrauch seiner ursprünglichen Bestimmung zuführt.

Genau dasselbe macht Gott mit uns. Jesus verwendet oft den Ausdruck „Gehenna" (Das Tal der Söhne Hinnoms, das der Müllplatz für Jerusalem war) als Bild für die Hölle, in welche Gott die Leute hineinwirft (nicht hinsendet!), die „umgekommen" sind und für Gott keinerlei Nutzen mehr haben (siehe dazu mein Buch *Der Weg zur Hölle*, Hodder&Stoughton, 1992).

Die Rettung davor hat zwei Aspekte. Im negativen Sinn müssen wir *von* unseren Sünden gerettet werden und zwar von den subjektiven und objektiven Konsequenzen. Im positiven Sinn müssen wir wieder vollkommen hergestellt werden *zum* ursprünglichen Bild Gottes, nach dem wir geschaffen worden sind und das im Charakter Christi auf vollkommene Weise zum Ausdruck kommt. Er ist in der Lage, aus der tiefsten Gosse in seine Herrlichkeit hineinzuretten („save to his uttermost as well from the guttermost"; Anm: Nicht übersetzbares englisches Wortspiel).

Theologisch betrachtet hat dieser Prozess drei Phasen, die in der Vergangenheit, der Gegenwart und der Zukunft liegen. Mit der *Rechtfertigung* werden wir von der Strafe für die Sünde befreit. Mit der *Heiligung* werden wir von der Kraft der Sünde befreit. Mit der *Verherrlichung* werden wir von der Möglichkeit der Befleckung der Sünde befreit.

Wird dieser fortlaufende Erneuerungsprozess einmal ein Ende haben? Und wenn ja, wann? Ja, er wird, und zwar wenn Jesus zurück zur Erde kommt. „Wir wissen, dass wir, wenn er offenbar werden wird, ihm gleich sein werden, denn wir werden ihn sehen, wie er ist" (1Joh3,2). Dann endlich werden wir wirklich gerettet sein, komplett und für immer!

Jetzt merken wir, welche Auswirkungen es haben kann, wenn man den Ausdruck „gerettet" nur in der Vergangenheitsform verwendet. Wenn man den Ausdruck „gerettet" als Synonym für Bekehrung verwendet, kommen die Bekehrten außerdem auf die Idee, dass nun nichts mehr geschehen muss, dass alles erledigt ist, obwohl es gerade erst begonnen hat, dass sie bereit für den Himmel sind, sobald sie aus der Hölle gerettet sind. Wen wundert es, wenn viel mehr zurückgehen als voranschreiten.

Das Wort „einmal" in EGIG ist auch ziemlich fragwürdig, denn es sagt ziemlich deutlich aus, dass die Errettung komplett ist und nicht, dass sie gerade erst begonnen hat. Im Grunde genommen bewahrheitet sich der Ausdruck „einmal gerettet" erst bei der Wiederkunft Christi. Dann und nur dann ist „einmal gerettet" ein zutreffender Ausdruck.

Das tiefere Verständnis von Errettung als eine fortschreitende Umwandlung des Menschen hat noch nichts mit dem nächsten Thema, dem wir uns jetzt zuwenden wollen, zu tun. Wird dieser Prozess, der einmal begonnen hat, zwangsläufig zu Ende geführt werden oder kann er zum Stillstand kommen? Ist es mehr wie eine Maschine, die ein fertiges Produkt auswirft, oder wie eine Ehe, die von beiden Partnern gepflegt werden muss, damit sie nicht auseinanderbricht (oder die von nur einem Partner aufrechterhalten wird, ganz gleich, was der andere tut)?

Diese Frage müssen wir mit anderen Bibelstellen beleuchten. Bis jetzt können wir festhalten, dass unser Verständnis von Errettung sehr viel damit zu tun hat, wie wir EGIG verstehen. Und genauso verhält es sich mit Glauben.

Glaube

Präpositionen (Verhältniswörter) haben in der Bibel eine große Bedeutung. Wir sind *durch* Gnade *mittels* des Glaubens gerettet. Wir sind nicht *durch* unseren Glauben gerettet, sondern *durch* seine Gnade. Aber wir eignen uns diese Gnade an, indem wir unseren Glauben in den Herrn Jesus Christus setzen. Wenn wir dies tun, so sagt das Neue Testament, sind wir gerechtfertigt (als unschuldig freigesprochen in den Augen des Richters) *mittels* des Glaubens. Seit der Zeit Abrahams hat Gott den Glauben an Stelle von guten Taten akzeptiert und rechnet sie auf dem Konto des Gläubigen als „Gerechtigkeit" an (Gen 15,6; Röm 4,5).

Was aber ist Glaube? Ist es etwas, was du dir in deinem Verstand denkst oder in deinem Herzen fühlst? Es überrascht, dass es mehr mit deinem Willen zu tun hat; es ist etwas, was du *tust*. Im Hebräerbrief gibt es das berühmte Kapitel 11, in welchem die großen Glaubenshelden des Alten Testaments aufgelistet werden. Sie alle bewiesen ihren Glauben durch ihre Taten. Noah baute die Arche. Abraham verließ seine Heimat für immer. Josua marschierte um die Mauern Jerichos, wo Rahab die israelitischen Spione versteckte. All dieser Männer und Frauen vertrauten Gott und taten deshalb das, was er ihnen geboten hatte. Und das ist Glaube – vertrauen und gehorchen. Glaube ist nicht so sehr das, was wir mit Worten bekennen, sondern was in Taten ausgeübt wird.

Trotzdem wird viel mehr das Bekennen des Glaubens, als das Ausüben des Glaubens gelehrt, das Bekenntnis anstatt der Taten. Solche Art von Glauben kann wohl ausgerufen, aber nicht gezeigt werden. „Ich zeige dir meinen Glauben aus meinen Taten" sagte der Apostel Jakobus (2,18).

Wenn das Bekenntnis das Ausüben ersetzt, dann ist es kein weiter Weg zu der Vorstellung, dass rettender Glaube eine einmalige und momentane Angelegenheit ist. „Sage Jesus einfach, dass du an ihn als deinen persönlichen Retter glaubst." Die extremeren Vertreter von EGIG behaupten, dass eine Minute des Glaubens in einem Menschenleben eine ewige Erlösung garantiert. Das kann natürlich wahr sein, wenn jemand im Sterben liegt (wie der Schächer am Kreuz), aber wenn jemand weiterlebt, schaut das ganz anders aus. Der im Sterben liegt, kann seinen Glauben nicht weiter beweisen, aber der Lebende kann und muss es tun.

Wie auch die Errettung so ist auch der Glaube im neutestamentlichen Denken etwas Fortwährendes. Es ist eine andauernde Haltung, die sich in der Tat ausdrückt. Das ist ganz besonders der Fall, wenn es sich um Glauben an eine Person handelt. Es ist ein Widerspruch in sich, wenn man nur für einen Augenblick an jemanden glaubt. Wenn du wirklich an jemanden glaubst, dann wirst du ihm immer weiter vertrauen (und gehorchen), ganz egal was passiert.

Dass fortwährender Glaube von Nöten ist, wird in der Bibel auf zweierlei Weise gezeigt: Im Hauptwort „Glauben" und im Tätigkeitswort „glauben".

Das Hauptwort „Glauben" oder „Treue" wird im Englischen mit „faith" und „faithfulness" ausgedrückt. Sowohl im Hebräischen als auch im Griechischen ist es dasselbe. „faithfulness" heißt wörtlich übersetzt „voll des Glaubens", und genau darum geht es sowohl im Alten als auch im Neuen Testament.

Im Alten Testament ist dieses Wort ziemlich selten, genauer gesagt kommt es nur dreimal vor. Einmal im Zusammenhang mit Ehepartnern, die sich gegenseitig vertrauen und deshalb sich treu bleiben. Es wird auch verwendet, als Aaron und Hur die Arme von Mose einen Tag lang zum Gebet hochhielten. Dieses Gebet des „Glaubens" garantierte den Sieg im Kampf gegen die Feinde.

Das beste Beispiel finden wir in Habakuk 2,4, welches von drei Schreibern des Neuen Testaments zitiert wird und übrigens der Lieblingstext von Martin Luther war: „Der Gerechte wird aus Glauben leben." Der Prophet machte sich große Sorgen, weil Gott ihm geoffenbart hatte, dass er die grausamen Babylonier heraufführen wird, um das Volk in

Jerusalem für seine Sünden zu bestrafen. Er wusste, dass sie eine Politik der „verbrannten Erde" bringen würden und ein verwüstetes und nicht mehr bewohnbares Land hinterlassen würden. Habakuk beklagte sich, dass es doch unmoralisch und ungerecht von Gott wäre, dabei zuzuschauen, wenn der Gerechte zusammen mit dem Ungerechten abgeschlachtet wird, der Unschuldige zusammen mit dem Schuldigen. Aber Gott gab ihm folgende Antwort und versicherte ihm: „Der Gerechte wird durch Glauben leben." Wir können diese tröstliche Antwort folgendermaßen umschreiben: „Diejenigen, welche gerecht leben, werden das kommende Gericht überleben, indem sie Glauben bewahren" (gläubig bleiben und durch das Gericht hindurchkommen).

Diese Auslegung, dass „durch den Glauben" ein fortdauerndes „voll des Glaubens sein" bedeutet, wird im Neuen Testament wieder aufgenommen. Im Römerbrief betont Paulus, dass das Evangelium eine göttliche Gerechtigkeit offenbart, die für die Menschen erhältlich ist als „von Glaube zu Glaube" (Röm 1,17). Manche Übersetzungen machen das ziemlich deutlich:

„Durch Glaube von Anfang bis zum Ende" (New International Version)

„Ein Weg, der mit Glauben beginnt und mit Glauben endet" (New English Bible)

„Ein Prozess, der begonnen hat und fortgesetzt wird durch ihren Glauben" (J.B.Phillips)

Paulus zitiert den Propheten Habakuk als schriftgemäßen Beweis.

Im Hebräerbrief 10,38 wird dies genauso betont: „Der Gerechte wird durch seinen Glauben leben". „Und wenn er zurückweicht (Englisch: „to shrink back", ein Begriff aus der Seefahrt, wenn die Segel heruntergelassen werden), werde ich kein Wohlgefallen an ihm haben." Nochmals, diese Hervorhebung vom unbeirrbaren Weitermachen (ein

Thema des gesamten Römerbriefs) kommt aus den Worten des Propheten.

Im Neuen Testament ist es nicht so einfach, das griechische Wort *pistis* zu übersetzen, entweder mit Glauben oder mit Treue. Das ist besonders dann der Fall, wenn es sowohl als Gabe als auch als Frucht des Geistes aufgeführt wird. (1Kor12,9 und Gal5,22). Allerdings ist das Hauptwort längst nicht so häufig wie das Tätigkeitswort, besonders in den Schriften des Apostel Johannes.

Das Tätigkeitswort ist viel dynamischer als das Hauptwort, es zeigt eine Tätigkeit und weniger eine Eigenschaft auf.

Viel interessanter aber ist die grammatikalische Zeit, in der es verwendet wird, zumal sich das Griechische vom Englischen (Anm. d. Übersetz.: und auch vom Deutschen) ziemlich unterscheidet. Manchmal steht das Verb „glauben" in der Zeitform des „Aorist", womit ein einmaliges Handeln und ein einmaliges Zeitfenster ausgedrückt wird. Aber in vielen Schlüsselversen steht „glauben" in der Gegenwartsform. Da dies in diesem Buch sehr oft thematisiert wird, wollen wir jetzt genauer darauf eingehen.

Die griechische Gegenwartsform drückt oftmals einen fortlaufenden Prozess aus, etwas, das jetzt abläuft und dabei Teil einer fortgesetzten Handlung ist. Um diesen Aspekt im Englischen (Anm. d. Übersetz.: und auch im Deutschen) ausdrücken zu wollen, muss man es umschreiben. Das Wort „sein" (ich bin, du bist…) muss man zumindest mit „seiend" (ich bin seiend…) ausdrücken oder noch besser mit „ich bin andauernd am sein". So würde das griechische „ich atme" richtig übersetzt „ich bin am Atmen, ich mache mit dem Atmen weiter, ich bin dabei zu atmen".

Im Englischen (Anm. d. Übers.: und auch im Deutschen) geht dieser fortlaufende Aspekt häufig unter. Der Ausdruck „er lacht" zeigt nicht wirklich an, ob es sich um ein einmaliges Auflachen oder ein fortwährendes Gelächter handelt.

Einmal gerettet – immer gerettet?

Die griechische Befehlsform in der Gegenwart verbunden mit einer Negation zeigt die Aufforderung an, mit etwas aufzuhören, zu stoppen, etwas nicht mehr weiter zu tun. Die Aufforderung Jesu an Maria Magdalena „Rühre mich nicht an!" (Joh 20,17) wird deshalb sowohl im Englischen als auch im Deutschen weitgehend falsch interpretiert. Man meint, der noch nicht zum Himmel aufgefahrene Körper dürfe oder könne nicht berührt werden. Moderne Übersetzungen haben diese Fehlinterpretation korrigiert und *übersetzen: „Höre auf, mich festzuhalten!"*

Wir wollen diese Einsichten nun auf einige berühmte Verse im Johannesevangelium anwenden. Am Ende des Evangeliums begründet er, warum er aus den vielen Wundern Jesu nur einige ausgewählt hat, um sie uns zu berichten (damit unterscheidet sich das Johannesevangelium von den anderen synoptischen Evangelien des Matthäus, Markus und Lukas). „Diese sind aufgeschrieben, damit ihr glaubt (mit anderen Worten: damit ihr fortfahrt zu glauben, damit ihr weiterglaubt), dass Jesus der Christus, der Sohn Gottes ist und damit ihr durch Glauben (mit anderen Worten: durch euer fortwährendes Glauben, durch euer Weiterglauben) Leben habt in seinem Namen" (Joh 20,31).

Das bedeutet unter anderem auch, dass Johannes sein Evangelium in erster Linie für Gläubige und nicht für Ungläubige geschrieben hat, damit Menschen weiterglauben und nicht, damit sie anfangen zu glauben. Deshalb eignet sich das Johannesevangelium auch nicht als evangelistisches Traktat. Das könnte man eigentlich unschwer erkennen, wenn man den Prolog in Kapitel 1,1-18 ernst nimmt. Warum aber drängen wir Ungläubige zum Weiterlesen? Weil wir wahrscheinlich hoffen, dass sie wenigstens bis Kapitel 3 durchhalten, wo sie etwas über die Wiedergeburt lesen können (ein Ausdruck und ein Konzept, das in der apostolischen Evangelisation nie verwendet wird!) und schließlich zu Joh3,16 gelangen, was gerne als Mini-Evangelium bezeichnet wird.

Aber selbst dieser weitläufig bekannte Text bekommt eine ganz andere Färbung, wenn man die darin enthaltenen grammatischen Gegenwartformen richtig übersetzt: „Denn also hat Gott die Welt geliebt, dass er seinen eingeborenen Sohn gab, damit alle die an ihn glauben (die jetzt und weiterhin glauben) nicht verloren gehen, sondern ewiges Leben haben (es jetzt und weiterhin haben)". Leider wird der Ausdruck „...die glauben" dahingehend verstanden, dass man einmal geglaubt hat und der Ausdruck „... Leben haben", dass man es ein für alle Mal erhalten hat. Wenn Johannes sagt, dass jeder, der glaubt, Leben hat, dann ist das ungefähr so, wie wenn man sagt: „jeder, der atmet lebt". Das versteht man ganz automatisch: „Jeder, der am Atmen ist, der weiteratmet, lebt".

Glaube ist also kein einmaliger Schritt, sondern viele, viele Schritte, ein Weg, eine lebenslange Reise. Nicht der Glaube, mit dem wir anfangen, sondern der Glaube, mit dem wir enden, führt uns sicher in die Herrlichkeit. Wir kommen kurz zum Hebräerbrief zurück und sehen, dass der Glaube dieser Glaubenshelden lebendig und ausdauernd war: „Sie alle waren lebendig im Glauben, als sie gestorben sind." (Hebr11,13, einer meiner Lieblingstexte).

Dass dies für EGIG grundlegend wichtig ist, wird jetzt wohl jeder verstehen. Kann die Errettung einen „Schiffbruch im Glauben" überstehen? Kann ich weiter gerettet sein, wenn ich nicht weiter glaube? Wenn der Gerechte und Gerechtfertigte durch Glauben lebt, was passiert dann, wenn der Glaube stirbt?

Diese Fragen müssen wir jetzt erst einmal so stehen lassen und uns einem weiteren verwandten Thema zuwenden, über das man sich eigentlich einig zu sein scheint, was aber auch oft zu sehr vereinfacht wird: Die Vergebung.

Vergebung

Vor einigen Jahren trafen sich führende Vertreter der großen Weltreligionen zu einem interreligiösen Dialog in Indien. Jeder von ihnen wurde aufgefordert, den größten Vorteil seiner Religion, der in sonst keiner Religion zu finden ist, in einem Schlagwort zu benennen. Der Christ sagte ganz einfach: Vergebung. Das wurde mit einem großen Schweigen beantwortet. Kein anderer konnte das von seiner Religion behaupten!

Die Vergebung der Sünden ist eines der größten Wunder. Nur Gott kann so etwas gewähren. Als Jesus für sich beanspruchte, Sünden vergeben zu können, kam das einer Gotteslästerung gleich (Mk2,7) – und das wäre es auch gewesen, wenn er nicht göttlich wäre.

Vergebung ist weder billig noch leicht, obgleich die Kosten und Anstrengungen normalerweise bei dem liegen, der vergibt, und nicht bei dem, dem zu vergeben ist. Das trifft voll und ganz auf Jesus zu. Jeder göttliche Vergebungsakt ist in seinem Blut geschrieben. Es kostet uns nichts, weil es ihn alles gekostet hat.

Deshalb ist Vergebung ein kostenloses Geschenk, was aber nicht bedeutet, dass wir nichts dafür tun müssen. Zumindest müssen wir darum bitten und es empfangen.

Leider gibt es zwei große Missverständnisse auf diesem Gebiet, nämlich, dass Vergebung unbegrenzt und bedingungslos ist. Und das kann das so kostbare Gut so billig machen.

Die Vergebung hat Grenzen, und drei Dinge werden gerne übersehen.

Erstens: *Vergebung hat mit der Strafe für die Sünden und nicht mit den sonstigen Konsequenzen der Sünde zu tun.* Leider sorgen sich die Sünder mehr um letzteres als um ersteres. Kain und Esau sind das klassische Beispiel

(Gen 4,14; Heb 12,17). Lasst uns das einmal illustrieren: Nehmen wir doch einmal einen jungen Mann, der ein Auto stiehlt, damit einen Unfall macht und dessen Arm bei dem Unfall gelähmt wird. Das ist die Konsequenz. Er wird von der Polizei verhaftet, und das Gericht verurteilt ihn zu einer Gefängnisstrafe. Das ist die Strafe. Die Strafe für die Sünden ist das Getrenntsein von Gott. Die Konsequenzen der Sünde können sein: vergeudete Lebensjahre, ruinierte Gesundheit, zerbrochene Ehen, verlorenes Glück und vieles mehr, was nicht mehr wiederhergestellt werden kann. Der verlorene Sohn kehrte in das Haus und in die Liebe des Vaters zurück, aber sein Geld erhielt er nicht zurück. Selbst wenn die Sünde vergeben ist, können die Auswirkungen der Sünde fortbestehen und man muss sich ihnen stellen. Die Bekehrung befreit einen nicht von kaputten Ehen oder Schuldenbergen. Es ist keine gute Idee, wenn du deinem Bankberater sagst, dass alle deine Schulden auf Golgatha beglichen sind. Dort wurden nur die Schulden, die du Gott gegenüber hattest, beglichen. Andererseits befähigt dich die Vergebung, mit den Konsequenzen der Sünde besser umzugehen, denn Gott hilft dir nun dabei. Man kann Schulden besser zurückzahlen, Beziehungen können geheilt werden. Das bedeutet das Wort „Wiederherstellung": Die Dinge wieder geradezurichten, wo es möglich ist, und darüber zu trauern, wo es nicht möglich ist. Ein gutes Beispiel sind die Nürnberger Prozesse, wo viele Nazis von ihren Grausamkeiten, die sie während des 2. Weltkriegs begangen hatten, umgekehrt sind. Durch den Dienst eines amerikanischen Feldgeistlichen, Pater Gerecke, fanden viele von ihnen Vergebung und Versöhnung mit Gott durch Christus, mussten aber dennoch den Tod durch Erhängen als Konsequenz für ihre Missetaten erdulden.

Zweitens: *Die Vergebung betrifft die vergangenen Sünden und nicht die zukünftigen Sünden.* Es gibt die weitverbreitete Irrmeinung, dass Sünden, die wir nach unserer Bekehrung zu Christus verüben, nicht mehr angerechnet werden. Man übersieht dabei, dass nur Sünden, die begangen worden sind, vergeben werden können. Deshalb werden die Gläubigen auch dazu angehalten, immer wieder ihre Sünden zu bekennen (1.Joh1,9). Wir sollen nicht lange damit warten, mit Gott ins Reine zu kommen. Wenn man mit Sünden nicht gleich aufräumt, dann richten sie deine geistlichen Beziehungen zu Grunde.

Es muss auch klar sein, dass Sünde bei Gläubigen genauso schlimm ist wie bei Ungläubigen. Im Grunde genommen ist sie sogar noch schlimmer, denn sie ist schwerer zu entschuldigen. Dies wird durch die dritte Begrenzung der Vergebung bestätigt. Drittens: *Vergebung behandelt vergebbare Sünden und nicht unvergebbare Sünden*. Viele Leute fürchten sich vor der „unvergebbaren Sünde", denn Menschen mit schlechtem Gewissen meinen oft, sie begangen zu haben, obwohl die Bibel die unvergebbare Sünde ganz anders definiert (im Matthäusevangelium Kapitel 12 wird sie beschrieben: Wenn man das Werk des Heiligen Geistes als das Werk des Teufels bezeichnet). Das heißt durchaus nicht, dass diese Art von Sünde nur bei Ungläubigen zu finden ist, im Gegenteil, sie kann nur dort sein, wo man auch an die Existenz des Teufels glaubt. Die grobe Verallgemeinerung, dass alles Zungenreden vom Teufel sei, kommt dem gefährlich nahe.

Man darf aber nicht den großen Fehler machen, anzunehmen, dass es nur eine unvergebbare Sünde gäbe, oder höchstens ein paar. Unter gewissen Umständen kann jede Sünde zu einer unvergebbaren Sünde werden, besonders bei wiedergeborenen Gläubigen. Um das zu verstehen, müssen wir zum Buch Levitikus gehen, wo es viele verschiedene Sündopfer für fahrlässig geschehene Sünden gibt, nicht aber für voll beabsichtigte Sünden. Sühnung wird für „Unglücksfälle", aber nicht für willentlichen

Evangelikale Anschauungen

und vorsätzlichen Ungehorsam gewährt. Während der neutestamentliche Hebräerbrief geltend macht, dass das alte Opfersystem und der zugehörige Bund hinfällig sind, so hält er doch an der Unterscheidung von fahrlässiger und vorsätzlicher Sünde fest (Heb 10,26-31). Dies wollen wir in Kapitel 3 des Buches näher betrachten. Das vorsätzliche Festhalten am sündigen Kurs, nachdem man Erlösung gefunden hat, kann nicht gesühnt werden, auch nicht durch das Kreuz Christi. Was hätte Jesus wohl zu der Ehebrecherin gesagt, wenn sie nach seiner Aufforderung „Geh hin und sündige nicht mehr" weiter gesündigt hätte?

Vergebung wird also durch diese drei Dinge klar limitiert, die alle direkt mit EGIG zu tun haben. Das ist aber noch nicht alles. Überall hört man auch folgende Aussage: Vergebung ist bedingungslos – dass wir nichts weiter tun müssen, als darum zu bitten.

Leider unterscheiden die meisten nicht zwischen Vergebung erhalten und Vergebung verdienen. Wir können nichts tun, um uns die Vergebung zu verdienen, sie zu erarbeiten, wir können nichts dazu beitragen, damit wir „würdig" werden, die Vergebung zu empfangen.

Auf der anderen Seite verkennt man völlig, dass es notwendige Bedingungen gibt. Die Bibel lehrt ganz eindeutig, dass manche nicht berechtigt sind, um Vergebung zu bitten, und dass es andere gibt, die sie nicht erhalten. Wir wollen beides betrachten, einmal vor der Vergebung und einmal nach der Vergebung.

Erstens: *Bevor ein Mensch Vergebung erhalten kann, muss er zuerst Buße tun.* Das ist eine ganz praktische Bedingung, die der Empfänger der Vergebung leisten muss. Buße bedeutet mehr, als nur Reue und Zerknirschtsein. Buße entspringt einem Sinneswandel bezüglich des Geschehenen und drückt sich in Bekenntnis und Wiedergutmachung des Geschehenen (soweit möglich) aus, z.B. in Entschädigung oder Versöhnung.

Einmal gerettet – immer gerettet?

Das kann man auch auf zwischenmenschliche Beziehungen anwenden. Wir sollen bereit sein, dem Bruder siebenmal täglich zu vergeben - die wenigsten bemerken die klare Bedingung: „Wenn er Buße tut" (Lk17,3.4).

Deshalb beginnt die Predigt des Evangeliums im Neuen Testament immer mit der Aufforderung, Buße zu tun, bevor die Einladung zum Glauben ausgesprochen wird. So predigte Jesus und so predigten die Apostel (Mk1,15; Lk24,47; Apg3,19; 26,20). Im Gegensatz zur heutigen Evangelisation machte man die Vergebung mehr von der Umkehr zu Gott abhängig und nicht so sehr vom Glauben an Jesus.

Zweitens: *Nachdem jemandem vergeben wurde, muss er auch anderen vergeben.* In einem Gleichnis, das mehr als andere verstört und aufrüttelt, lehrte Jesus, dass Vergebung auch verwirkt und rückgängig gemacht werden kann! Es wird oft mit „der unbarmherzige Knecht" betitelt (Mt18,21-35). Ein König macht den Schuldenerlass und den Erlass der Gefängnisstrafe seines Hofbeamten rückgängig, nachdem er erfährt, dass dieser sich weigert, einem anderen eine viel geringere Schuld zu erlassen. Dieser König ist ein Bild für Gott selbst: „Und so wird mein himmlischer Vater jeden von euch behandeln, wenn ihr nicht eurem Bruder von Herzen vergebt." (Man bemerke, dass Worte bei weitem nicht genug sind, besonders wenn sie unaufrichtig sind). Das erklärt auch die Bitte um Vergebung im täglichen Gebet der Jünger: „Vergib uns unsere Sünden, wie auch wir jedem vergeben, der gegen uns gesündigt hat" (Lk11,4). Es erklärt auch die Seligpreisung: „Glücklich die Barmherzigen, denn sie werden Barmherzigkeit erlangen" (Mt5,7).

Das bedeutet nicht, dass man durch das Vergeben der Sünden eines anderen sich die eigene Sündenvergebung verdienen kann. Sondern es handelt sich einfach um ein geistliches Gesetz, dass diejenigen, die anderen keine Barmherzigkeit erweisen, unfähig sind, Vergebung zu empfangen. Es ist wie Elektrizität, sie kann nicht in eine Person strömen, wenn sie nicht wieder aus ihr herausströmt.

Es gibt noch weitere Grenzen und Bedingungen für Vergebung, es soll hier aber genug sein zu zeigen, dass Vergebung nicht notwendigerweise vollständig und unaufhörlich ist, was doch viele annehmen. Das macht sie umso wertvoller, wenn man sie erhalten hat und weiter behält. Vergebung macht das ewige Leben erst möglich.

Ewiges Leben
Viele Gelehrte haben darüber diskutiert, ob „ewig" quantitativ oder qualitativ gesehen werden soll. Biblisch gesehen meint es - wie so oft – beides. Ewiges Leben ist sowohl immerwährend als auch überfließend. Die Befürworter von EGIG betonen aus gutem Grund das Erstere, besonders wenn sie Verse zitieren, die den Eindruck verschaffen, dass der Gläubige jetzt schon ewiges Leben hat. Wenn dem so ist, wie ist es dann möglich, dass es ein Ende haben kann? Wie kann etwas „Ewiges" sterben?

In der Kirche gibt es einige Verwirrung darüber, wie oder wann ein Mensch „unsterblich" werden kann. Alle stimmen darin überein, dass nur Gott absolut unsterblich ist (1Tim1,17; 6,16). Er hat schon immer existiert und wird immer existieren. Die Diskussion konzentriert sich auf die Frage, an welchem Punkt wir mit ihm diese Unsterblichkeit teilen können.

Einige glauben, dass die Menschen von ihrer *Erschaffung* an unsterblich sind. Weil sie nach dem Bilde Gottes erschaffen sind, teilen sie seine Unsterblichkeit. Diese Meinung unterstützt missbräuchlich den Glauben, dass die Hölle eine immerwährende Qual ist, weil die Seelen eben nicht ausgelöscht werden können (siehe dazu mein Buch *Der Weg zur Hölle*, Hodder&Stoughton, 1992).

Diese Sichtweise ist mehr dem griechischen als dem

Einmal gerettet – immer gerettet?

hebräischen Denken geschuldet und wurde stark vom Neuplatonismus geprägt, der in die christliche Theologie durch Augustin im fünften Jahrhundert Einzug gefunden hat. Die Griechen glaubten, dass die Menschen unsterbliche Seelen sind, die in sterblichen Körpern gefangen sind und beim Tode freigelassen werden und dabei ihre Identität verlieren.

Im Garten Eden war Adam ganz offensichtlich nicht in Besitz der Unsterblichkeit, denn er musste vom Baum des Lebens essen, um am Leben zu bleiben, und verlor dieses, als er vom Baum des Lebens getrennt wurde. Er war also potentiell, aber nicht eigenständig unsterblich. Er hätte ewig leben können, wenn er sich nicht dazu entschieden hätte, Gott ungehorsam zu sein.

Andere glauben, dass der Mensch durch die *Auferstehung* unsterblich wird. Es hängt also von einer zukünftigen und nicht von einer vergangenen Tatsache ab. Die Bibel unterstützt diese Sichtweise, weil sie das Wort „unsterblich" im Zusammenhang mit dem Moment verwendet, wenn sterbliche Geister einen „unsterblichen" Leib bekommen (1.Kor15,53-54). Diese zukünftige Erwartung „wurde durch das Evangelium ans Licht gebracht" (2.Tim1,10). Die Auferstehung Christi mit einem verherrlichten Leib, der Tod und Verwesung hinter sich gelassen hat (Röm6,9), ist der Beweis dafür, dass dies möglich ist. Übrigens ist das die biblische Grundlage für die ewig während Qual in der Hölle, denn die Bösen werden genauso wie die Gerechten auferweckt werden (Dan12,2; Joh5,29; Apg24,15).

Wahrscheinlich glaubt die Mehrzahl, dass die Menschen durch die *Wiedergeburt* unsterblich sind, dass sie von „neuem geboren" sind und ihnen eine neue Natur gegeben wurde, die göttliche Unsterblichkeit besitzt. Unsterblichkeit ist demnach also weder ein Besitz, der in der Vergangenheit erworben wurde, noch eine zukünftige Erwartung, sondern ein gegenwärtiger Besitz für alle Gläubigen. Unsterblichkeit wurde bei der Wiedergeburt übertragen und kann uns niemals mehr genommen werden.

Dazu muss man anmerken, dass diese Sichtweise der griechischen mit ihrer unsterblichen Seele näher ist als der hebräischen Sichtweise mit ihrer Hoffnung auf die Auferstehung des Leibes. Denn der Leib ist immer noch sehr sterblich und dazu bestimmt, in Staub und Asche zu vergehen. Wenn also Unsterblichkeit auf den Gläubigen übergeht, dann zumindest jetzt nur als Eigenschaft für seinen Geist.

Die eigentliche Frage ist aber, ob ewiges Leben tatsächlich schon jetzt in der Gegenwart auf den Menschen übergegangen sein kann. Der Ausdruck „...hat ewiges Leben" wird ausnahmslos so verstanden, dass man ewiges Leben eigenständig und unabhängig von seiner Quelle besitzt, dass es nun das nicht mehr veräußerbare Eigentum des Gläubigen ist, das ihm nicht mehr weggenommen werden kann. Es ist etwas, was er nun selbst besitzt.

Aber so redet das Neue Testament nicht vom ewigen Leben. Das ewige Leben ist viel eher eine Stellung als ein Besitz. Es wurde uns nicht übereignet, sondern mit uns geteilt. Wir haben es nicht in uns selbst, sondern wir haben es nur in Christus. Johannes stellt das vollkommen klar. Wir haben vorhin festgestellt, dass er sein Evangelium schrieb, damit die Leser weiterhin an den Sohn Gottes glauben und somit weiterhin das ewige Leben haben (Joh 20,30). Er stellt in seinem Brief eindeutig fest, „dass dieses Leben in seinem Sohn ist. Wer den Sohn hat (ihn fortwährend hat), der hat das Leben; wer den Sohn Gottes nicht hat (ihn nicht fortwährend hat), der hat auch nicht (hat nicht fortwährend) das Leben" (1.Joh 5,11.12).

Die bisher zitierten Texte sagen noch nichts darüber aus, ob es möglich ist, den Sohn und damit auch sein „Leben"

Einmal gerettet – immer gerettet?

zu verlieren, nachdem man ihn einmal gehabt hat. Aber der Anspruch Jesu, der wahre Weinstock zu sein, macht es völlig klar, dass die Möglichkeit des Verlierens des Sohnes besteht. Nachdem er seine Jünger ermahnt hat, an ihm dranzubleiben (auszuharren, weiterzumachen, festzuhalten), warnt er sie, indem er ihnen zeigt, was mit demjenigen passiert, der es nicht tut. Sie würden keine Frucht bringen, abgehauen werden, verdorren und ins Feuer geworfen werden und verbrennen. Das Leben ist nicht in den Zweigen, sondern es wird aus dem Weinstock bezogen. Nur mit dem Weinstock vereint, können die Zweige überleben (Joh15,1-6). An dieser Stelle fängt der Vergleich mit der Natur zu hinken an, denn die Zweige in der Natur können vom Weinstock durch äußere Umstände, die sie nicht kontrollieren *können*, getrennt werden. Menschliche „Zweige" haben die freie Wahl, am wahren Weinstock zu bleiben oder sich von ihm zu trennen. Folglich steht „bleiben" auch in der Befehlsform und bedeutet „sich zu entscheiden, dabei zu bleiben" – ein Befehl, der jegliche Begründung verlieren würde, wenn es dazu keine Alternative gäbe.

Ewiges Leben zu „haben" ist deshalb zweideutig. Der Gläubige hat es (in Christus) bereits und hat es wiederum nicht (in sich selbst). Deswegen kann er es verlieren, wenn er nicht in Christus bleibt. Aber eines Tages wird er es in sich selbst haben, wenn er „Unsterblichkeit anzieht". Dann und nur dann ist es sein eigener, andauernder Besitz.

Dieselbe Zweideutigkeit - es ist schon fast ein Paradoxon- tritt in der letzten evangelikalen Annahme, die wir betrachten, zu Tage: Das Königreich Gottes.

Das Königreich Gottes

Unter den Gelehrten gibt es noch eine größere Debatte, nämlich ob das Königreich Gottes, das unbestritten das Hauptthema in der Lehre Jesu ist, eine gegenwärtige oder zukünftige Realität ist.

Es gibt ein großes Spektrum an Meinungen, beginnend mit der dispensationalistischen Sichtweise (besonders bei den Brüdergemeinden), dass das Königreich die Zukunft betrifft und weitgehend jüdisch ist, bis hin zur liberalen Sichtweise, dass das Königreich ein soziales und politisches Programm für die gegenwärtige heidnische Welt darstellt. Zwischen diesen Extremen gibt es viele weitere Interpretationen, die entweder innere und individuelle oder äußere und kollektive Aspekte betonen.

Die generelle Übereinstimmung liegt eher im „sowohl als auch" als im „entweder oder". Das Königreich ist beides, gegenwärtig und zukünftig, individuell und kollektiv. Es ist beides, hier und jetzt, und dort und dann. Es ist schon angekommen und es ist noch nicht angekommen. In der Summe könnte man es folgendermaßen beschreiben: Das Königreich ist bereits eröffnet, aber noch nicht vollendet.

Diese Auslegung entspricht der Lehre Jesu, besonders in seinen Himmelreichsgleichnissen. Ein Drittel dieser Bildreden zeigen ein Königreich als einen fortlaufenden Prozess, das durch menschliche Einwirkung in Gang gesetzt wird (z.B. der Sauerteig im Backtrog). Ein weiteres Drittel porträtieren das Königreich als eine zukünftige plötzliche Katastrophe, die durch göttliche Einwirkung hervorgerufen wird (z.B. die Fische im Fischernetz). Das letzte Drittel kombiniert die beiden Einsichten (z.B. der Weizen und das Unkraut). Dieses bemerkenswerte Gleichgewicht wird nicht immer von modernen Bibellehrern eingehalten.

Es hat ein Umschwung stattgefunden, besonders bei

Leitern von neuen Bewegungen, die die Betonung nicht mehr so sehr auf den zukünftigen Aspekt setzen, sondern eine Lehre bringen, die unter der Bezeichnung „Kingdom Now" (Kingdom Now Theologie) bekannt geworden ist. Für viele hat der Existentialismus die Eschatologie ersetzt. Dieser Trend findet auch in vielen derzeitigen Kirchenliedern seinen Ausdruck. Wie auch immer, es gibt ein paar wenige Signale, dass wieder ein Umschwenken zu einer hoffentlich ausgeglicheneren Haltung stattfinden wird.

Es ist von entscheidender Bedeutung, dass wir verstehen, was wir beten, wenn wir sagen: „Dein Reich komme... wie im Himmel so auf Erden." Besonders wichtig ist, dass wir eine klare Vorstellung davon haben, in wieweit wir für das Königreich arbeiten und erwarten können, es jetzt zu sehen, und in wieweit wir warten müssen, um es erst zu sehen, wenn der König wiederkehrt.

Die Schlüsselfrage in Bezug auf EGIG ist: Kann jeder, der jetzt Teil des bereits eröffneten Königreichs ist, sicher sein, dass er auch Teil des vollendeten Königreiches sein wird?

Es ist hilfreich, wenn man dazu die Tätigkeitsworte unter die Lupe nimmt, die beschreiben, wie ein Individuum sich an den beiden Phasen der Aufrichtung des Königreichs beteiligt. Das gebräuchlichste Wort für die gegenwärtige „Eröffnungsphase" ist in „das Himmelreich *eintreten*", während das gebräuchlichste Wort für die „Vollendungsphase" das Wort „das Himmelreich *erben*" ist (Joh 3,5; Mt 25,34). Wir können nun die Frage ein wenig umformulieren: Werden alle, die das Himmelreich *betreten* haben, es später auch *erben*?

Wir finden die Antwort in einer Menge von Warnungen an die Gläubigen, verstreut über die gesamten neutestamentlichen Briefe. Sie werden ernstlich gewarnt, dass sie, sofern sie in ihrem alten Lebensstil verharren oder zu ihm zurückkehren, zu den Werken des Fleisches, „das Königreich Gottes nicht erben werden" (Gal 5,21 ist nur ein Beispiel).

Unser Erbe ist also weder automatisch noch unausweichlich. Man kann der Debatte etwas von seiner Schärfe nehmen, wenn man nicht darüber diskutiert, ob wir die Errettung verlieren können, sondern ob wir unser Erbe verlieren können. Sind denn Erbschaft und Ausharren so sehr verknüpft, dass sie miteinander stehen und fallen?

Es ist Zeit, das Kapitel zu schließen. Wir haben herausgefunden, dass Errettung ein fortlaufender Prozess ist, der solange unvollständig bleibt, bis Jesus wiederkommt – und so bleibt es bei dem Fragezeichen hinter der Phrase „Einmal errettet?". Glaube und Treue sind so eng miteinander verwandt, dass sie in den Ursprachen von ein und demselben Wort beschrieben werden, es bedeutet Vertrauen und Gehorsam. Vergebung ist längst nicht so unbegrenzt und bedingungslos, wie viele von uns gemeint haben. Ewiges Leben ist in Jesus und nicht in uns, jedenfalls nicht zum gegenwärtigen Zeitpunkt; wir können es nur haben, wenn wir in ihm bleiben. Diejenigen, die das Königreich betreten haben, können später scheitern, es in Besitz zu nehmen, wenn es überall offenbar geworden ist.

Durch keine unserer Betrachtungen ist EGIG völlig abgehandelt, wenngleich sie alle zusammengenommen in eine Richtung weisen. Uns ist aber mittlerweile klar geworden, dass unsere Auffassung von anderen Lehrbereichen eine wichtige Rolle spielen kann, wenn es um das Thema „Sicherheit der Heiligen" geht. Vorausgehende Annahmen können den Ausgang einer Diskussion entscheiden, bevor sie richtig begonnen hat, wenn ihr Einfluss auch nur indirekt ist.

Letztendlich müssen aber die direkten Aussagen der Bibel die entscheidende Rolle spielen. Es wird Zeit, dass wir das in Angriff nehmen.

3.

Biblische Befunde

„Einmal gerettet – immer gerettet" wird oft in der Weise verwendet, als ob es ein Zitat aus der Bibel wäre, was es aber nicht ist. Wenn es aber nicht in der Bibel steht, entspricht es wenigstens der biblischen Lehre?

Wir haben bereits gesagt, dass die erste Hälfte dieses Slogans („einmal gerettet") im Licht des Neuen Testaments höchst fragwürdig ist, da das Neue Testament den Prozess der Errettung hervorhebt, der die Vergangenheit, die Gegenwart und die Zukunft bis zur Wiederkunft des Herrn abdeckt, und dass erst dann der Prozess vollendet sein wird.

In diesem Kapitel wollen wir uns auf den zweiten Teil des Slogans („immer gerettet") konzentrieren. Wenn man eine Lehrmeinung mit dem gesamten Lehrgebäude der Bibel in einem einzigen Kapitel eines Buches abhandeln möchte, dann geht das nur, wenn man seiner Untersuchung klare Grenzen setzt. Wir wollen es versuchen, indem wir uns auf eine einfache Frage beschränken: Welche Hinweise auf einzelne Personen innerhalb des erlösten Gottesvolkes gibt es, die ihren Platz in Gottes Absichten verlieren? Gibt es klare Warnungen, dass so etwas passieren kann und gibt es Beispiele, wo dies passiert ist? Wir werden einen kleinen Überblick über das Alte Testament vornehmen, uns dann aber aus offensichtlichen Gründen auf das Neue Testament konzentrieren.

Einmal gerettet – immer gerettet?

Altes Testament
Wurde all denen, die zu Gottes auserwähltem Volk gehörten, die Erfüllung der Verheißungen Gottes zuteil? Die Antwort ist ganz klar: Nein.

Obwohl Gott einen Bund mit Abraham und seinen Nachkommen geschlossen hatte, erlangten viele nicht die Segnungen dieses Bundes, und das schon ganz von Anfang an. Bereits in der ersten Generation erbte der älteste Sohn nicht die Verheißungen. Ismael war der Erstgeborene Abrahams, genauso wie Esau der Erstgeborene Isaaks war. Letzterer verwirkte ganz offensichtlich sein zukünftiges Erbe wegen einer vergänglichen Befriedigung seiner Lust.

Einige Jahrhunderte später, als die Hebräer aus der Sklaverei in Ägypten erlöst wurden, wurde ihre Anzahl auf tragische Weise einige Male vermindert. Als sie die zehn Gebote am Berg Sinai empfingen (am 50. Tag – Pfingsten – nach dem Auszug aus Ägypten) brachen sie diese sogleich, indem sie in Götzendienst und Unzucht verfielen. Das Ergebnis war der Tod von vielen (erstaunlicherweise waren es 3.000! Ex 32,28).

Schlimmeres sollte folgen. Als sie sich bei der Konfrontation mit den Besatzern des gelobten Landes weigerten, dem Gott, der doch die Ägypter besiegt hatte, zu glauben, führte das zur katastrophalen Vernichtung einer ganzen Generation. Von den 600.000 Männern (ganz zu schweigen von den Frauen und Kindern), die Ägypten verlassen hatten, überlebten nur zwei Männer (Josua und Kaleb) und erreichten das verheißene Land. Selbst Mose hat es nicht geschafft, wegen seines ungeduldigen Ärgers über sie. Tausende scheiterten dabei, „in die Ruhe Gottes einzugehen", eine Beschreibung des Landes Kanaan. Sie waren durch das Blut eines Lammes (eigentlich ein junger Widder) erlöst worden, waren im Roten Meer getauft worden (es war wohl eher das Schilfmeer, das sich an den Großen Bittersee anschließt), sie waren in der Wüste ernährt und getränkt worden, den ganzen Weg vom Herrn geführt worden – und doch haben sie es nicht geschafft. Gleichwohl schafften es ihre Kinder.

Selbst als sie im Land, das Gott ihnen gab, sesshaft geworden waren, scheiterten viele durch ihren Ungehorsam, sodass Gott die benachbarten Völker (besonders die Philister) benutzen musste, um sie zu züchtigen.

Des Weiteren sind da die Schicksale von Menschen, die die Gegenwart und die Kraft des Heiligen Geistes nach und nach einbüßten, angefangen von Simson bis hin zum König Saul. Sogar ein gesamter Stamm (Dan) - einer von zwölf - wurde buchstäblich ausgelöscht und ersetzt, indem ein anderer Stamm sich teilte. Für all diese Desaster gab es einen Grund: *Sünde*. Ob es sich nun um Einzelpersonen oder um eine Gemeinschaft handelte, der offene Ungehorsam gegen die Gebote Gottes, die alle kannten, führte zum Verlust Vieler im Volk Gottes. Wir müssen uns dabei in Erinnerung rufen, dass das komplizierte Opfersystem nur für fahrlässige Sünden und nicht für vorsätzliche (willentliche, bewusste und fortgesetzte) Sünden galt. Letztere wurden oftmals mit dem Tode bestraft.

Israel benötigte 1.000 Jahre, von Abraham bis David, um alle Verheißungen zu erlangen, die Gott ihnen zugesagt hatte. Aus einem Einzelnen wurden sie zu einer Familie, zu einem Stamm, zu einem Volk und schließlich zu einem Reich.

Aber nur in der Hälfte dieser Zeit, in 500 Jahren, hatten sie all das wieder eingebüßt. Der Verfall nahm an einem einzigen Tag seinen Anfang, als der König, der eigentlich ein Heer im Krieg hätte anführen sollen, Lust nach einer nackten Nachbarin bekam und fünf der zehn Gebote brach, um sie zu bekommen. Als erstes musste seine eigene Familie die schlimmen Konsequenzen spüren, dann folgte auf die

Einmal gerettet – immer gerettet?

vermessene Extravaganz seines Sohnes und die Torheit seines Enkels ein Bürgerkrieg, der die ganze Nation spaltete und schwächte, wovon sie sich nie mehr erholen sollten.

In der Zeit des Niedergangs stand ein Prophet nach dem anderen auf und warnte sie, dass sie nicht meinen sollten, vor ihren Feinden errettet zu werden, weil sie Gottes auserkorenes Volk sind und die Beschneidung, den Tempel, die Opfer oder die Stadt Jerusalem besitzen oder weil sie früher schon einmal aus Ägypten errettet worden waren.

Die Propheten erinnerten sie, dass Gott in der Zukunft ihr Richter sein würde, wie er in der Vergangenheit ihr Schöpfer und in der Gegenwart ihr König war. Es ist sogar so, dass sein auserwähltes Volk, das sowohl die Offenbarung als auch seine Erlösung empfangen hat, ein schwereres Gericht zu erwarten haben würde, ein Gericht gemäß dem empfangenen Licht.

Ohne Zweifel ist einer der Gründe ihrer fortwährenden Missachtung der prophetischen Worte ihre falsch verstandene Überzeugung: „Einmal Gottes Volk – immer Gottes Volk!" Sie wollten einfach nicht verstehen, wie notwendig es ist, ein heiliges und gerechtes Volk zu sein, wenn man weiterhin im Genuss der Gnade und der Gunst Gottes bleiben will.

Dann kam unausweichlich das Ende. Die nördlichen zehn Stämme wurden an Assyrien verloren und einige Zeit später wurden die zwei südlichen Stämme in Gefangenschaft nach Babylon geführt. Das Exil dauerte 70 Jahre (das Land hatte in den vergangenen fünf Jahrhunderten seine Sabbatjahre nie erhalten; 2Chr36,21). Zwei ganze Generationen mussten zu Grunde gehen, bevor der persische Regent Kyrus die Rückkehr wieder erlaubte.

Aber auch dann war nur ein kleiner Teil des Volkes (ca. 50.000) bereit, die Strapazen und Gefahren beim Wiederaufbau des Tempels Gottes, der Stadt Jerusalem und des Landes Israel auf sich zu nehmen. Man hatte nur

Biblische Befunde

teilweise Erfolg, gelangte aber nie mehr zu politischer Autonomie mit einem eigenen König. Syrien, Ägypten, Griechenland und Rom beherrschten sie hintereinander vier Jahrhunderte lang, in denen Gott ihnen kein einziges Zeichen sandte und kein einziges Wunder bewirkte.

Das ist die traurige Geschichte des Volkes Gottes im Alten Testament. Hunderttausende gehörten einmal dazu und wurden auf dem Weg verloren. Es gab in dieser Zeit nur ein kleines Zwischenspiel, bei dem es den Anschein hatte, dass man die Verheißungen wiedererlangen könnte, aber auch dieses war schnell zu Ende.

Ich habe hier keine Bibelstellen angeführt, die das belegen, da ich hierfür keine Notwendigkeit sehe. Diese Zusammenfassung wird allgemeine Zustimmung finden, obwohl sie nur ganz kurzgefasst ist. Man könnte natürlich noch viel mehr dazu sagen, aber diesen Basics kann man nicht widersprechen, wenn man den biblischen Bericht akzeptiert.

Trotzdem werden viele sagen, dass das mit der Diskussion über EGIG nichts zu tun hat! Sie werden einwenden, dass keine Fortsetzung zwischen dem alten und dem neuen Bund besteht und dies auch erklären wollen. Der alte Bund basierte auf körperlicher und nicht auf geistiger Geburt. Die Verheißung galt für das Leben hier auf Erden und nicht für das ewige Leben im Himmel. Der Geist war nur einigen wenigen gegeben, nur für bestimmte Anlässe und nicht andauernd und nicht für das ganze Volk.

Selbstverständlich wird eingeräumt, dass viele ihre damalige Errettung verloren haben. Diese sei aber von ganz anderer Natur als die Errettung unter dem neuen Bund, nicht zuletzt deswegen, weil letztere nicht mehr verloren werden könne. Jeder Mensch, der zur Kirche gehört, werde bis zum Ende bewahrt werden. Dabei wird die Kirche oft als das „Neue Israel" bezeichnet, obwohl die 74 Fundstellen des

Namens Israel sich immer auf das jüdische Volk beziehen.
Ironischerweise wird in der Diskussion von EGIG die Diskontinuität zwischen dem altem und dem neuen Bund gerade von denjenigen Gelehrten betont, deren „Bundestheologie" auf der Kontinuität der beiden Bündnisse beruht! Ein Beispiel ist die Beschneidung, mit der die Kindertaufe gerechtfertigt wird. In Wirklichkeit vermengen sie den alten und den neuen Bund zu einem „Bund der Gnade". Und dennoch widersprechen sie dem Gedanken, dass dasselbe auch nach Christus passieren kann, was vor Christus passiert ist, nämlich dass viele den Bund verlassen haben.

Sie begründen diesen Unterschied mit der Lehre der „Wiedergeburt", welche besagt, dass diejenigen, die vom alten Bund abgefallen sind, einfach nicht wiederhergestellt waren, sie waren nicht „wiedergeboren". Folgerichtig wird dasselbe Prinzip auf den neuen Bund angewandt, wie wir noch sehen werden.

Aber diese Kategorie der „Wiedergeburt" ist kein gültiges Kriterium. Wenn man versucht, es auf alttestamentliche Gegebenheiten anzuwenden, kommt dies einem Anachronismus gleich, unpassend weil unzeitgemäß. Wir können im alten Bund nur feine Spuren dieses Konzepts der Wiedergeburt finden und das nur in den Vorhersagungen des neuen Bundes. Kein einziger Bibelvers besagt, dass sie dem Bund untreu waren, weil sie nicht wiedergeboren waren. Sie fielen, weil sie untreu gegenüber dem Bund waren, was in ihrer Weigerung offen zu Tage trat, dem Gott, der sie erlöst hatte, zu glauben und zu gehorchen. Zu sagen, dass sie fielen, weil sie im Sinne des neuen Bundes nicht „einmal errettet" gewesen seien, ist deshalb nicht zulässig.

Gemäß den Kriterien des Alten Testaments selbst verloren sie ihre „Errettung". Die einst Glauben hatten, wandten sich von ihm ab. Die einst den Geist hatten, verloren ihn (Der

Geist wurde noch nicht als *Sein* Geist erkannt). Die einen Start hingelegt hatten, beendeten den Lauf nicht. Die beim Auszug aus Ägypten dabei waren, waren beim Einzug in Kanaan nicht mehr dabei. Viele, die ins Exil gerieten, kehrten später nicht mehr zurück.

Es gibt aber eine Einrichtung im alten Bund, die wirklich relevant ist – Gottes „Buch des Lebens". Es ist seine eigene Liste mit den individuellen Namen all derer, die er erlöst hat und die eines Tages Mitteilhaber seiner Herrlichkeit sein werden. Viele alttestamentliche Verse zeigen auf, dass Namen, die einst in diese Liste aufgenommen worden waren, wieder ausradiert werden können (wörtlich: abgekratzt, das war die damalige Methode des Radierens). Der Grund für dieses Ausradieren sind immer die Sünden des Volkes Gottes (Ex32,33). Wenn ein Name im Himmel ausradiert wird, kann es auch bedeuten, dass er auch auf der Erde ausradiert wird (Num5,19; Dt29,20). David betete, dass seine Feinde, die sich unter seinem Volk befanden, „aus dem Buch des Lebens ausradiert werden mögen" (Ps69,29; 109,13). Als seine eigenen Sünden ans Licht kamen, befürchtete er dasselbe Schicksal und bat, dass sie aus den himmlischen Aufzeichnungen ausradiert werden mögen (Ps51). Darin besteht das Geheimnis der Vergebung: Sünden werden aus den Aufzeichnungen ausradiert (Jes43,25). Gottes erlöstes Volk steht vor folgender Wahl: Entweder werden deine Sünden ausradiert oder dein Name wird ausradiert.

Der Leser weiß wahrscheinlich, dass das Buch des Lebens auch im Neuen Testament vorkommt (Phil4,3), und er weiß wohl auch, dass die Möglichkeit besteht, dass Namen aus diesem Buch wieder ausradiert werden können (Offb3,5). Das Buch des Lebens ist eine von vielen Einrichtungen des Alten Testaments, die vom Neuen Testament direkt übernommen werden und auf die Situation der Gläubigen angewandt werden können. Tatsächlich sind die meisten

Einmal gerettet – immer gerettet?

Vorkommnisse, die wir vorhin in der Zusammenfassung der tragischen Geschichte Israel erwähnt haben, Gegenstand von Warnungen an untreue Gläubige, damit sie nicht vom selben Schicksal ereilt werden.

Drei verschiedene Schreiber verwenden das Scheitern des Einzugs in Kanaan als ein Beispiel, das sich wiederholen könnte (1Kor10,1-11; Heb4,1-11; Jud5). Auch Esau wird als Beispiel angeführt, wie man sein Erbe verlieren kann (Heb12,16). Viele prophetische Warnungen von damals werden in den Briefen wieder aufgenommen.

Es verblüfft noch mehr, dass die Strafen für Untreue gegenüber dem neuen Bund weit schwerer sind (Heb2,2.3; 10,28-31). Das Gericht wird nicht vor der Familie Gottes halt machen, im Gegenteil, es beginnt genau dort (1Petr4,17). Amos würde hier die Ohren spitzen (Am3,2).

Es darf auch niemand den Fehler machen, anzunehmen, dass der neue Bund, in dessen Genuss die Kirche gekommen ist, Gottes Bund mit Israel ungültig gemacht hat (Dieser weit verbreitete Irrtum ist unter dem Namen „Ersetzungstheologie" bekannt). Der neue Bund war für die Häuser Israel und Juda vorgesehen (Jer31,31). Unter dem neuen Bund können die Sünden ausradiert werden (Apg3,19).

Es hat immer einen treuen „Überrest" in Israel gegeben und es wird immer einen geben. Als Volk mögen sie Gott abgelehnt haben, aber er hat sie niemals abgelehnt. Eines Tages „wird ganz Israel gerettet sein" (Röm11,26; Der Ausdruck meint „Israel als Ganzes" oder zumindest eine alles abdeckende Versammlung, die alle seine Teile repräsentiert, s.a. 1Chr11,1). Dann werden jüdische und heidnische Jesus-Gläubige *eine* Herde unter *einem* Hirten sein (Joh10,16). Das neue Jerusalem wird die Namen der zwölf Stämme Israels und der zwölf Apostel der Kirche tragen (Offb21,12-14).

Wir müssen nun von dieser kleinen Exkursion, bei der wir die zukünftige Einheit der zwei auserwählten Völker Gottes betrachtet haben, wieder zu unserem eigentlichen Thema zurückkommen und uns fragen, ob der Abfall durch Untreue vom alten Bund als Präzedenzfall für den neuen Bund tauglich ist.

Das Neue Testament bezieht sich in diesen Punkten, wie oben schon erwähnt, auf das Alte Testament, dies kann aber das Prinzip noch nicht hinreichend untermauern. Wir benötigen also noch eine klare und spezifische Bestätigung, die uns nur das Neue Testament liefern kann.

Neues Testament

Es muss ganz klar gesagt werden, dass keine christliche Lehre im gesamten Testament gleichmäßig verteilt ist. Sogar die wichtigsten Glaubensgrundsätze müssen aus verstreuten Textreferenzen gebildet werden. Wobei manche Textstellen nur Randbemerkungen sind, die beiläufig bei viel dringenderen Themen erwähnt werden (Die meisten Bücher des Neuen Testaments wurden aus ganz praktischen Gründen geschrieben).

Außerdem war EGIG kein wichtiges Thema in den ersten aufregenden Tagen der Kirche. Normalerweise diskutiert man bei den Flitterwochen nicht über Scheidung! Man kann also erwarten, dass EGIG eher in den späteren als in den früheren Schriften thematisiert wird, als der Glaube von Gläubigen der zweiten Generation größerem Druck von innen und von außen ausgesetzt war. Und genau das finden wir vor, nämlich im Hebräerbrief und der Offenbarung.

Dennoch wollen wir alle verschiedenen apostolischen Schriften aus dem Neuen Testament anschauen und uns dabei an die kanonische Reihenfolge halten, es sei denn derselbe Schreiber hat noch weitere Schriften verfasst (z.B. Johannesevangelium – und seine Briefe, wie auch die Briefe des Paulus). Im Gegensatz zu unserer Betrachtung des Alten Testaments werden wir uns mehr auf einzelne Aussagen, als auf eine Gesamtschau konzentrieren. Es werden also in erster Linie Bibelstellen genannt und sofern die Gründe der Abfassung eines ganzen Buches relevant sind, auch diese.

I. *Matthäus* – Zunächst müssen zwei Missverständnisse geklärt werden, bevor wir in die Details gehen.

Erstens: Dieses Evangelium war nicht ausschließlich für Juden geschrieben worden, obwohl es einige jüdische Charakteristika aufweist. Ein Beispiel ist die Vorliebe für den Ausdruck „Königreich der Himmel", welches das Wort „Gott" vermeidet und damit auch das Risiko der Verwendung des Namens Gottes zu Nichtigem (eines der 10 Gebote). Die Aufnahme des Stammbaums Jesu bis hin zu Abraham und die häufige Feststellung, dass sich in ihm Prophezeiungen erfüllt haben (Damit eignet sich Matthäus hervorragend, als erstes Buch auf das Alte Testament zu folgen), spricht besonders jüdische Leser an. Aber es gibt auch zahlreiche kritische Kommentare über die Juden und am Ende ergeht sogar der Auftrag, Jünger aus allen Nationen (also Heiden) zu sammeln.

Zweitens: Auch wenn es ein „Evangelium" ist, so ist es doch nicht für Ungläubige geschrieben. Es unterscheidet sich von anderen Evangelien darin, dass es auf einzigartige Weise die Worte Jesu in fünf Lehrblöcken sammelt, dessen erster die wohlbekannte Bergpredigt ist. Diese Worte werden ausschließlich an die „Söhne des Königreichs" gerichtet, also an diejenigen, die jetzt noch Jünger waren und später Apostel werden sollten. Die Volksmenge wird vieles davon überhört haben – es waren ja auch Freiluftveranstaltungen, in denen Jesus sprach – aber der Inhalt seiner Predigten richtete sich voll und ganz an seine hingegebenen Nachfolger, die an ihn geglaubt hatten und deshalb „aus Gott geboren" waren.

Biblische Befunde

Matthäus kann als Jüngerschaftshandbuch für Neubekehrte betrachtet werden, eine Einführung in die wesentlichen Aspekte des Königreiches, dessen Bürger sie nun geworden waren: Seine Lebenspraxis (Kapitel 5 – 7), seine Mission (Kapitel 10), seine Ausbreitung (Kapitel 13), seine Gemeinschaft (Kapitel 18) und seine Zukunft (Kapitel 24 – 25). Die meisten Jünger in den ersten Tagen waren Juden, und so überrascht es nicht, dass das Matthäusevangelium auf sie zugeschnitten ist, aber es muss noch einmal betont werden, dass es sich an gläubige und keine ungläubigen Juden richtet.

Wenn man sich fragt, warum Matthäus diese Anweisungen für die Jüngerschaft in ein Evangelium „einrahmt", so kann man darauf nur antworten, dass dies theologisch vollkommen korrekt und auch auf Dauer notwendig ist. Christliche Ethik wurzelt in christlicher Theologie. Christliche Lebensweise ist die dankbare Antwort auf die Gnade der Errettung. Wir können nur das aus uns hervorbringen, was Gott in uns hineingelegt hat. Wie oft wird die Bergpredigt aus ihrem Zusammenhang gerissen und so behandelt, als wäre sie die Summe, mit der man das Christentum zusammenfassen könnte, eine Do-it-yourself-Bauanleitung für ein Gutmenschentum, das keine göttliche Erlösung benötigt.

Diese einleitenden Bemerkungen mögen für EGIG irrelevant erscheinen, ihr Stellenwert wird aber deutlich, sobald wir drei Entdeckungen machen. Erstens: Fast alles, was wir über die Hölle wissen, stammt aus dem Munde Jesu. Zweitens: Fast seine gesamte Lehre über die Hölle findet sich im Matthäusevangelium. Drittens: Mit Ausnahme von zwei Warnungen vor der Hölle richten sich alle an seine eigenen Jünger (und spätere Apostel). Als ich das erste Mal auf diese unerwarteten Tatsachen hinwies (in meinem Buch *The Road to Hell*), erhielt ich zahlreiche Briefe von entsetzten

Einmal gerettet – immer gerettet?

Lesern, die sich sicher waren, dass ich falsch lag – bis sie mich überprüft hatten! Die meisten Prediger reißen diese Texte aus dem Kontext heraus und werfen sie den Sündern vor. Die zwei oben genannten Ausnahmen richten sich interessanterweise nicht an Sünder, sondern an Pharisäer.

In der Bergpredigt wird meistens dann von den schrecklichen Gefahren der Hölle gesprochen, wenn es darum geht, dass man wegen der Beziehung zu Christus Gewalt, Verfolgung und Verleumdung erdulden soll. Als die Apostel auf ihre Missionsreise ausgesandt wurden, wurde ihnen gesagt: Fürchtet euch nicht vor denen, die den Leib, aber nicht die Seele töten können. Fürchtet vielmehr „den Einen, der Seele und Leib in der Hölle vernichten kann" (Mt 10,28; „der Eine" ist übrigens Gott und nicht der Teufel, denn letzterer wird vor dem Tage des Gerichts ebenso in die Hölle geworfen werden; Offb 20,10). Sei dir darüber im Klaren, dass Jesus ihnen nicht aufgetragen hat, andere mit der Furcht vor der Hölle zu belasten, sondern sie für sich selbst zu bewahren.

Dass den Aposteln die Möglichkeit einer Hölle in Aussicht gestellt wird, wäre schon ausreichend, um die Position des Matthäus gegenüber EGIG klarzustellen. Aber es gibt noch weit mehr. Er erinnert auch daran, dass Jesus eine Sünde erwähnt hat, „die nicht vergeben wird, weder in diesem noch im zukünftigen Zeitalter" (Mt 12,32). Es wird als das „Reden gegen den Heiligen Geist" bezeichnet, wenn dieser der notleidenden Menschheit hilft und das als dem Teufel selbst zugeschrieben wird. Wenn es sich im Kontext auch auf die Pharisäer bezieht, die sich dieser Blasphemie schuldig gemacht haben, so gibt es keine Veranlassung zu glauben, dass diese Sünde nicht auch von Jüngern begangen werden kann, und das ist wahrscheinlich auch der Grund, warum Matthäus es anführt.

In Kapitel 2 haben wir schon das Gleichnis des

nicht vergebenden Knechts behandelt. Es zeigt, dass sogar Vergebung nicht unwiderruflich ist. Sie kann zurückgezogen oder aufgehoben werden, wenn die empfangene Barmherzigkeit nicht weitergegeben wird.

In einer weiteren Parabel, wo der Hochzeitsgast in unpassenden Kleidern erscheint (Mt22,1-14), wird deutlich belegt, dass es nicht ausreicht, lediglich der Einladung des Königs zu folgen. Die Gäste müssen auch adäquat gekleidet sein. Dass der Mann genügend Gelegenheit dazu hatte, wird an seinem Schweigen offenbart, als ihm seine Nachlässigkeit vorgehalten wird. Er wurde an Händen und Füßen gefesselt (damit er nicht fliehen konnte), in die Finsternis hinausgeworfen und musste es mit Heulen und Zähneknirschen bereuen (in der Tat ein „höllischer" Sprachgebrauch). Auch wenn es an Pharisäer und Schriftgelehrte adressiert ist, wollte Matthäus ganz offensichtlich die Jünger warnen. Wenn man die Einladung des Evangeliums annimmt, dann muss sich auch der Lebensstil ändern, damit man letztendlich am Hochzeitsmahl teilnehmen kann. Theologisch ausgedrückt: Der Rechtfertigung muss die Heiligung folgen. Und noch theologischer ausgedrückt: Gerechtigkeit hat Rechte und Pflichten (s.a. Kapitel 5).

Die letzte Lehrblock (Mt24-25) sagt es noch deutlicher. Ausführlich erklärt Jesus die Zeichen, die sein Kommen ankündigen (Katastrophen in der Welt, Niedergang in der Kirche, Gewaltherrschaft im Tempel und Finsternis am Himmel) und er warnt seine Jünger immer wieder und bei jedem Stadium vor der furchtbaren Möglichkeit, verführt zu werden. Die Bedrängnisse können so groß sein, dass sie sie zum Abweichen oder sogar zum Aufgeben bringen können, „wer aber bis zum Ende festbleibt, wird gerettet werden" (Mt24,13, auch in Mk13 und Lk21). Manche haben das „gerettet" an dieser Stelle abschwächen wollen und

Einmal gerettet – immer gerettet?

behauptet, dass damit nur die Rettung aus den Bedrängnissen gemeint sei, aber genau das hat Jesus nicht versprochen. Der ganze Text und der Kontext geben keine Veranlassung, „gerettet" nicht in seiner vollen und finalen Bedeutung zu verstehen.

Die folgenden Parabeln könnten nicht eindeutiger sein. Er gab sie seinen Jüngern im engsten Kreis. Sie zeigen den treuen und weisen Knecht, der sich um den Hof seines Meisters kümmert (Mt24,45-51), die zehn Jungfrauen, die den Bräutigam erwarten (Mt25,1-13), und die drei Knechte, denen Geld anvertraut wurde (Mt25,14-30) – sie alle stellen die Jünger Jesu dar. In jeder Parabel verzögert sich das Kommen des Meisters bzw. des Bräutigams, und das für eine sehr lange Zeit. Dadurch kann die Treue viel besser auf den Prüfstand gestellt werden als bei einer baldigen Erwartung der Rückkehr. Wenn er dann zurückkommt, muss er feststellen, dass einige versagt haben, hauptsächlich durch Nachlässigkeit(!), wenn Dinge, die getan werden sollten, nicht getan wurden. In einem Fall war der Knecht, der einst „weise und treu" genannt worden war, dieselbe Person, die Schlechtigkeit verübt hatte (Dies sei denen gesagt, die behaupten wollen, dass die Treuen „wiedergeboren" und die Untreuen „nicht wiedergeboren" sind).

Alle hatten dem Meister bzw. dem Bräutigam angehört und erwarteten seine Wiederkunft. Aber das Schicksal derer, die in seiner Abwesenheit untreu waren, treibt jede dieser Parabeln auf den Höhepunkt. Der Knecht, der seine Untergebenen misshandelte, wurde „in Stücke gehauen" (was ihn offensichtlich nicht tötete) und angewiesen, seinen „Platz bei den Heuchlern" (in Lukas bei den Ungläubigen) einzunehmen, wo „Heulen und Zähneknirschen" ist, so beschreibt Jesus üblicherweise die Hölle. Die fünf Jungfrauen, die sich nicht auf eine lange Wartezeit eingestellt hatten, wurden in die mitternächtliche Finsternis ausgesperrt.

Der „böse und faule" Mann, der sein Talent lieber in der Erde vergraben hatte, als es gewinnbringend einzusetzen (besonders für seinen Meister, den er vorwurfsvoll als „hart" bezeichnet und der erwartet hatte, dass er einen Profit erwirtschaften würde), wurde ebenso in die Finsternis hinausgeworfen, um über seine verpassten Gelegenheiten nachzusinnen, und das wiederum mit „Heulen und Zähneknirschen" (die Hölle).

Jünger Jesu können also durchaus untreu vorgefunden werden und in der Hölle enden, wenn Jesus wiederkommt! Es ist sehr ernüchternd, wenn man realisiert, dass Judas Iskariot bei dieser kleinen Audienz mit dabei war und diesen Geschichten zugehört hatte. Die darin enthaltene Warnung war im Hinblick auf ihn jedenfalls verschwendet, und er endete im Tal von Hinnom oder Gehenna, welches Jesus als ein Bild für die Hölle verwendete (s. a. Anhang II zu dieser tragischen Figur).

Wir wollen noch einmal kurz zur Bergpredigt zurückkommen und uns in Erinnerung rufen, dass Jesus seine Ausführungen mit zwei Bäumen, zwei Straßen und zwei Häusern beendete. Er stellte sie seinen Jüngern jeweils als Alternativen vor und war sich durchaus darüber im Klaren, dass beide Alternativen für sie Realität werden könnten und dass die falsche Wahl zum Verderben führen würde. Dieselbe Alternative erscheint noch einmal in einigen Briefen als Kategorien von „Fleisch" und „Geist". Gläubige können entweder in der einen oder der anderen leben, wandeln oder in sie hineinsäen.

Was Matthäus von EGIG denkt, darüber besteht kein Zweifel. Er würde sagen, dass es dem, was er von seinem Meister gehört und was er niedergeschrieben hat, total widerspricht.

II. *Markus* – Dies ist eines der zwei Evangelien, die für Ungläubige geschrieben wurden. Abgesehen von einer längeren Rede (in Kapitel 13), konzentriert es sich hauptsächlich auf das, was Jesus getan hat, und nicht auf das, was er gesagt hat. Ziemlich sicher handelt es sich bei diesem Evangelium um die Aufzeichnungen der Predigten des Petrus, um Tatsachenberichte vom öffentlichen Dienst Jesu, von seinem Tod und seiner Auferstehung. Sie werden in einem lebendigen Stil vorgetragen, der an Journalismus erinnert.

Dieses Evangelium will den jungen und beginnenden Glauben stärken und voranbringen. Deshalb verwundert es nicht, dass man nur wenig Material findet, was sich mit EGIG beschäftigt. Dennoch gibt es zwei relevante Passagen.

Kapitel 4 enthält die wohlbekannte Parabel des Sämanns. Sie ist eher eine Allegorie (welche mehrere Punkte abhandelt) als eine Analogie (die nur einen Punkt abhandelt). Sie beschreibt die vielen möglichen Reaktionen, wenn die Botschaft vom Königreich (der Samen) einer typischen Versammlung gepredigt wird, mit dem vorhersehbaren Antwortverhalten der Zuhörer. Dieser „Same" hat in sich Leben, er keimt und wächst in seinen glücklichen Empfängern. Aber in zwei von vier Fällen dauert das Leben nicht sehr lange. In einem Fall verkümmert er wegen Oberflächlichkeit, die mit Opposition und Widerspruch nicht zurechtkommt. Im anderen Fall wird es durch Sorgen des Wohlstands und der Welt erstickt. Im beiden Fällen hat das Leben des Königreichs zuerst begonnen und wurde dann beendet. Interessanterweise bezeichnet Jesus dies als „abfallen". Das Wichtigste an diesen Parabeln ist aber, dass abgesehen von den Verlusten das Säen immer noch ein profitables Geschäft ist, denn der gute Grund bringt unverhältnismäßig mehr Gewinn als der schlechte Grund eingebüßt hat.

In Kapitel 13 finden wir die einzige ausführliche „Predigt", die Markus aufgezeichnet hat, sie wird auch die „kleine Apokalypse" genannt. Wie die Offenbarung beschreibt sie die zukünftigen Ereignisse und die Bedrängnisse, die auf die Jünger Jesu zukommen werden. Verfolgung sowohl in den Familien als auch in der Öffentlichkeit sind an der Tagesordnung. Sie beinhaltet zwei besondere Krisen: Die Zerstörung Jerusalems im Jahre 70 n. Chr. und „die große Trübsal" am Ende des Zeitalters. Die zwei Krisen sind sich sehr ähnlich, die eine ist ein Vorbild für die andere, und sie sind miteinander verwoben, sodass es nicht immer einfach ist, sie auseinanderzuhalten. Wie dem auch sei, gibt es keine Zweideutigkeit, wenn man die Aussage betrachtet, dass „derjenige, der bis zum Ende durchhält, gerettet werden wird." Es scheint, dass sowohl Matthäus als auch Lukas ihren jeweiligen Bericht aus dem Markusevangelium bezogen haben, sodass die Anmerkungen, die bereits im Matthäusevangelium abgehandelt wurden, auch hier gelten. Es gibt keinen Anhaltspunkt dafür, warum „gerettet" etwas anderes bedeuten sollte als die endgültige Erlösung von der Sünde. Wenn es „Rettung aus dem Leid" bedeuten würde, dann würde das „Durchhalten bis zum Ende" keinen Sinn machen!

Markus hat zwar wenig zum Thema EGIG zu sagen, aber die wenigen Hinweise deuten nicht auf diese Annahme hin.

III. *Lukas und Apostelgeschichte* – Das ist das andere Evangelium, das für Ungläubige geschrieben ist. Eigentlich ist es nur für eine einzelne Person geschrieben, nämlich den „Hochedlen Theophilus". Diese Anrede, verbunden mit dem Inhalt, lässt stark vermuten, dass die beiden Bände eine Verteidigungsschrift für den Gerichtsprozess darstellen, den Paulus in Rom erwartet. Die Betonung auf die falschen Anschuldigungen der Juden, die Sympathie für alle römischen Soldaten und Gouverneure, die jeweils dreimalige Feststellung der Unschuld sowohl von Jesus als auch von Paulus und noch einige andere Begebenheiten deuten alle in diese Richtung.

Dass diese Dokumente sich auch mit der Frage von EGIG abgeben, ist weniger zu erwarten. Und dennoch wird ein Bericht, der von sich behauptet, genau und umfassend zu sein, besonders was die Lehrworte Jesu betrifft, doch sicherlich etwas Relevantes enthalten. Und genau das finden wir vor.

Die Botschaft des Gleichnisses vom Sämann (Kapitel 8) ist hier viel klarer als bei Markus. Der Same, der von den Vögeln „der Luft" auf dem steinigen Weg weggenommen wird, repräsentiert den Teufel („der Herrscher des Königreichs der Luft"; Eph2,2), der das Wort schnell von den Hörern wegnimmt, damit sie nicht „glauben und gerettet werden" (Vers 12). Der Same auf dem felsigen Grund steht für diejenigen, die „für eine Weile glauben" (Vers 13) und deshalb anscheinend für eine Weile gerettet sind. Die gute Erde ist „ein edles und gutes Herz, dass das Wort hört, behält und durch das Ausharren eine Ernte bringt" (Vers 15). Das Tätigkeitswort für „behalten" (*katecho*) wird überall im Neuen Testament benutzt als „festhalten", „ausharren" und „dranbleiben". Dieses Ausharren (*hypomonä*) wird an anderen Stellen auch als Geduld und Ausdauer übersetzt. All das ist sehr relevant für unser Thema. Einzigartig bei Lukas ist das Sprichwort „Wer die Hand an den Pflug legt und zurückblickt…" (nicht zurückgehen, sondern zurückblicken, wie Lots Frau). Es macht einen Menschen für den Dienst im Königreich Gottes untauglich (Lk9,62). Nicht zuletzt ist es eine Warnung davor, nicht zu Ende zu bringen, was man begonnen hat.

Dann gibt es noch die Gefahr, die für ein leeres Haus besteht, das von einem Dämon verlassen wurde, nämlich dass dieses wieder zu seiner Behausung wird und er noch weitere sieben viel bösere Kollegen mitnimmt. Natürlich handelt es sich hier um die Angelegenheit eines Exorzismus ohne Errettung, aber Lukas ergänzt dieses Gleichnis noch mit folgenden Worten Jesu: „Gesegneter sind diejenigen, die das Wort Gottes hören und befolgen" (Das hier verwendete Wort ist wieder „festhalten"; Lk11,24-28).

Die Erzählung von den Knechten, die für die Wiederkunft ihres Herrn vorbereitet sind (Lk12,35-48) geht noch weiter als die Version von Matthäus. Petrus fragt nämlich, ob diese Lehre nur für die Jünger oder für die Allgemeinheit ist (Vers 41). Diese Frage wird nicht direkt beantwortet, aber Jesus sagt, dass der „treue und weise Hausverwalter" – jemand, der sicherlich ein besonders enges Verhältnis zu seinem Meister hat – dieselbe Person ist, welche seine Mitknechte misshandelt, als sich die Rückkehr seines Meisters unerwartet hinauszögert. Das Maß seiner Bestrafung steht im direkten Verhältnis zur Erkenntnis des Willens seines Meisters – viele Schläge oder wenige. In jedem Fall aber wird ihm „ein Platz zusammen mit den Ungläubigen angewiesen" (Vers 46), was natürlich bedeutet, dass er ein „Gläubiger" war, der jetzt aber seinen Platz in der Haushaltung eingebüßt hat.

Matthäus beschreibt die Jünger als „Salz der Erde" (Mt5,13), was von den Predigern im Allgemeinen als Gewürz oder Konservierungsmittel gedeutet wird. Lukas zeigt uns die Ansicht, die Jesus darüber hat. Salz wurde entweder als Düngemittel auf dem Acker verwendet, um gute Frucht wachsen zu lassen, oder als Desinfektionsmittel gegen das Wachstum schädlicher Keime im Misthaufen und in der Jauchegrube (Mt14,34.35). Salz kann aber auch seine Salzigkeit verlieren und damit nutzlos werden. Dann wird es auf den Müll „geworfen" (Dieses Tätigkeitswort verwendet Jesus immer, wenn er davon spricht, dass Menschen der Hölle übergeben werden, s.a. Lk12,5). Aber geht so etwas überhaupt? Natriumchlorid (Kochsalz) kann doch nicht seine Eigenschaften ändern? Wenn es mit anderen Substanzen verunreinigt ist, verliert es seine Schärfe. Und genauso können Jünger so weltlich werden, dass sie ihre charakteristischen Eigenschaften verlieren. Matthäus ist hier noch klarer als Lukas, wenn er feststellt, dass keine Möglichkeit besteht, dass Salz seine Salzkraft wiedererlangen kann. Band II des Berichts von Lukas trägt nur wenig zu unserer Studie bei. Es handelt sich zum großen Teil um eine Erzählung, und die meisten darin aufgezeichneten Predigen behandeln das Thema EGIG nicht, denn sie richten sich an Ungläubige. Trotzdem liefert sie auf zwei Arten das notwendige Hintergrundwissen, das wir benötigen, um später die Briefe zu studieren. Viele von diesen wurden nämlich an die Gemeinden geschrieben, die während der Missionsreisen, von denen die Apostelgeschichte berichtet, gegründet worden waren.

Das eine ist die wiederholte Mahnung an die Bekehrten, „dem Glauben treu zu bleiben" (z.B. Apg 11,21-23; 13,43; 14;21-22). Die Apostelgeschichte berichtet zwar, dass solche Ermahnungen immer wieder ausgesprochen wurden, sagt uns aber keine Gründe hierfür. Nur in den Briefen werden die Gefahren der Untreue formuliert.

Das andere ist die vorrangige Streitfrage, ob die Beschneidung für Heiden, die dem jüdischen Messias nachfolgen wollen (oder, wie man auf Griechisch sagt, dem Christus), zwingend notwendig ist. Die Debatte war sehr heftig und konnte nur in einem Konzil von Aposteln, Ältesten und Gemeindemitgliedern in Jerusalem (Apg 15) geregelt werden. Manche meinen, dass es sich nur um eine kulturelle Frage handelte, aber es stand weit mehr auf dem Spiel. Die Apostelgeschichte sagt uns nichts darüber, aber wir wissen, dass für Paulus dieser kleine Schnitt im Fleisch bedeutete, dass dadurch jemand von Christus und seiner

Biblische Befunde

Gnade abgeschnitten wird und seine Errettung verliert (mehr dazu später im Galaterbrief).

Während also das Lukasevangelium und die Apostelgeschichte keine direkte Aussage zu EGIG treffen, so weist doch das, was man nebenbei erfährt, in ein und dieselbe Richtung.

IV. *Johannesevangelium und Johannesbriefe* – In Kapitel 2 haben wir bereits klargestellt, dass das Johannesevangelium für Gläubige geschrieben wurde, um sie zu ermutigen, an ihrem Glauben an Jesus, den Sohn Gottes, der wahrer Gott und wahrer Mensch ist, festzuhalten. Er schrieb an Ephesus, wo im späten ersten Jahrhundert beides in Frage gestellt wurde.

In den meisten englischen (Anm. d. *Übers.*: und auch deutschen) Bibelübersetzungen wird nicht klar zum Ausdruck gebracht, dass Johannes in der griechischen Sprache durchgängig die grammatikalische Verlaufsform der Gegenwart verwendet. Das Ergebnis davon ist, dass der Ausdruck „wer glaubt..." als „wer einmal glaubt" verstanden wird, dabei muss es anders verstanden werden, nämlich „wer jetzt glaubt" oder noch besser „wer fortgesetzt am Glauben ist". Das ist der Schlüssel zum Verständnis entscheidender Verse wie Joh3,16 und Joh20,30.

Nehmen wir ein anderes Beispiel: „Wer (fortlaufend, weiterhin) mein Fleisch isst und mein Blut trinkt, lebt (fortlaufend, weiterhin) in Gemeinschaft mit mir und ich in ihm. So wie der lebendige Vater mich gesandt hat und ich durch den Vater lebe, so wird auch jeder durch mich leben (Futur), der mich (fortlaufend, weiterhin) isst." (Joh6,56-57, Charles Williams Übersetzung, eine der wenigen englischen Übersetzungen, die dem griechischen Urtext gegenüber sehr wortgetreu sind).

Es gibt noch einen klassischen Fall, der mit dem größten

Einmal gerettet – immer gerettet?

Wunder im Johannesevangelium zusammenhängt, der Auferweckung des Lazarus, welches überraschenderweise in den anderen Evangelien ausgelassen wird. Nachdem Jesus in Anspruch genommen hat, „die Auferstehung und das Leben zu sein", offenbart Jesus, wie andere diese Wahrheit auf sich anwenden können: „Wer auch immer lebt und an mich glaubt, wird niemals sterben (Joh11,26). Man könnte dies auch so übersetzen: „Wer immer fortgesetzt an mich glaubt, solange er lebt..."

Mancher Leser meint vielleicht, dass man darüber diskutieren könnte, weil namhafte Übersetzer diesen etwas „merkwürdigen" Aspekt in ihrer Übersetzung nicht zum Ausdruck bringen, wenngleich sie sicherlich anerkennen müssen, dass „wer glaubt" nicht dasselbe ist wie „wer geglaubt hat". Wie auch immer, meine Behauptung findet weite Bestätigung in den klaren und kategorischen Feststellungen aus dem Munde Jesu überall im Johannesevangelium.

Im langen Wortwechsel mit den Juden, der vieles offenbart (Mit Juden bezeichnet Johannes immer nur diejenigen, die im Süden, in Juda und Jerusalem leben und nicht im Norden, in Galiläa), betont Jesus mit Nachdruck, dass es unerlässlich ist, fortwährend und weiterhin an das zu glauben, was er gesagt hat. „Wenn ihr an meiner Lehre festhaltet, dann seid ihr wahrhaft meine Jünger. Dann werdet ihr die Wahrheit erkennen und die Wahrheit wird euch freimachen" (Joh8,31.32; man beachte das „wenn – dann", den Konditionalsatz). Später verwendeten seine Kritiker seine eigenen Worte gegen ihn: „Wenn er mein Wort bewahren wird, wird er den Tod nicht schmecken in Ewigkeit" (Joh8,52). Die Verwendung des Wortes „festhalten" und „bewahren" ist unmissverständlich. In der Tat ist das Wort „festhalten, bleiben" eines von Johannes' Lieblingsworten, *meno*, es bedeutet außerdem stehenbleiben,

Biblische Befunde

verweilen, halten, einhalten, wohnhaft sein.

Dieses Wort ist ein Schlüssel für das Verständnis, wie die Beziehung zwischen Jesus und seinen Jüngern aussehen soll: Er wird in ihnen bleiben, wenn sie in ihm bleiben. Das wird im Gleichnis vom Weinstock und den Zweigen offensichtlich (Joh15,1-6). Wahrscheinlich redete Jesus es zu seinen Jüngern, als sie vom Obergemach in Richtung Garten Gethsemane unterwegs waren und dabei den Tempelbezirk und sein großes Prachttor durchquerten, das mit einem schmiedeeisernen Weinstock verziert war (vergleiche dazu Joh14,31 mit Joh18,1; Wenn es sich so verhält, dann hat das hohepriesterliche Gebet in Kapitel 17 im Tempelbezirk stattgefunden, was nun wirklich angemessen wäre). Wo auch immer es ausgesprochen wurde, seine Bedeutung ist unmissverständlich. Zweige müssen am Weinstock bleiben, wenn sie weiterhin Leben haben wollen, denn sie haben es nicht in sich selbst. Ohne diesen „Saft", bringen sie keine Frucht, verdorren und sterben. Dann werden sie abgehauen, weggeworfen und verbrannt. Natürlich fängt dieser Vergleich wie jeder andere irgendwann an zu hinken. Echte Zweige haben keinen Willen und deshalb keine andere Wahl; äußere Umstände, die sie nicht kontrollieren können, lassen dies geschehen. Aber Jesus redet hier nicht mit Pflanzen (Obwohl er das auch gemacht hat und dadurch ein Feigenbaum innerhalb von Stunden verdorrte!). Er redet zu seinen Jüngern, die die Wahl haben, bei ihm zu bleiben oder ihn zu verlassen, entweder in Gemeinschaft mit seinem Leben lebendig zu bleiben oder wegzugehen und zu sterben.

Einer von ihnen war bereits gegangen (Joh13,30). Wir werden später noch den Fall von Judas Iskariot betrachten (siehe Anhang II). Nur im Johannesevangelium wird das Rätsel um diesen Apostel wirklich gelöst, denn nur hier wird berichtet, dass Jesus seinen korrupten Charakter von Anfang an kannte (Joh6,70.71). An dieser Stelle wollen wir es dabei belassen und darauf hinweisen, dass Jesus in seinem berühmten Gebet in seiner letzten Nacht unumwunden bekannte, dass er einen der Zwölf, die ihm der Vater gegeben hat, „verloren" habe (Joh 17,12; „keiner von ihnen ist verloren als...").

Wenn wir nun vom Johannesevangelium zu seinen Briefen kommen, befinden wir uns noch mehr im Gefilde der Gläubigen. Auch hier wird wieder die Verlaufsform der Gegenwart verwendet. „Wer ist der, der die Welt überwindet (der fortwährend überwindet), wenn nicht der, der glaubt (fortlaufend glaubt), dass Jesus der Sohn Gottes ist" (1.Joh 5,5).

Es gibt noch mehr eindeutige Bezugnahmen auf die Notwendigkeit, fortdauernd mit dem Herrn verbunden zu sein. „Schaut zu, dass ihr das, was ihr von Anfang an gehört habt, in euch bleibt (wohnt, bestehen bleibt). Wenn es in euch bleibt, dann bleibt auch ihr (bestehen bleiben, feststehen) im Sohn und im Vater" (1.Joh 2,24). Beachte auch das Wort „wenn"; wir werden es in den Briefen des Paulus noch öfter finden.

Indem er das Gleichnis vom Weinstock und den Reben wieder anspricht, erinnert Johannes seine Briefpartner daran, dass „Gott uns ewiges Leben gegeben hat, und dass dieses Leben in seinem Sohn ist; wer den Sohn Gottes nicht hat (fortlaufend hat), hat das Leben nicht (fortlaufend)" (1.Joh 5,11.12). Wir können dieses ewige Leben nicht unabhängig vom Sohn in uns haben. Wir müssen in ihm bleiben, damit wir es genießen können.

Insoweit bestätigt der Brief das, was wir bereits im Evangelium gefunden haben. Da gibt es aber noch einen weiteren einzigartigen Beitrag zu unserer Studie: „Es gibt Sünde, die zum Tode führt" (1.Joh 5,16). Der Brief bejaht die Möglichkeit, dass Gläubige sündigen können (1.Joh 1,8), wenn auch nicht fortwährend (1.Joh 3,6). Für solche

Biblische Befunde

Übertretungen gibt es ein Rezept: Bekennen (1.Joh1,9). Die Wiederherstellung eines Bruders, der sündigt, wird durch Fürbitte unterstützt, sowohl im Himmel (1.Joh2,1) als auch auf der Erde (1.Joh5,16). Einige Sünden sind aber so schwerwiegend, dass sie von solch einem Gebet nicht erreicht werden können, und sie stehen unter „Todesstrafe". Während man dies auf den physischen Tod beziehen könnte (z.B. ein unmoralischer Akt oder eine unmoralische Angewohnheit, die eine unheilbare Krankheit hervorruft), so ist es doch viel wahrscheinlicher, dass es sich auf den geistlichen Tod, der die Strafe für die Sünde ist, bezieht. Dies entspräche dem sonstigen Sprachgebrauch des Johannes viel eher (so in 1.Joh3,14).

Wenn der zweite Brief des Johannes auch sehr kurz ist, so enthält er doch eine klare Warnung: „Passt auf, dass ihr nicht das verliert, was wir erarbeitet haben, sondern vollen Lohn empfangt. Jeder der weitergeht und nicht in der Lehre Christi bleibt, hat Gott nicht. Wer in der Lehre bleibt, hat sowohl den Vater als auch den Sohn" (2.Joh8,9). Dies mag sich eher auf den Dienst als auf die Errettung beziehen, eher auf den Verlust der Belohnung als auf den Verlust der Erlösung. Das Problem ist das Weiterlaufen und nicht das Zurückfallen, dass man von der Lehre Jesu weg weitergeht zu „höheren" oder „tieferen" Prinzipien und Praktiken (Wahrscheinlich ist dies ein Hinweis auf den Gnostizismus, der von sich behauptet, mehr Geheimnis als andere zu „erkennen"; während Agnostizismus glaubt, dass man „nichts wissen" könne). Es ist aber klargestellt, dass man beide, den Sohn und den Vater verliert, wenn man sich außerhalb der Lehre Christi bewegt. Man verliert dadurch nicht nur den Lohn für seinen Dienst, denn nur derjenige, der in der Lehre bleibt, hat (fortlaufend) den Vater und den Sohn.

Das Evangelium und die Briefe zeigen ein einheitliches Bild. An der Gemeinschaft mit dem Vater und dem Sohn muss durch die fortwährende Treue und den fortwährenden Gehorsam des Gläubigen festgehalten werden. Wenn man dieses „Festhalten" unterlässt, führt das zum Verlust des Lebens, welches nur im Sohn gefunden werden kann.

V. *Die Briefe des Paulus* – Bevor wir uns diese genauer ansehen, müssen wir zwei Betrachtungen anstellen.

Erstens: Alle Briefe des Paulus sind an „Heilige" gerichtet, an wiedergeborene Gläubige. Keiner ist an Ungläubige gerichtet, nicht einmal an eine Mischung von Gläubigen und Ungläubigen. Auch ist keine Spur von „nominellen" (Namenschristen) oder „bekennenden" Christen zu erkennen, und noch weniger wird eine vernunftmäßige Unterscheidung zwischen der vermischten „sichtbaren" und der reinen „unsichtbaren" Gemeinde vorgenommen. Solche Kategorien entstehen, wenn Gemeinden keine Gemeindezucht anwenden, sei es in der Praxis der Aufnahme oder der Exkommunikation. So steht es um viele etablierte Staatskirchen, die die gesamte Bevölkerung umfassen wollen. In den ersten Jahren kostete es etwas, der Gemeinde anzugehören, ja es war sogar gefährlich, und so blieben Ungläubige nur zu gerne fern. Wenn also Paulus das Wort „ihr" verwendet, dann richtete er seine Worte an „wiedergeborene" Menschen, die bereits erlöst waren (1.Kor 16,11; Kol 1,13.14).

Zweitens: Seine zahlreichen Ermahnungen, durchzuhalten und auf das Ziel und den Siegespreis zuzustreben, weisen eine Dringlichkeit auf, die man erklären muss. Paulus war bei diesem Thema geradezu versessen auf das Wörtchen „wenn", so z. B. „wenn ihr weitermacht" oder „wenn ihr festhaltet". Damit wird unsere Aufmerksamkeit auf die möglichen Konsequenzen gerichtet, was passiert, wenn die Gläubigen nicht in ihrer Berufung bleiben.

Die Kombination dieser beiden kleinen Wörter „wenn ihr"

stellen einen Schlüssel für unsere Studien dar, sowohl in ihrer positiven („wenn ihr festhaltet") als auch in ihrer negativen Form („wenn ihr nicht festhaltet"). Diese eindeutigen Aussagen sind entscheidend, aber sie werden auch von weiteren Hinweisen unterstützt, die weitere Gedanken einschließen.

Römerbrief – Der Brief ist gerichtet an „alle in Rom, die von Gott geliebt und berufene Heilige sind" („die berufen wurden, um Heilige zu sein" ist eine nicht zulässige Interpretation, die die Bedeutung grundlegend ändert!).

Für die richtige Auslegung des Briefes ist es entscheidend, nach den Gründen der Abfassung des Briefes zu fragen. Es muss ein spezieller Grund sein, denn er hatte diese Gemeinschaft weder gegründet noch besucht.

Viele meinen, dass er ihnen sein Evangelium vorlegt, damit sie es „genehmigen" und seine Mission im westlichen Mittelmeerraum unterstützen, obgleich er seine diesbezüglichen Pläne am Ende des Briefes erwähnt (Röm15,24). Es gab eine viel größere Not, die ihn dazu zwang, den längsten von ihm verfassten Brief zu schreiben.

Tatsache ist, dass die Gemeinde in Rom in Gefahr war, sich in zwei Denominationen aufzuspalten, eine jüdische und eine heidnische, bevor Paulus es schaffte, dorthin zu gelangen. Ursprünglich war es eine große jüdische Gemeinschaft, die vermutlich an Pfingsten ihren Ursprung hatte (Apg2,10). Als der Kaiser Claudius die Juden aus Rom verbannte (Apg18,2), änderte sich die Zusammensetzung ihrer Mitgliedschaft dramatisch und sie wurde eine heidnische Gemeinde. Als den Juden unter Nero erlaubt wurde, wieder zurückzukehren, wurden sie von den heidnischen Gemeindeleitern nicht mehr willkommen geheißen, die sogar etwas lehrten, was heute unter dem Namen „Ersetzungstheologie" bekannt ist (Dass Gott Israel verworfen und dieses Volk durch die

Kirche ersetzt habe). Der ganze Brief ist auf diese kritische Situation ausgerichtet und handelt sie ab. Paulus erinnert sie, dass alle, sowohl Juden als auch Heiden gesündigt haben (Röm3,9), dass Juden und Heiden durch den Glauben gerechtfertigt werden (Röm3,29.30), dass Juden und Heiden Söhne Abrahams sind (Röm4,11.12), ebenso wie sie vorher Söhne Adams waren (Röm5,12), dass die heidnischen Gläubigen das Evangelium durch Zügellosigkeit verkehren (Röm6), während die jüdischen Gläubigen dasselbe durch Gesetzlichkeit tun (Röm7), dass beide aber in der Freiheit des Geistes leben müssen (Röm8). Kapitel 9 bis 11 werden von den Gelehrten allerorts als Einschub abgetan, wo er doch das Herzstück und den Höhepunkt des gesamten Briefes darstellt. Dies wird auch im Wechsel des Tonfalls von Paulus` Worten anzeigt: Paulus hat seinen Brief behutsam aufgebaut, bis er zu seinem leidenschaftlichen Appell kommt, doch diejenigen aufzunehmen, die Gott niemals verworfen hat. Selbst der letzte Abschnitt des Briefes behandelt Themen, die wahrscheinlich Spannungen zwischen jüdischen und heidnischen Gläubigen hervorgerufen haben (z.B. Ernährung und das Beachten von speziellen Tagen).

Das Evangelium, dessen Paulus sich nicht schämt, ist die Kraft Gottes „zur Errettung von jedem, der glaubt" (Röm1,16). Die Verlaufsform der Gegenwart meint natürlich „von jedem, der jetzt und der weiterhin glaubt". Um es ganz klar zu machen, fügt Paulus an, dass das Evangelium eine Gerechtigkeit offenbart, die „von Glauben zu Glauben" ist (Röm1,17; die New International Version übersetzt hier sehr hilfreich: „durch Glauben von Anfang bis zum Ende"). Weil er ganz sicher gehen möchte, den Kern zu treffen, fügt er ein Zitat aus der Schrift an: „Der Gerechte wird aus Glauben leben" (Hab2,4; siehe Kapitel 2, um das richtige Verständnis von „Glaube", wie er in diesem Vers gemeint ist, zu erlangen: „am Glauben festhalten und treu sein").

Biblische Befunde

In den ersten Kapiteln behandelt Paulus die Sünde und das Gericht der Ungläubigen in der römischen Gesellschaft und schreibt über sie in der dritten Person Plural („sie", „diese", „jene"). Sie haben Gott aufgegeben, und deshalb hat er sie aufgegeben – in pervertierte Beziehungen und unsoziales Verhalten (Röm 1,18-32). Sie werden auf faire Weise gerichtet werden, und zwar nur in dem Licht der Offenbarung, das sie selbst empfangen haben, durch die Maßstäbe ihres eigenen Gewissens und ihrer Taten – „diese", welche das Gute getan haben, werden ewiges Leben empfangen, und „jene", die das Böse getan haben, werden göttlichen Zorn empfangen (Röm 2,7).

Inmitten all dieser Aussagen erhebt Paulus eine schockierende Anklage, nämlich dass „sie" (seine Leser, die „Heiligen" in Rom) sich einer entsetzlichen Heuchelei schuldig gemacht haben: Sie haben die Schlechtigkeit der sie umgebenden Welt verurteilt und lassen dieselben Sünden bei sich selbst zu (Weil er bei den Heidenvölkern besonders die Homosexualität herausgestellt hatte, können wir vermuten, dass dies neben anderen Dingen auch die Gemeinde infiltrierte). Die Sprache des Paulus ist hier stark und direkt: „Ihr...ihr...ihr". Er stellt unmissverständlich klar, dass ein Gläubiger nicht automatisch Immunität gegen Strafe besitzt. Gott hat keine Lieblinge. Sünde ist Sünde, egal ob von einem Gläubigen oder Ungläubigen begangen. Es ist ein fataler Irrtum, wenn „Heilige" meinen, dass sie davonkommen könnten, denn in Wirklichkeit „häufen sie sich Zorn auf sich selbst auf" (Röm 2,5).

Im weiteren Verlauf des Briefes findet Paulus noch einmal die Gelegenheit, diese „Heiligen" daran zu erinnern, dass „der Lohn der Sünde der Tod ist" (Röm 6,23). Dieser Vers wird viel zu oft aus dem Zusammenhang gerissen und auf Sünder angewandt, besonders in Evangeliumspredigten und – traktaten. Der Kontext ist aber die Selbstgerechtigkeit und

Einmal gerettet – immer gerettet?

Vermessenheit unter Gläubigen. „Sollen wir weiter sündigen, damit die Gnade zunehme?" (Röm6,1) und „Sollen wir sündigen, weil wir nicht unter dem Gesetz, sondern unter der Gnade sind?" (Röm6,15). Diese beiden Stellen zeigen an, worauf Paulus in diesem Abschnitt abzielt. Der Lohn der Sünde, ob sie sich unter den Ungläubigen eingenistet hat oder wieder bei den Gläubigen Einzug hält, ist immer der Tod, das angemessene Schicksal.

Spätere Aussagen bestätigen diese Interpretation. „Wenn du gemäß der sündigen Natur lebst, wirst du sterben" (Röm8,13; Merke: „du" meint den „Heiligen" und nicht den „Sünder"). Gläubige können wählen, ob sie „nach dem sinnen wollen, was des Geistes ist" oder nach dem Fleisch und gemäß dem Fleisch leben, aber sie können sich der Konsequenzen nicht entziehen, wenn es um Leben und Tod geht (Paulus stellt das im Galaterbrief noch viel deutlicher klar, wie wir noch sehen werden).

Im selben Kapitel kommt er zu einem neuen Thema, unserem Erbe. „Wenn wir aber Kinder sind, so sind wir Erben – Erben Gottes und Miterben mit Christus, wenn wir tatsächlich mit ihm mitleiden, damit wir auch seine Herrlichkeit teilen" (Röm8,17). „Wenn" erscheint in dieser Aussage zweimal, und zeigt damit zwei notwendige Bedingungen an, um sich für sein herrliches Erbe zu qualifizieren – erstens, dass wir Kinder Gottes sind, und zweitens, dass wir die Leiden Christi teilen. Letztere Vorbedingung wird später im Philipperbrief behandelt.

Das größte „wenn" im Römerbrief erscheint im Abschnitt, wo er die heidnischen Gläubigen davon überzeugen will, mit Anteil zu nehmen am jüdischen Volk, so wie er es tut. Er gesteht ein, dass einige (wenn auch nicht alle) Zweige des „Ölbaums" ausgebrochen worden sind, und dass „wilde" Heiden an ihrer Stelle eingepfropft worden sind. Das darf aber niemals eine Entschuldigung für anmaßendes

Biblische Befunde

Selbstvertrauen oder selbstgerechte Gleichgültigkeit sein. Dass Gott die jüdischen Ungläubigen hart und die heidnischen Gläubigen freundlich behandelt hat, darf in keinem Fall für unabänderlich angesehen werden! Die Stellung der Heiden unter seinem Volk ist nicht sicherer als die Stellung der Juden. Sie ist an Bedingungen geknüpft, so wie es auch bei den Juden war: „wenn du in seiner Güte bleibst, sonst wirst auch du herausgeschnitten werden" (Röm 11,22). Dann fährt er fort, dass die Juden auch wieder eingepfropft und so auf weit natürlichere Weise wieder mit ihrem eigenen Wurzelstock verbunden werden können. Sodann enthüllt er ein „Mysterium" (biblische Sprache für ein Geheimnis, für das es an der Zeit ist, gelüftet zu werden), nämlich dass sie eines Tages wieder eingepfropft werden, und zwar als ganze Nation.

Allein dieser Abschnitt wäre mehr als genug, um zu zeigen, dass Paulus nicht an EGIG glaubte. Er stellt kategorisch fest, dass Gläubige unter dem neuen Bund nicht sicherer sind als die Juden unter dem alten. „Wenn Gott die natürlichen Zweige nicht verschone, wird er dich auch nicht verschonen" (Röm 11,21). Nicht arrogant zu sein, sondern sich zu fürchten, das ist das angemessene Verhalten des heidnischen Gläubigen angesichts des jüdischen Unglaubens (Röm 11,20). Ganz offensichtlich hat Paulus es nicht als schädlich angesehen, wenn man sich fürchtet, den Platz in Gottes Volk und seine Bestimmung zu verlieren. Die Befürworter von EGIG teilen dieses Gefühl allerdings nicht, sondern sie meinen, dass eine solche Furcht immensen Schaden anrichtet!

Nebenbei sollte man anmerken, dass diese Meinungen nur dort auftreten, wo man die Prädestination sehr stark betont. Wenn Gottes Anordnungen, wie viele sagen, souverän und vorherbestimmend sind, dann heißt das zwangsläufig, dass die Heiligen bewahrt bleiben. In Anbetracht der Worte des

Einmal gerettet – immer gerettet?

Paulus im selben Zusammenhang sind solche Aussagen mehr als sonderbar (mehr zu solchen Ideen behandeln wir in Kapitel 5).

Bevor wir den Römerbrief verlassen, müssen wir uns noch eine Angelegenheit anschauen – unsere Verantwortlichkeit für unsere Brüder und für uns selbst. Es besteht nicht nur bei uns die Möglichkeit, abgeschnitten zu werden, wenn wir nicht in seiner Güte bleiben, es ist sogar möglich, dass wir einen Bruder, für den Christus gestorben ist, „zerstören", wenn wir ihm eine Freiheit im Lebenswandel vorleben, die ihm sein Gewissen nicht erlaubt. Übertriebene Skrupel sind ein Wesensmerkmal eines schwachen und unreifen Gewissens. Dies muss von mehr „erleuchteten" Leuten viel eher respektiert als verachtet werden. Die Liebe möchte nicht, dass ein anderer vor dem Richterstuhl Gottes „verdammt" wird (Röm 14,1-23). Wenn man sich nicht entsprechend verhält, dann „zerstört man das Werk Gottes" und bringt damit sowohl den „Zerstörer" als auch den „Zerstörten" vor Gottes Gericht. Das sind starke Worte, aber es ist eine ernste Sache.

1. Korintherbrief – Er ist ein sehr praktischer Brief und behandelt zahlreiche Probleme in der Gemeinde zu Korinth. Wie die anderen Paulusbriefe spricht er das Thema EGIG nicht direkt an. Trotzdem kann man die Haltung des Paulus unschwer erkennen, wenn er andere Themen behandelt und beiläufig das Thema EGIG streift.

Paulus muss einen Skandal von offensichtlichem Inzest behandeln und fordert die Gemeinde auf, die härteste Strafe an diesem „schuldigen Bruder" (und also Gläubigen) zu vollziehen – „ihn an den Satan zu überliefern, so dass der Leib zerstört werden, aber sein Geist leben möge am Tag des Herrn" (1.Kor 5,5). Sein offenes und freches Sündigen muss beendet werden, auch mit drastischen Mitteln, nicht nur wegen des Ansehens des Evangeliums, sondern auch wegen seiner eigenen Erlösung. Wenn man ihn nicht stoppt, gibt es für ihn irgendwann kein Zurück mehr und er wird seine Rettung verlieren. Wenn es auch schrecklich erscheint, einen Bruder dem Wirken Satans mit Krankheit und Tod zu überliefern, so ist es, wenn man die ewige Bestimmung bedenkt, durchaus angemessen. Wenn die Gemeinde nicht auf solche extremen Züchtigungen zurückgreift, dann wird dieser „Bruder" für alle Ewigkeit verloren sein. Lieber krank oder tot, als verloren in der Hölle.

Nachdem Paulus sich mit dem Ärgernis eines Rechtsstreits vor „gottlosen" Richtern beschäftigt hat, kehrt er wieder zum Skandal von sexueller Unmoral in der Gemeinde zurück und stellt die rhetorische Frage: „Wisst ihr nicht, dass die Bösen das Königreich Gottes nicht erben werden?" (1.Kor6,9). Wenn man die Auflistung ihrer früheren Sünden liest („und das sind manche von euch gewesen"), dann möchte man annehmen, dass die „Bösen" die Sünder sind und keine Heiligen. Aber warum sollte er so etwas in einem Brief an Heilige schreiben? Exakt deswegen, weil sie wieder in ihre alten heidnischen Lebensgewohnheiten zurückgefallen waren, wozu Bordellbesuche gehörten (1.Kor6,15-16). Dass Paulus davon überzeugt war, dass durch solch einen „bösen" Lebenswandel der erhoffte Platz im Königreich auch für Gläubige verwirkt werden kann, wird im Galaterbrief, wo noch eine klarere Sprache gesprochen wird, bestätigt (Gal5,22, siehe später).

Paulus gesteht sogar ein, dass es ihm selbst passieren könnte! Er kämpfte mit den Gewohnheiten und den Gelüsten seines eigenen Körpers, ein andauernder Kampf, der alles andere als ein „Schattenboxen" ist, „so dass ich nicht, nachdem ich anderen gepredigt habe, selbst disqualifiziert werde" (1.Kor9,27). Man hat versucht, die Ernsthaftigkeit seiner Angst herunterzuspielen und das „disqualifiziert" auf seinen Dienst in diesem Leben und seinen Lohn im nächsten Leben zu beziehen. Aber das entspricht nicht der Wortwahl eines Paulus und auch nicht dem Kontext. Dasselbe Wort als Adjektiv „disqualifiziert" (*adikomos*) meint überall sonst, dass Christus nicht mehr länger in dir ist (2.Kor 13,5). Der Kontext bringt noch mehr zu Tage.

Dass man die Briefe des Paulus in Kapitel getrennt hat, ist wirklich schade, denn dadurch wird ganz häufig ein Text aus seinem Kontext getrennt. Nach der Furcht des Paulus, disqualifiziert werden zu können, kommt gleich im Anschluss die Disqualifikation von vielen aus seinem eigenen Volk durch Götzendienst und Unzucht (1.Kor 10,1-13). Sie waren von Ägypten erlöst worden und auf Mose hin getauft worden, aber sie scheiterten, in Kanaan einzuziehen, weil „Gott an den meisten von ihnen kein Gefallen hatte" (1.Kor 10,5); es waren eigentlich alle, bis auf zwei! Ihr Schicksal ist für die Gläubigen in Korinth sowohl ein Beispiel als auch eine Warnung, denn auch sie sind mit dieser Doppelsünde von Götzendienst und Unzucht konfrontiert. Paulus wendet neben zwei weiteren neutestamentlichen Schreibern diese Lektion aus dem alten Bund auf die Gläubigen im neuen Bund an. Wenn man behaupten will, dass da kein realer Zusammenhang besteht, dann macht man die apostolische Lehre zunichte. In beiden Fällen besteht die Möglichkeit, gut anzufangen und schlecht aufzuhören.

Die Erwähnung von übernatürlicher Speise und Trank, die die Israeliten („unsere Vorväter") in der Wüste trotz ihrer Widerspenstigkeit genossen, bringt Paulus auf gelungene Weise zu den in Korinth vorherrschenden Missbräuchen des Abendmahls, die sie auch in Götzendienst und Unmoral bringen. Einige kommen ganz früh und essen alles weg, andere werden betrunken vom Abendmahlswein! Obwohl es eigentlich ein Gnadenmahl sein sollte, wurde es zu einer geistlichen Henkersmahlzeit, die Krankheit und Tod und

Biblische Befunde

keine Gesundheit und Leben brachte. Hier sehen wir eine Parallele zu der Gemeindezucht, die am Inzesttreibenden verübt wurde (1.Kor5,5), denn der Missbrauch des Abendmahls hatte mit Krankheit und Tod dieselben Folgen, die eigentlich eine erlösende und keine zerstörende Absicht haben. Was der Herr damit beabsichtigt, wenn er solch dramatische Folgen bei der Teilnahme am Abendmahl erlaubt, ist ganz einfach: „Wenn wir vom Herrn gerichtet werden, werden wir gezüchtigt, sodass wir nicht zusammen mit der Welt verdammt werden" (1.Kor11,32). Das bezieht sich auf den Tag des Gerichts, wenn Sünder endgültig verworfen und mit dem zweiten Tod bestraft werden, der darin besteht, in den Feuersee geworfen zu werden. Paulus ist davon überzeugt, dass Jesus sich vollkommen klar darüber ist, dass auch Gläubige dieses Schicksal ereilen könnte, und dass er gegenwärtiges Leid und Not zulässt, um sie vor dieser zukünftigen Katastrophe zu retten. Diejenigen, die zum Abendmahl kommen, werden aufgefordert, „sich selbst zu beurteilen", sodass er nicht dazu gezwungen ist (mehr zur „Selbstüberprüfung" in 2.Kor13,5).

Paulus verlässt die ethischen und kommt zu den lehrmäßigen Themen und erinnert die Korinther an die Grundlagen des Evangeliums, welches er predigt – Tod, Grab und Auferstehung Christi - die in den Schriften vorhergesagt und als Heilmittel für die Sünde vorgesehen sind. Dann fügt er wieder ein großes „wenn" an. Er stellt in 1Kor15,2 fest, dass „ihr durch dieses Evangelium (fortwährend) gerettet seid, wenn ihr (fortwährend) daran festhaltet gemäß dem Wort, das ich euch gepredigt habe... andernfalls ihr vergeblich (umsonst, ergebnislos) geglaubt habt" (Das „geglaubt" steht in der Zeitform des Aorist, wodurch eine einmalige Tat angezeigt wird, dieses „geglaubt" bezieht sich also auf ihren Anfangsschritt im Glauben). Paulus hätte ihnen wohl sagen können, dass sie niemals richtig geglaubt haben, aber er tat es nicht, denn das war es nicht, was er meinte. Ihr anfänglicher Glaube war wahrhaftig genug, wäre aber nutzlos, wenn er nicht durch fortgesetzten Glauben bestätigt würde.

2. Korintherbrief – Dieser Brief ist voll von persönlichen Sorgen für die Gläubigen in Korinth, welche vom angespannten Verhältnis zwischen ihnen und Paulus herrührten. Er schreibt: „Nicht, dass wir über euren Glauben herrschen wollen, sondern wir sind Mitarbeiter an eurer Freude, denn ihr steht durch den Glauben" (2.Kor1,24). Seine Hauptsorge war, dass ihr Glaube wacklig werden könnte. Er eiferte um sie, nicht damit sie ihm gegenüber loyal blieben, sondern er begehrte ihre Treue zu Christus. Seine Gefühle waren ähnlich wie die von Johannes dem Täufer (Joh3,29 im Vergleich mit 2.Kor 11,2); er sieht seine Gemeinde als eine Braut Christi. Aber er befürchtet, dass, wie Eva verführt wurde und ihren Platz in Eden verlor, die Korinther „von ihrer aufrichtigen und reinen Hingabe an Christus in die Irre geführt werden" (2.Kor11,3). Sie sind anscheinend dafür anfällig, ein anderes Evangelium zu hören, einen anderen Geist zu empfangen und einem anderen Christus zu folgen. Paulus fürchtet, dass der Bräutigam nicht seine ihm versprochene Braut erhält. Der ganze Abschnitt macht keinen Sinn, wenn es nicht möglich wäre, dass Christus sie verlieren kann.

Diese Furcht wird in einem späteren Abschnitt noch weiter entfaltet (2.Kor12,21-13,5). Ihre fortwährende „Unreinheit, sexuelle Sünde und Ausschweifung" wird ihn demütigen, scheitern und trauern lassen, weil er sie verliert. Er ist entschlossen, zu kommen und mit ihnen hart zu verfahren, damit das nicht eintritt, indem er nicht auf ihre Gefühle Rücksicht nimmt, diejenigen zurechtweist, die auf ihn hören, und diejenigen entfernt, die nicht auf ihn hören

Biblische Befunde

wollen. Etwas anderes kommt nicht in Frage, denn es würde moralische Schwäche bedeuten. Trotzdem wäre es ihm viel lieber, sie würden sich selbst disziplinieren, damit er nicht handeln muss. Er bittet sie inständig darum, sich selbst zu prüfen um „zu sehen, ob ihr im Glauben seid" (2.Kor 13,5; merke auf die Verwendung der Gegenwartsform „seid"). Er sagt nicht, dass sie niemals im Glauben waren, sondern dass der Umstand, dass sie es einmal waren, kein Ersatz für den jetzigen Glauben sein kann. Der bestimmte Artikel „der" im Ausdruck „im (in dem) Glauben" zeigt an, dass sie das Evangelium als Lehre von Christus und nicht so sehr als persönliches Vertrauen in ihn angenommen hatten. Sich von dieser Lehre zu verabschieden bedeutet, sich von Christus zu verabschieden. Er nimmt an, dass Christus Jesus in ihnen ist, es sei denn, dass sie „den Test nicht bestehen (unbewährt sind)" (Dieser Ausdruck ist eine Übersetzung von *adokimos*, dasselbe Wort wie in 1.Kor 9,27, wo es mit „disqualifiziert" übersetzt wird, als er den Test auf sich selbst anwandte).

Trotz aller Befürchtungen schließt er den Brief, indem er sie „Brüder" im Herrn nennt und sie dem dreieinigen Gott anbefiehlt (2.Kor 13,13).

Galaterbrief – In diesem bemerkenswerten Brief, wahrscheinlich einer seiner ersten, verteidigt Paulus die wahre Freiheit des Geistes gegen zwei gemeinsam auftretende Bedrohungen: Die Zügellosigkeit, die wieder unter die Sünde versklavt, und die Gesetzlichkeit, die wieder unter das Gesetz versklavt. Auf diese zwei Weisen kann der Gläubige seine Freiheit verlieren, und beide haben schwerwiegende Folgen.

Die Gesetzlichkeit, die der Mission des Paulus immer auf den Fersen war, zeigte sich in jüdischen Gläubigen. Sie wollten den Heiden, die den jüdischen Messias Jesus angenommen hatten, auferlegen, das jüdische Gesetz des

Mose, vor allem die Beschneidung zu befolgen. Der Kampf, den Paulus damit hatte, führte ihn bis nach Jerusalem zum dortigen Apostelkonzil (Apg15). Er verwandte seine kraftvollsten Worte gegen diejenigen, die seinen eigenen Neubekehrten dies aufzwingen wollten („Ich wünschte, dass diejenigen, die so scharf darauf sind, euch zu beschneiden, sich selbst kastrieren", Gal5,12).

Die Warnung an die Neubekehrten, die sich dieser mosaischen Gesetzesforderung unterworfen hatten, ist für unsere Frage von Bedeutung. Sie würden sich selbst „von Christus weg entfremden ... aus der Gnade fallen" (Gal5,4). Dieses Körperteil abzuknipsen würde bedeuten, sich von Christus selbst zu trennen. Er würde dann für sie nichts mehr wert sein (Gal5,2). Noch einmal: Paulus behauptet, das von ihm verkündete Evangelium zu verlassen, kommt dem Verlust Christi gleich, den er ihnen vorgestellt hat.

Die Zügellosigkeit ist nun das genaue Gegenteil von Gesetzlichkeit und ein ebenso gefährlicher Irrtum. Nicht unter dem Gesetz zu sein, bedeutet nicht die Freiheit, zu sündigen. Wahre Freiheit bedeutet, frei von der Sünde zu sein und sie nicht mehr auszuüben, was nur möglich ist, wenn man im Geist wandelt.

Dieses Missverständnis, dass die Gnade uns zu sündigen erlaubt, verfolgte die Mission des Paulus ebenso auf Schritt und Tritt. Es hatte seine Wurzeln aber eher bei den Heiden als bei den Juden. Im Römerbrief behandelt er das Thema ausführlicher, hier im Galaterbrief schneidet er es nur kurz, dafür aber umso nachdrücklicher an.

Der Gläubige steht die ganze Zeit vor der Wahl: Will ich dem Streben des Fleisches oder des Geistes folgen. Eines ist dabei sicher: Niemand kann zur selben Zeit von beidem geleitet werden, denn sie sind völlig gegensätzlich. Man muss an dieser Stelle erklären, dass Paulus mit „Fleisch" nicht den physischen Körper meint, sondern die gefallene sündhafte Natur, die wir mit unserem Körper geerbt haben.

Wenn der Gläubige seiner sündhaften Natur erlaubt, sein Meister zu sein, dann wird sich das durch die verschiedenen „Werke des Fleisches" äußern, worunter insbesondere Götzendienst und Unmoral fallen, begleitet von Neid, Trunksucht, Zorn und anderen menschenunwürdigen Aktivitäten. Gleich nach seiner Auflistung der Widerlichkeiten (Gal 5,19.20) ertönt die feierliche Verwarnung: „Ich warne euch, so wie ich es schon vorher getan habe, dass diejenigen, die so leben (fortwährend leben), das Königreich Gottes nicht erben werden" (Gal 5,21). Ganz augenscheinlich warnte Paulus seine Neubekehrten von Anfang an, dass die Rückkehr in den früheren Lebenswandel ihre endgültige Errettung verwirken würde („erben werden" steht in der Zeitform des Futurs). Diese Warnung steht außerdem noch in 1.Kor 6,9.

Der letzte Abschnitt macht es dann noch einmal ganz klar: „Lasst euch nicht verführen: Gott lässt sich nicht spotten. Was ein Mensch sät, wird er ernten. Wer auf seine sündige Natur sät (das Fleisch), wird von dieser sündigen Natur das Verderben ernten; wer auf den Geist sät, wird vom Geist das ewige Leben ernten" (Gal 6,7.8). Dabei müssen wir auch noch folgendes festhalten: Erstens, diese Warnungen richten sich an wiedergeborene Gläubige. Zweitens, das Wort „säen" steht in der Gegenwartsform und zeigt eine fortgesetzte Handlung an. Drittens, „Verderben" bedeutet ewiges Verderben, und nichts anderes. Die Konsequenzen sowohl des guten als auch des schlechten Säens liegen in der Zukunft. Die Ernte findet in der Ewigkeit statt. Als ob er sicherstellen wollte, dass er fortlaufendes Säen meint, stellt Paulus noch einmal klar, dass das Ernten des ewigen Lebens, dass durch das Säen auf den Geist folgt, nur dann uns gehören wird, „wenn wir nicht aufgeben" (Gal 6,9) – ein weiteres großes „wenn".

Einmal gerettet – immer gerettet?

Epheserbrief – Das Wort „Ephesus" kommt in einigen frühen Kopien dieses Briefes nicht vor, sodass es sich durchaus um einen Rundbrief der Gemeinden in Asien handeln kann. Er handelt von grundsätzlichen Fragen des Glaubens und der Lebensweise und behandelt keine individuellen Probleme.

Paulus warnt die „Heiligen" eindringlich, sich nicht von „leeren Worten verführen zu lassen" und zu denken, dass Gläubige, die an einem unmoralischen, unreinen oder habsüchtigen Lebenswandel festhalten oder in ihn zurückfallen, irgendein Erbteil im Königreich Christi und Gottes haben (Eph5,5.6). Selbst die Gemeinschaft mit solchen Menschen kann göttlichen Zorn nach sich ziehen.

Philipperbrief – Paulus schreibt aus dem Gefängnis in Rom und dankt den Gläubigen in Philippi für ihre moralische und finanzielle Unterstützung. Dabei nutzt er die Gelegenheit, um seine Lieblingsgemeinde mit vielen herzlichen Ratschlägen zu ermahnen.

Am bekanntesten ist folgender Ratschlag: „seine Errettung zu bewirken... denn Gott ist es, der in euch wirkt" (Phil2,12.13). Errettung beinhaltet also auch „Wirken", nämlich menschliches und göttliches in Kooperation. Gott kann sowohl die Sehnsucht als auch die Fähigkeit geben, seine Ziele zu erreichen, wobei er uns niemals dazu zwingt. Genauso wie eine musikalische Begabung durch Übung und Disziplin gefördert wird, so müssen die Gaben Gottes in Anspruch genommen und angewandt werden. Uns interessiert für unsere Studie der menschliche Part, das „Wirken in Furcht und Zittern". Vor was soll man sich fürchten? Bei welchem Gedanken soll man ins Zittern kommen? Es muss mit irgendwelchen ernsten Risiken verbunden sein, wenn man solch heftige Emotionen erklären will. Der Grund liegt darin, dass es Gott ist, mit dem wir kooperieren. Warum aber benötigen wir Furcht und Zittern, wenn er uns doch so reichlich hilft? Sicherlich weil von denen, die viel erhalten haben, viel verlangt wird. Weil Gott keine Lieblinge hat, werden diejenigen, die mehr erhalten haben, ein schwereres Gericht haben. Wir haben bereits gesehen, dass Paulus sich nicht vor der Furcht fürchtete. Es gibt eine heilsame Furcht Gottes, die mit einem irrationalen Schrecken nichts zu tun hat und noch weniger mit Ehrerbietung.

Die Furcht, das Ziel zu verpassen, kann, wenn man ihr gestattet, zu einer Obsession zu werden, entweder lähmen, oder zu größeren Leistungen anspornen, wenn man richtig darauf reagiert. Dass Paulus richtig auf diese Furcht, disqualifiziert zu werden (1.Kor9,27), reagiert hat, wird in diesem Brief offenbar.

Paulus hat seine zukünftige Errettung nie als gesichert angesehen. Sogar als Pharisäer war sein Eifer für die Gerechtigkeit unübertroffen, obwohl er die moralischen Errungenschaften später als „Mist" bezeichnete (Ein unfeines griechisches Wort für menschliche Exkremente, für das es im Englischen und Deutschen auch einen entsprechenden Ausdruck gibt!). Nachdem er Buße getan hatte von seinen guten Taten genauso wie von seinen bösen (Röm7,7.8), fand er die wahre Gerechtigkeit in Christus. Das bedeutete aber nicht das Ende seiner Anstrengungen, sondern nur einen Richtungswechsel und einen Wechsel in seinen Motiven. Jetzt wollte er Christus mehr und mehr kennenlernen, die Kraft seiner Auferstehung und ganz besonders die Gemeinschaft seiner Leiden.

Das Ziel der Übung war, „so irgendwie zur Auferstehung von den Toten zu gelangen" (Phil3,11). Es ist erstaunlich, wie wenige Kommentatoren bereit sind, Paulus hier beim Wort zu nehmen. Noch erstaunlicher ist ihre Argumentationsakrobatik: Sie versuchen, dem Ganzen

Einmal gerettet – immer gerettet?

eine vollkommen andere Bedeutung zu geben! Dies ist der extremen Abneigung geschuldet, zuzugeben, dass Paulus alles andere als absolut sicher über seine Zukunft gewesen ist. Es wird nur ungern von dieser Aussage des Paulus gesprochen, denn durch sie könnte zum Ausdruck gebracht werden, dass seine eigenen Bemühungen etwas zu seiner zukünftigen Sicherheit beitragen könnten.

Wir kommen nicht umhin, diese Aussage schrittweise „auszupacken". Auf den ersten Blick scheint die Überzeugung dem zu widersprechen, dass die gesamte menschliche Rasse, ganz gleich ob gerecht oder ungerecht, von den Toten auferstehen wird (Apg24,15; Joh5,29; Dan12,2). Warum will also Paulus zu etwas hingelangen, was ihm sowieso widerfahren wird?

Die Lösung dieser Frage liegt in dem ungewöhnlichen Wortgebrauch dieses Strebens, bei welchem das Wort „aus/heraus" im Griechischen zweimal verwendet wird. Eine Wort-für-Wort-Übersetzung wäre: „so, irgendwie, um zu erlangen die Heraus-Auferstehung aus von unter den Toten". Offensichtlich bezieht sich das auf eine vorher stattfindende Auferstehung, vor der allgemeinen Auferstehung. Dieser eigenartige Satzbau wird auch bei der Auferstehung Jesu verwendet, die ja vorweggenommen und nicht von der Auferstehung anderer begleitet war (Apg4,2; 1.Petr1,3). Er wurde ebenso verwendet, wenn es um die Auferstehung der Gerechten geht, von der die Juden glaubten, sie würde der Auferstehung der Ungerechten vorangehen (Lk20,35). Auf diese zwei Auferstehungen wird ausdrücklich im Buch der Offenbarung Bezug genommen (Offb20,5.6). Zwischen ihnen liegt ein Zeitraum von 1.000 Jahren (das „Millennium"), währenddessen Christus und die Heiligen auf der Erde herrschen werden. „Glückselig und heilig, wer teilhat an der ersten Auferstehung! Über diese hat der zweite Tod keine Macht" (Offb20,6). Offensichtlich ist das die Auferstehung, auf die Paulus Bezug nimmt, wenn er an anderer Stelle sagt: „danach die Christus angehören, wenn er kommen wird" (1Kor15,23).

Nachdem man dieses identifiziert hat, wird klar, dass Paulus eben nicht meint, automatisch an der Auferstehung der Gerechten teilzunehmen. Es ist vielmehr etwas, das durch eine wachsende persönliche Identifikation mit Christus „erreicht" werden muss, besonders mit seinen Leiden.

Dass dies nicht nur die korrekte, sondern auch die einfachste Auslegung ist, tritt durch die darauffolgenden Verse klar zu Tage, wo Paulus es weiter ausdehnt und von seiner Entschlossenheit spricht, „es zu ergreifen, weil er auch von Christus Jesus ergriffen ist" (Phil3,12). Während er die Vergangenheit hinter sich lässt und sich nach vorne ausstreckt, setzt er alle seine Anstrengung darein, das Ziel und den Siegespreis zu erreichen (Phil3,13.14).

Er ist sich darüber im Klaren, dass nicht alle mit dieser Betonung auf der Notwendigkeit menschlicher Anstrengung einverstanden sein werden – nachdem er doch immer die Errettung durch Werke kritisiert hat! Er bringt deshalb mögliche Gegenargumente mit folgender Behauptung zum Schweigen: „Wie viele nun von uns vollkommen sind, die lasst uns so gesinnt sein! Und solltet ihr in einem Stück anders denken, so wird euch Gott auch das offenbaren (Phil3,15; Das ist im Übrigen auch mein Gebet für dieses Buch).

Gleich darauf schreibt Paulus mit Tränen in den Augen, dass „viele als Feinde des Kreuzes Christi leben… ihr Gott ist der Bauch, und ihre Ehre ist in ihrer Schande; sie sind irdisch gesinnt" (Phil3,18.19). Seine Trauer und seine Sprache stellen klar, dass er damit Menschen innerhalb der Gemeinde meint, die es eigentlich besser wissen müssten, keine Außenstehenden, bei denen man mit solchen Ausschweifungen rechnen muss. Der ganze Kontext ist ein

Einmal gerettet – immer gerettet?

Appell, „zu dem zu halten, wozu man bereits gelangt ist" (Phil3,16), und passt zu seiner früheren Ermahnung, „die Errettung zu bewirken" (Phil2,12). Eines muss klar sein: Wer dabei scheitert, selbst wenn es sich dabei um so etwas „Harmloses" wie Völlerei handelt, riskiert die schrecklichen Konsequenzen – „ihr Ende ist Verderben" (Phil3,19).

Da wundert es auch nicht, dass er sein letztes „schließlich" (Anm. d. Übers.: In deutschen Übersetzungen mit „darum" übersetzt) mit dem Appell beginnt, „fest im Herrn zu stehen" (Phil4,1).

Kolosserbrief – Warum hat Gott uns mit sich selbst durch den Tod Christi versöhnt? „Um uns heilig und tadellos und unverklagbar darzustellen vor seinem Angesicht" (Kol1,22). Aber selbst das Kreuz kann solch einen perfekten Zustand nur dann bewirken, wenn „ihr im Glauben gegründet und festbleibt und euch nicht abbringen lasst von der Hoffnung des Evangeliums" (Kol1,23). Was bei dieser erstaunlichen Aussage als erstes beachtet werden muss ist, dass Christus starb, um Heiligkeit genauso möglich zu machen wie Vergebung. Diese fundamentale Wahrheit wird in vielen Kirchenliedern bewahrt:

Be of sin the double cure:
Die Kur der Sünd muss zweifach sein
Cleanse me from its guilt and power
Rein von ihrer Schuld UND Kraft
He died that we might be forgiven
Er starb damit uns ist vergeben
He died to make us good
Er starb damit wir seien gut
That we might go at last to heaven
Damit wir in den Himmel schweben
Saved by his precious blood
Gerettet durch sein kostbar Blut

Biblische Befunde

Die Alpha-Sichtweise von EGIG würde die vierte Zeile ändern in: „Nicht weiter nötig zu sein gut"!

Unbefestigte und prinzipienlose Evangelisten nutzen häufig eine menschliche Schwachstelle aus, nämlich Vergebung ohne Heiligung und der Hölle ohne Qualifizierung für den Himmel entkommen zu wollen. Seelsorgern auf Evangelisationsveranstaltungen sollte man beibringen, mit folgender Frage zu beginnen: Wovon willst du durch Jesus gerettet werden? Die Antworten würden vieles erhellen – und sie befähigen, am richtigen Punkt zu starten.

Man muss außerdem verstehen, dass diese Aussichten immer noch in der Zukunft liegen. Solch eine perfekte Unschuld ist eine „Hoffnung", die noch nicht erreicht ist. Bis jetzt hat erst das „Angebot" dieser Gaben am Kreuz stattgefunden. Verwirklicht werden kann dies nur, wenn man am Glauben festhält, und zwar durch ein andauerndes Ergreifen des Zieles der Errettung.

Allerdings besteht die konkrete Gefahr, getäuscht zu werden (*katabrabeno* bedeutet eigentlich des Preises beraubt), betrogen und „gefangengenommen", verdorben und „zur Beute gemacht" und somit zum Aufgeben der „Standfestigkeit eures Glaubens" (Kol 2,4-8) gebracht. Das einzige Gegengift gegen solche gemeinen Attacken ist: „Wie ihr nun den Christus Jesus als Herrn empfangen habt, so wandelt in ihm, gewurzelt und auferbaut in ihm und gefestigt im Glauben, wie ihr gelehrt worden seid" (Kol 2,6.7; Es ist hier wichtig, festzustellen, dass beim Wort „empfangen" im Griechischen nicht das übliche *lambano*, sondern das *paralambano* steht, wörtlich übersetzt „nebenher empfangen", welches man benutzt, wenn man eine Lehre über eine Person und weniger eine Person selbst empfangen hat; nach seiner Himmelfahrt, sprachen die Apostel nicht mehr davon, Christus zu empfangen, sondern eine Person, die seinen Platz hier auf Erden eingenommen hat, den

Heiligen Geist – Evangelisten, aufgemerkt!)

Falsche Lehre ist gefährlich, besonders wenn sie mit falscher Nachsicht einhergeht, wohinter sich oftmals intellektueller Hochmut verbirgt. Dies kann einen nicht nur „um den Siegespreis bringen" (Kol2,18; 1.Kor9,27; Phil3,14); es kann einen Gläubigen sogar dahin bringen, dass er „die Verbindung mit dem Haupt verloren hat (das ist Christus)", so wie es bereits diesen Lehrern ergangen ist (Kol2,19). Man kann solch eine „Verbindung" natürlich nicht verlieren, wenn man sie niemals gehabt hat!

Früher oder später führt solch eine intellektuelle Täuschung zu moralischer Dekadenz. Paulus fordert die Kolosser zu schonungslosem Ausrotten des Götzendienstes und der Unmoral, die der gefallenen Natur des Menschen doch so sehr anhaften und die früher ihr Leben regiert haben, auf. Es ist lebensnotwendig, die Lust und die Gier jetzt loszuwerden, denn der „Zorn Gottes kommt" (Kol3,5.6). Den Gläubigen wurde keine Immunität vor Gericht garantiert, ganz besonders dann nicht, wenn sie ihren früheren Lebensstil beibehalten, denn Gott hat keine Lieblinge. Sünde verdient seinen Zorn, egal ob bei Ungläubigen oder Gläubigen. Diese Warnung taucht in den Paulusbriefen immer wieder auf (siehe Röm2,5; Gal5,21).

Thessalonicherbriefe – Sie wurden hauptsächlich deswegen geschrieben, um Missverständnisse über das zweite Kommen Christi auszuräumen, deshalb können wir nicht erwarten, dass diese beiden Briefe uns bei unseren Forschungen dienlich sind.

Und dennoch äußert Paulus im ersten Brief seine Sorge um seine Leser, die ihn dazu veranlasst hat, Informationen über ihr geistiges Befinden einzuholen. „Ich fürchtete, ob der Versucher nicht irgendwie euch versucht habe und unsere Arbeit vergeblich gewesen sei" (1.Thess3,5). Mehr als einmal drückt Paulus seine Angst aus, dass sein Werk „umsonst", vergeblich, ohne bleibende Resultate sein könnte (siehe Gal4,11; Phil2,16). Wenn er wirklich an EGIG geglaubt hätte, könnte man solche Ängste nicht erklären.

Und so kam es, dass Timotheus mit ermutigenden Neuigkeiten zurückkam und seine diesbezüglichen Ängste zerstreute. „Denn jetzt leben wir auf, wenn ihr feststeht im Herrn" (1.Thess3,8).

1. Timotheusbrief – Der erste und zweite Timotheusbrief und der Titusbrief werden im allgemeinen als Pastoralbriefe bezeichnet. Sie behandeln die vielen Probleme, die einem Gemeindeleiter begegnen, und so kann man erwarten, dass sie auch einiges über die Situation von Rückfälligen, die in Sünde gefallen oder die Gemeinde aus anderen Gründen verlassen haben, enthalten. Genauso ist es, und damit bestätigen sie auch die Annahme, dass es sich um spätere Briefe des Paulus handelt.

Denn einige sind „abgeirrt" von einem reinen Herzen, einem guten Gewissen und einem aufrichtigen Glauben (1.Tim1,3-7). Andere haben dieses ganz aktiv zurückgewiesen und „haben Schiffbruch an ihrem Glauben erlitten" (1.Tim1,18-20). Zwei von ihnen werden genannt: Hymenäus und Alexander, „die ich dem Satan übergeben habe, damit sie zurechtgewiesen werden, nicht zu lästern". Wir haben bereits gesehen, dass die Motivation für eine solche extreme Bestrafung war, sie zu erlösen, und sie war notwendig, um sicherzustellen, dass sie letztendlich gerettet werden können. Einen ehemals Gläubigen den körperlichen Attacken des Teufels auszusetzen mag unbarmherzig erscheinen, aber solch eine radikale Maßnahme dient dem ewigen Wohl.

Ein geheimnisvoller Vers, sagt aus, dass „sie durch Kindergebären errettet werden wird, wenn sie im Glauben bleiben (festbleiben, weiterhin glauben), in Liebe und

Heiligkeit mit Sittsamkeit" (1.Tim2,15). Dies ist getreu der Einschränkungen, die Paulus für den Dienst von Frauen macht (zum weiteren Studium dieses explosiven Themas empfehle ich mein Buch, *Leiterschaft ist männlich*, Highland, 1988). Das Wort „sie" bezieht sich auf Frauen. Eva, die „verführt und zu einer Sünderin wurde" (1.Tim2,14), wird hier eindeutig als Repräsentantin aller Frauen gesehen, denn das „sie in der Einzahl" wird im selben Satz zu einem „sie in der Mehrzahl" (und verhindert damit übrigens, dass man diesen Vers auf Maria, die Mutter Jesu anwendet). Das Schlüsselwort ist natürlich wieder „errettet" und wird gerne auf seine physische Bedeutung reduziert in dem Sinne: „sicher durch die Gefahren der Entbindung hindurch gebracht". Allerdings passt das überhaupt nicht zum vorangegangenen „sie wurde eine Sünderin", deshalb kann es nur „errettet sein" in seiner ganzheitlichen Bedeutung meinen. Aber „durch Kindergebären gerettet werden" würde eine Rettung aufgrund von Werken, verbunden mit einem Rachegedanken sein. Trotzdem haben Hebammen mir erzählt, dass viele Frauen während des Gebärvorgangs laut zu Gott schreien. Mir scheint, dass das „Kindergebären" hier allgemein gesehen werden muss, als eine Hauptrolle im Leben, die ebenso ehrbar oder wertvoll ist wie der Lehrdienst, den Paulus ihnen gerade eben abgesprochen hat. Und wenn es so ist, dann kann ihr Dienst (des Kindergebärens) für sich alleine sie nicht retten, wenn er nicht durch anhaltenden Glauben, Liebe und Heiligkeit verwirklicht wird. Für Paulus gibt es hier wieder einmal ein „wenn", wenn es um Errettung geht.

Angesichts der Tatsache, dass einige „den Glauben verlassen haben" (1.Tim4,1), fordert Paulus den Timotheus auf, mit dem Vorlesen, dem Predigen und dem Lehren der Schrift in seiner Versammlung weiterzumachen, darauf zu achten, dass seine Lebensführung mit seinen Worten übereinstimmt, „denn wenn du dies tust, wirst du sowohl dich als auch deine Hörer retten" (1.Tim4,16). Also ist auch Timotheus noch nicht „gerettet" und er kann sich so „selbst retten"! Paulus betrachtet die Errettung wieder einmal in seiner ganzen und endgültigen Bedeutung und ist damit auf einer Linie mit der Lehre des Herrn, dass „der, der bis zum Ende ausharrt, gerettet werden wird".

Es gibt noch weitere Hinweise auf seine Überzeugung. Ein Gläubiger kann „schlimmer als ein Ungläubiger" sein, wenn er nicht für seine eigenen Hausgenossen sorgt (1.Tim5,8). Eine christliche Witwe, die nur nach ihrer Genusssucht lebt, ist „lebendig tot", weil ihre Gelüste ihre Hingabe überwältigt haben (1.Tim5,6). Tatsächlich „haben einige sich schon abgewandt, dem Satan nach" (1.Tim5,15).

Einige sind „vom Glauben abgeirrt" wegen der „Liebe zum Geld", welche die „Wurzel aller Art vom Bösen" ist. Den Reichen muss man sagen, dass sie das ewige Leben mit demselben Eifer „ergreifen" (festhalten) sollen, dass sie reich in guten Werken sein sollen, großzügig und nicht geizig, das „echte Leben" suchen sollen, denn nur dieses wird im „kommenden Zeitalter" Bestand haben. Ihr Vertrauen sollen sie auf Gott und nicht auf Gold setzen. Mit Bescheidenheit gewinnt man mehr als mit Habgier (All das findet sich in 1.Tim6,3-19).

Selbst „gottloses Gerede" und „Vernünfteleien" können Gläubige „vom Glauben abirren lassen" (1.Tim6,20.21). Das Wort „abirren" hat den Beiklang von unbeabsichtigter und unerkannter Abkehr.

Nirgendwo deutet Paulus an, dass diejenigen, über die er solches sagen musste, „immer noch – Dank sei Gott - für alle Ewigkeit sicher sind" und sie höchstens einen Extrabonus im Himmel verwirkt haben. Im Gegenteil, der Tonfall seines Briefes und seine Wortwahl lassen viel mehr eine tiefe Traurigkeit und Furcht erkennen – dass sie am

Anfang unter den „Geretteten" waren, am Ende aber nicht mehr dazugehören werden.

2. Timotheusbrief – In den Pastoralbriefen gibt es einige „vertrauenswürdige Aussprüche", die den Charakter eines Sinnspruchs haben, prägnante Aussprüche, die Lebensrealitäten zusammenfassen. Wahrscheinlich wurden sie von den frühen Predigern angewendet, um nützliche Wahrheiten einprägsam zu machen, sowohl bei ihnen selbst als auch bei ihren Hörern. Paulus verwendet sie als Mahnungen.

Eines von ihnen ist auf dem Wort „wenn" gegründet (2.Tim2,11-13). Wir haben ja schon gelernt, wie bedeutend es ist, wenn Paulus diese kleine unterordnende Konjugation verwendet. Ebenso wichtig ist aber auch die Wiederholung des Wortes „wir", denn es lässt keinen Zweifel, dass sich das Wort an Gläubige richtet und Paulus miteinschließt. Die dritte Zeile betrifft unser Thema: „Wenn wir ihn verleugnen, wird er uns verleugnen". In all diesen Sätzen betrifft der erste Halbsatz die Gegenwart und der zweite Halbsatz das, was in Zukunft passieren wird („wenn wir ausharren, werden wir auch mitherrschen"). Wir finden also die Möglichkeit vor, dass ein Schüler, der einst zu Christus gehörte, von ihm an dem Tag, an dem die Bücher geöffnet werden, verleugnet werden wird. Dieser Ausspruch, den Paulus hier zitiert, stimmt mit dem Ausspruch Jesu fast überein: „Wer mich vor dem Menschen verleugnet, den werde auch ich vor meinem Vater im Himmel verleugnen" (Mt10,33, es richtet sich an die Zwölf).

Timotheus wurde gesagt, dass diejenigen, die die Angewohnheit haben, mit anerkannten Lehrern in der Gemeinde zu streiten und von deren Lehren abzuweichen, in „die Falle des Teufels, den er für seinen Willen gefangen genommen hat, getappt sind" (2.Tim2,26). Er soll sie auf sanfte Art zurechtbringen, hoffen, dass sie Buße tun werden, sie wieder zur Besinnung kommen und aus der Falle des Teufels entkommen. Der Teufel soll sie auf keinen Fall behalten.

„Böse Menschen und Betrüger werden zu Schlimmerem fortschreiten" (2.Tim3,13), aber Timotheus soll mit dem, was er aus den Schriften gelernt hat, „weitermachen", welche er schon von Kindheit an kennt, als er auf den Knien seiner Mutter und seiner Großmutter saß. Alle Schrift ist von Gott inspiriert und von großem Nutzen für den Dienst des „Lehrens, der Überführung, zur Zurechtweisung und zur Unterweisung in der Gerechtigkeit" (2.Tim3,16). Aber vor allem sind sie für Timotheus selbst wichtig, „dich weise zu machen zur Rettung". Dieses „dich" ist persönlich. Timotheus hat es auch nötig gerettet zu werden, völlig und endgültig (hier ist derselbe Gedanke wie in 1.Tim4,16).

Titusbrief und Philemonbrief – enthalten nichts, was für unser Thema von Belang wäre.

VI. *Hebräerbrief* – Für unsere Studien ist der Hebräerbrief von allen Büchern des Neuen Testament der relevanteste. Dies sehen wir, wenn wir den Grund seiner Abfassung erkennen. Wahrscheinlich ist er an die Kirche in Rom gerichtet (Heb13,24), ganz sicherlich aber an jüdische Gläubige. Er ist der einzige Brief, der das Problem des Abfalls vom Glauben direkt und durchgängig anspricht.

Das Christentum war im römischen Reich eine verbotene Religion (religio illicita) und durfte attackiert werden, ohne dass man dabei Strafe fürchten musste. Als dieser Brief geschrieben wurde, hatte die Verfolgung gerade begonnen. Christen waren öffentlich beschimpft und ins Gefängnis geworfen worden, ihr Eigentum war konfisziert worden (Heb10,33.34). Bis jetzt war aber der „Punkt noch nicht erreicht, wo sie mit Blutvergießen widerstehen mussten" (Heb 12,14), obwohl das Märtyrertum schon dämmerte. In ihren frühen Tagen waren sie standhaft geblieben (Heb 10,32), aber durch die wachsende Feindseligkeit wurden sie schwankend und sie fragten sich, wie sie und ihre Familien vor den kommenden Leiden ausweichen könnten.

Für die jüdischen – nicht aber für die heidnischen – Gläubigen gab es einen einfachen Ausweg. Sie mussten nur wieder in ihre Synagogen zurückkehren, wo sie hergekommen waren. Das Judentum war eine *religio licita*, und seine Anhänger waren deshalb durch Gesetze geschützt. Und außerdem würden sie ja weiterhin denselben Gott anbeten, denn der Vater von Jesus war ja auch der Gott Abrahams, Isaaks und Jakobs. Es gab nur ein Problem. Wenn sie von der Synagoge wieder aufgenommen werden sollten, dann müssten sie öffentlich ihrem Glauben an Jesus absagen!

Diese große Krise ist der Hintergrund dieses Briefes. Jeder Teil des Briefes hat das Ziel, diese „hebräischen" Jünger zu ermutigen, mit Christus voranzugehen, was es auch kosten mag, und nicht wieder zum Judentum zurückzukehren. Der Autor zieht alle rhetorischen Register – Argumente und Appelle, sanftes Überführen und strenge Warnung, rabbinische Logik und emotionale Ausbrüche. Er ist eine Tour de Force, ein Gewaltmarathon in menschlicher Überredungskunst, und dennoch ist er durch den Geist inspiriert.

Wer auch immer der Autor war (Stephanus und Priscilla sind unter den vermuteten Kandidaten), in hohem Maß verknüpft er positive Darstellungen und negative Ermahnungen.

Uns fehlt die Zeit und der Raum, die Minderwertigkeit und Vergänglichkeit des Judentums oder die Überlegenheit und Dauerhaftigkeit der Erkenntnis Jesu herauszustellen, der der Sohn Gottes ist, der Priester nach der Weise Melchisedeks,

Biblische Befunde

der Urheber und Vollender unseres Glaubens, der nicht lediglich ein weiteres Beispiel eines Glaubenshelden ist wie die vielen Glaubenshelden des Alten Testaments. Uns interessiert viel mehr das Schicksal, welches denjenigen bevorsteht, die einmal an Christus als ihren Herrn und Heiland geglaubt hatten, sich jetzt aber unter dem Druck der Verfolgung abgewandt haben.

Wir beginnen mit dem bekannten Text, der auch häufig in Evangelisationen verwendet wird: „Wie können wir entkommen, wenn wir eine solch große Errettung verschmähen?" (Heb2,3). Die *New International Version* übersetzt das Tätigkeitswort an dieser Stelle – wahrscheinlich um es auf „Sünder" anwenden zu können – mit „wenn wir ignorieren". Aber „wir" bezieht sich nur auf Gläubige, die in Gefahr stehen, vom Evangelium „abzufallen", welches sie doch gehört und angenommen hatten (Heb2,1). Und wenn jede Übertretung und jeder Ungehorsam unter dem alten Bund (dessen Botschaft von Engeln ausgesprochen wurde) seine gerechte Strafe erhielt, so wird jedes Vergehen unter dem neuen Bund weit schwerer bestraft werden (Heb2,2). Man muss beachten, dass diesbezüglich mit beiden Bündnissen gleich verfahren wird. Missetäter machen sich insbesondere der Zurückweisung einer Errettung schuldig, die sich durch Zeichen und Wunder, Krafttaten und Austeilungen von Geistesgaben ausgewiesen hatte (Heb2,4). Zeuge all dessen gewesen zu sein und dann zu erklären, dass es unwahr ist, ist in der Tat sehr schwerwiegend.

Wie Paulus, so ist auch dieser Autor geradezu verliebt in das Wort „wenn". Wir sind sein (Gottes) Haus, wenn wir an unserer Freimütigkeit und am Rühmen unserer Hoffnung festhalten (Heb3,6). „Wir sind Teilhaber des Christus geworden, wenn wir am anfänglichen Vertrauen festhalten" (Heb3,14). Die Notwendigkeit des Ausharrens zeigt er anhand der Untreue ihrer israelitischen Vorfahren auf. „Wir sehen also, dass sie aufgrund ihres Unglaubens nicht fähig waren, (in das Land Kanaan) hineinzugehen" (Heb3,19). Und diese Tragödie kann sich bei den Jüngern Christi wiederholen. „Seht zu, Brüder, dass nicht etwa in jemandem von euch ein böses Herz des Unglaubens (wie bei jenen) sei, im Abfall vom lebendigen Gott" (Heb3,12). Man muss beachten, dass es unmöglich für sie sein wird, Gott zu behalten, wenn sie sich von Christus abwenden.

Kanaan war, genauso wie der Sabbat, ein Typus, eine Vorschattung für die „Ruhe", die Gott den Überbelasteten geben will (Das ist nämlich die Erfüllung der Worte Christi „kommt zu mir, alle ihr Mühseligen und Beladenen, ich werde euch Ruhe geben" Mt11,28). „Denen aber damals die gute Botschaft (=Evangelium) gepredigt worden war, diese gingen wegen ihres Ungehorsams nicht hinein" (Heb4,6). Das kann wieder passieren. „Lasst uns darauf achthaben, dass keiner von euch zurückbleibt" (Heb4,1). „Lasst uns nun eifrig sein, in jene Ruhe einzugehen, damit nicht jemand nach demselben Beispiel des Ungehorsams falle" (Heb4,11). „Lasst uns also das Bekenntnis festhalten" (Heb4,14).

Wir kennen diese Sprache („fallen", „festhalten") von vielen anderen neutestamentlichen Schreibern. Das Scheitern der Vielen beim Einzug nach Kanaan ist eine Warnung an Christen, die auch durch Paulus (1.Kor10) und durch Judas im Judasbrief ausgesprochen wird. Wir haben hier im Hebräerbrief also nichts Einmaliges oder Besonderes, es wird nur besonders eindringlich und kraftvoll präsentiert.

Die nächste Passage, die wir uns anschauen werden, geht noch einen Schritt weiter. EGIG-Befürworter kennen sie auch und bezeichnen sie deshalb als „problematisch". Wir sind ungefähr zur Hälfte des Briefes gelangt und kommen nun zum Hauptproblem, weshalb der Brief eigentlich geschrieben wurde. Hier erscheint eine von den zwei wirklich ernsten Warnungen des Briefes, wo das

Biblische Befunde

Schicksal derer, die den Glauben an Christus wiederrufen, ganz klar ausgesprochen wird (Heb6,1-12; Dem Leser wird nahegelegt die ganze Passage zu lesen). Bevor wir zu diesem umstrittenen Abschnitt des Briefes kommen, müssen wir zwei Dinge klarstellen.

Erstens: Die Passage richtet sich an christliche Gläubige, „die einmal erleuchtet worden sind und die himmlische Gabe geschmeckt haben und des Heiligen Geistes teilhaftig geworden sind und das gute Wort Gottes und die Kräfte des zukünftigen Zeitalters geschmeckt haben". Wenn diese Beschreibung in einem anderen Kontext auftreten würde, würde man dies ganz klar als das Erleben der „Wiedergeburt" identifizieren. Ähnliche Ausdrücke erscheinen an anderen Orten (Querverweise führen uns zu Heb10,32; Eph2,8; Gal3,2), wo ihre Anwendung nicht in Frage gestellt wird. Versuche, diese Sätze auf Ungläubige anzuwenden, sind einfach lächerlich (z.B. „schmecken ist etwas anderes wie schlucken"; soviel zur Einladung „schmecket und sehet, dass der Herr gut ist"!). Solche abartigen Vernünfteleien werden durch den Kontext weggewischt. Die ganze Passage richtet sich an geistliche „Säuglinge", die noch Milch bekommen, obwohl sie schon längst so alt sein müssten, feste Speise zu sich zu nehmen (Heb5,13.14; Nochmals: Die Kapiteleinteilungen zerstören nur zu gerne den Kontext). Sie waren aber schon geboren, sonst wären sie keine Säuglinge. Und das ist der Grund, warum man keine Grundlagen mehr legen muss mit grundlegenden Dingen wie Buße, Glaube, Taufe und der Empfang des Heiligen Geistes durch Handauflegung oder mit der Wiederholung von grundlegender Endzeitlehre des Evangeliums wie Auferstehung und Gericht (Heb6,1.2). Sie sind vollständig und ordentlich wiedergeboren worden, auch wenn sie seitdem nicht reifer geworden sind. Und genau diese Gläubigen befinden sich nun in größter Gefahr.

Einmal gerettet – immer gerettet?

Zweitens: Der Schreiber des Hebräerbriefes diskutiert nicht darüber, ob man seine Errettung verlieren kann, er nimmt es als gegebene Tatsache hin! Er überlegt, ob man sie, nachdem man sie verloren hat, wiedererlangen kann. Seine Antwort ist ein kategorisches Nein. „Es ist unmöglich, sie wieder zur Buße zu zurückzubringen, wenn sie einmal abgefallen sind" (Heb6,6). Ist es nun ihre subjektive Verfassung oder ihre objektive Sünde, die die Möglichkeit einer Buße ausschließt? Sind sie nun unfähig dazu oder würde Gott sie nicht mehr annehmen, selbst wenn sie es täten?

Es ist die Beschaffenheit ihrer Sünde, die eine Wiederherstellung ausschließt, es ist das, was sie Christus angetan haben, und nicht so sehr, welche Auswirkungen es auf sie hatte. Wenn wir uns noch einmal den Hintergrund anschauen, dann hat ihre Rückkehr zur Synagoge eine öffentliche Lossagung von Christus beinhaltet und sie identifizierten sich damit mit denen, die ihn gekreuzigt hatten und setzten in so dem „öffentlichen Spott" aus. Für solch eine öffentliche Verleugnung und Abkehr vom Glauben an Christus gibt es kein Heilmittel mehr. Man hat schon oft versucht, die Endgültigkeit dieses Verlorenseins zu relativieren (Die *New International Version* fügt eine unzulässige Randbemerkung hinzu, eine Buße sei unmöglich, „während" man an solch einer Haltung festhalte!). Aber die folgenden Verse bestätigen das Offensichtliche.

Eine Metapher aus der Landwirtschaft wird verwendet, um das zu verbildlichen. Land, das den Regen empfängt und eine Ernte hervorbringt, ist gesegnet. Land, das nur nutzlose Dornen und Disteln hervorbringt, steht in Gefahr, verflucht zu werden. „Am Ende wird es verbrannt" (Heb6,8; Dasselbe Ende wie die Zweige, die nicht am Weinstock bleiben und Frucht bringen, Joh15,6). Weder der Segen noch der Fluch gehören untrennbar zum Land; beide werden dem Land

Biblische Befunde

von Gott gegeben. Er erwartet eine lohnenswerte Ernte von denen, denen er seine Gunst erwiesen hat.

Um diesen Schock für seine Leser etwas abzumildern, fügt der Autor hinzu: „wir (er und seine Apostelkollegen?) sind im Hinblick auf euch vom Besseren überzeugt" (Heb6,9). Das darf aber nicht dahingehend interpretiert werden, dass man sicher sein kann, dass so etwas nicht passieren wird. Sein Überzeugtsein ist „im Hinblick auf euch" beschränkt und seine Überzeugung kann man mit „wir sind überzeugt worden" wiedergeben (Hatte ihm jemand berichtet, dass die Situation doch nicht ganz so schlimm war?).

Wie auch immer, seine abschließende Ermahnung macht es vollkommen deutlich, dass ihr ewiges Schicksal in ihrer eigenen Hand liegt. „Wir wünschen aber sehr, dass jeder von euch denselben Eifer (in ihrem Werk, ihrer Liebe und der Unterstützung von Gottes Volk haben sie es bereits bewiesen) bis ans Ende beweise, damit ihr eurer Hoffnung sicher seid (eine Bemerkung, die wir auch im 2. Petrusbrief antreffen werden). Wir wollen nicht, dass ihr träge, sondern Nachahmer derer werdet, die durch Glauben und Ausharren (wörtlich: durch viel Leiden) die Verheißungen erben" (Heb6,11.12). Noch einmal: Ausharren und Erben der Verheißung gehören untrennbar zusammen.

Genau genommen wird hier nur vor der extremen Sünde der öffentlichen Schändung Christi durch Abschwören des Glaubens an ihn, was viele Apostasie nennen, gewarnt. Wir kommen nun zu einer anderen Warnung, die auf gewisse Weise noch viel ernster ist, weil sie nicht spezielle Sünden, sondern die Sünde im Allgemeinen anspricht!

Die *New International Version* betitelt den ganzen Abschnitt (Heb10,19-31) mit „Aufruf zum Ausharren". Er beginnt mit drei Ermahnungen: „Lasst uns hinzutreten mit voller Glaubensgewissheit... lasst uns unwandelbar an der Hoffnung unseres Bekenntnisses festhalten... Lasst uns unsere Versammlungen nicht versäumen."

Und dann kommt der Knaller: „Wenn wir vorsätzlich weiter sündigen (Verlaufsform der Gegenwart), nachdem wir die Erkenntnis der Wahrheit empfangen haben, bleibt kein Opfer für die Sünden mehr übrig, sondern ein ängstliches Erwarten des Gerichts und der Eifer eines Feuers, das die Widersacher verzehren wird" (Heb 10,26.27). Man könnte nun daran denken, dass der Autor einfach nur meint, dass diejenigen, die das Evangelium gehört und es zurückgewiesen haben, nun die Hölle erwarten. Aber darum geht es nicht, wenn man es genauer studiert. Nichts in diesem Brief ist an Ungläubige adressiert. Das „wir" in diesen Versen korrespondiert mit dem „uns" in den vorherigen Versen. „Erkenntnis der Wahrheit" schließt ihre Rettungserfahrung mit ein.

Dass er seine Warnung an Mitglieder des Volkes Gottes richtet, wird an den Parallelen, die er zum Gesetz des Moses zieht, deutlich, unter dem ein Übertreter „ohne Gnade" hingerichtet wurde. Wie viel schwerer wird die Strafe für denjenigen sein, „der den Sohn Gottes mit Füßen getreten und das Blut des Bundes, durch das er geheiligt wurde, für gemein erachtet (Bemerke, dass dies nur jemanden meinen kann, der durch die Annahme des Evangeliums bereits geheiligt worden war) und den Geist der Gnade geschmäht hat?" (Heb 10,29). Solch schwere Anklagen gibt es nur für Heilige, die ihre Berufung verraten haben (Heb 6,6).

Der Autor lässt eine tiefe Kenntnis des Alten Testaments erkennen – er kann eigentlich nur selbst ein „Hebräer" sein. In diesem Abschnitt erörtert er die Gesetze Moses aus dem Buch Levitikus, deren viele Sündopfer „fahrlässige" Sünden, aber keine „vorsätzlichen" Sünden bedecken, die man wohl überlegt plant und ausführt. Kein Wunder, dass er mit diesen Worten schließt: „Es ist schrecklich, in die Hände des lebendigen Gottes zu fallen" (Heb 10,31; Ein

Vers der von vielen Predigern gerne zunichte gemacht wird, indem sie anfügen: „noch schlimmer aber ist es, aus seinen Händen zu fallen").

Nun folgt eine letzte Ermahnung: „Werft nun eure Zuversicht nicht weg, die eine große Belohnung hat. Denn Ausharren habt ihr nötig, damit ihr, nachdem ihr den Willen Gottes getan habt, die Verheißungen davontragt" (Heb10,35.36).

Dann beschäftigt er sich mit der Situation derer, die nicht ausgeharrt haben und gescheitert sind. „Denn mein Gerechter wird durch Glauben leben (nochmals Habakuk2,4, „Glauben" meint „Treue"). Und wenn er sich zurückzieht, wird meine Seele kein Wohlgefallen an ihm haben" (Heb10,38). Der Schreiber hat offenbar Ahnung von der Schifffahrt, denn er benutzt einige nautische Fachausdrücke: „Anker" (Heb6,19), „abdriften" (Heb2,1) und hier „zurückziehen", welches ein Fachbegriff für „die Segel streichen" und „die Fahrt verlangsamen" ist, bis das Schiff stillsteht. Wenn es dann ohne Anker den Gezeiten und Winden ausgesetzt ist, kann es leicht am Felsen zerschellen. Dass man sich dessen bewusst sein muss, zeigt der nächste Vers: „Wir aber sind nicht von denen, die sich zurückziehen (die Segel streichen) zum Verderben (Schiffbruch), sondern von denen, die glauben zur Gewinnung des Lebens". Bemerke bitte, dass es sich hier immer um dieselbe Person handelt: „Mein Gerechter ... wenn er zurückweicht". Einige dreiste Übersetzer, die glaubten, dass ein Gerechter, der durch Glauben lebt, sich nicht mehr zurückziehen kann, haben „wenn er" mit „wenn jemand" ausgetauscht (Der Nachfolger Calvins, Beza, tat so etwas; siehe Kapitel 4).

Die Botschaft des Kapitel 10 ist um einiges schwerwiegender als die des Kapitel 6. Jede Sünde, an der man willentlich festhält, nachdem man sie bekannt hat und sie vergeben wurde, ist einfach gefährlich. Wenn man auf

Einmal gerettet – immer gerettet?

moralischem Gebiet nicht ausharrt, kann es keine Erbschaft geben.

Nach diesem sehr negativen Abschnitt wechselt der Brief nun zu positiven Beispielen, Ermahnungen und Ermutigungen, obwohl hin und wieder der negative Ton durchklingt.

Die Glaubenshelden in Israel, die alle ihren Glauben durch ihre Taten bewiesen haben (wie Jakobus, so lehrt auch der Hebräerbrief, dass „Glaube ohne Werke tot ist"), werden nun aufgelistet, und ihre Ausdauer wird dabei hervorgehoben: „All diese Leute lebten noch durch Glauben, als sie starben" (Heb11,13). Sie lebten nicht lange genug, um das verheißene Erbe zu erhalten, sondern sie starben im Glauben, dass es eines Tages ihnen gehören würde. Und so wird es auch sein. Nur zusammen mit den christlichen Gläubigen werden sie vollkommen gemacht werden (Heb11,40). Mit solch einer Wolke (Menge) von Zeugen, die uns von der Tribüne aus zuschauen, „lasst uns mit Ausdauer den Lauf vollenden, der für uns markiert ist", unseren Blick auf Jesus richten, also mehr auf die Ziellinie als auf die Zuschauer, (Heb12,1.2). Wir sollen den betrachten, der so großen Widerspruch von den Sündern gegen sich erduldet hat, damit wir nicht müde werden und in unseren Seelen ermatten" (Heb12,3).

Menschen können einem sehr hart zusetzen, aber Bedrängnisse kommen auch von Gott, der seine wahren Söhne züchtigt und schlägt, weil er sie liebt und das Beste aus ihnen herausholen möchte. Väterliche Zucht bringt eine „Ernte der Gerechtigkeit und des Friedens" hervor" (Heb12,11). Sie ist eine Herausforderung, die einen reifen lässt, eine Zeit „in der die kraftlosen Arme und die schwachen Knie gestärkt werden" (Heb12,12); und ein Ruf „alle Anstrengung aufzuwenden... um heilig zu sein; denn ohne Heiligkeit wird niemand den Herrn sehen" (Heb12,14).

Hier finden wir die unmissverständlichste Aussage im

ganzen Neuen Testament, dass Heiligung ebenso unerlässlich ist wie Vergebung, wenn man Gott sehen möchte („sie werden sein Angesicht sehen" Offb22,4). Allein dieser Vers genügt, um die Alpha-Sichtweise von EGIG zu widerlegen. Es folgt die furchtgebietende Warnung, dass die Möglichkeit besteht, die „Gnade Gottes zu versäumen", indem man einer Wurzel der Bitterkeit gestattet, sich breit zu machen. Esau wird als Beispiel herangeführt, wie ein Mensch wegen der kurzzeitigen Lustbefriedigung sein ewiges Erbe verlieren kann. Auch als er es später bitter bereute, konnte er seine Zukunftsaussichten, die ihm die falsche Entscheidung einbrachte, nicht mehr ändern.

Eine irdische Mahnung zu missachten ist gefährlich, aber eine himmlische Warnung in den Wind zu schlagen ist tödlich (Heb12:25), die Konsequenzen unausweichlich. Will der Autor für diesen Brief beanspruchen, dass er einen prophetischen Alarmruf Gottes selbst darstellt? Er erinnert seine Leser, dass Gott sich seit den Tagen Moses nicht geändert hat; er ist immer noch ein „verzehrendes Feuer" (Heb12,29, ein Zitat aus Deut4,24), der allezeit mit „Ehrerbietung und Furcht" angebetet werden will (eine Haltung, die heutzutage in den Gottesdiensten so gut wie nicht mehr vorkommt).

Das „Wort der Ermahnung" (Heb13,22) schließt mit einer Reihe von stakkatoartigen Anweisungen: Lasst euch nicht von fremdartigen Lehren fortreißen, lasst uns Gott stets ein Opfer des Lobes darbringen, vergesst nicht, Gutes zu tun.

Jeder, der diesen Brief unvoreingenommen das erste Mal durchliest, kommt nicht umhin, anzuerkennen, dass ein Gläubiger all das, was er in Christus gefunden hat, auch wieder verlieren kann. Selbst diejenigen, die an EGIG glauben, müssen zugeben, dass dieser Brief „problematische" Passagen enthält, die ihre Theorie zu widersprechen scheinen. Alle ihre einfallsreichen Erklärungen, um diese

Passagen für ihre Theorie passend zu machen, nehmen den ernsten Warnungen die Schärfe, vermindern und beseitigen die Gottesfurcht, wo immer diese auch aufkommen will (siehe dazu die abschließenden Anmerkungen in diesem Kapitel).

VII. *Jakobusbrief* – Es hat den Anschein, dass dieser praktische Brief, der an das Buch der Sprüche und die Bergpredigt erinnert, an jüdische Gläubige in der „Diaspora" (die Zerstreuung) gerichtet ist.

Wenn wir versucht werden, dann dürfen wir weder Gott (der niemanden versucht) noch den Teufel beschuldigen, falls wir in Sünde fallen. Die Ursache dafür liegt in unseren eigenen bösen Begierden (Jak1,12-16). Nur wenn die Versuchungen in unseren Begierden ein Einfallstor finden, werden wir gelockt und weggezogen. Zwangsläufig wird eine Kette von Ursache und Wirkung in Gang gesetzt. Wenn die Begierde empfängt, wird Sünde geboren. Wenn die Sünde vollendet ist, gebiert sie den Tod. Man muss dabei erkennen, dass die Sünde nicht sofort, sondern erst im Endeffekt tödlich ist. Darüber darf man sich nicht hinwegtäuschen lassen. Der Endeffekt der vollendeten Sünde ist der „Tod", und das gilt auch für Gläubige (Ein Tod der eher geistlicher als physischer Natur ist, denn jeder muss sterben).

Deshalb ermahnt Jakobus seine Leser, „alle moralische Unsauberkeit abzulegen... und das eingepflanzte Wort mit Sanftmut aufzunehmen, das euch zu retten vermag" (Jak1,21.22). Auch er denkt hier an den Prozess der Rettung in Gegenwart und Zukunft und nicht an den Beginn der Rettung in der Vergangenheit. Wenn man dieses Wort der Ermahnung lediglich hört, dann hat das keine Auswirkungen, es aber „fortwährend zu tun", das ist der große Unterschied, der alles ausmacht (Jak1,23-25).

Wir werden das in Kapitel 5 noch genauer betrachten,

wenn wir zum äußerst wichtigen Thema „Glaube und Werke" kommen. Bis jetzt wollen wir festhalten, dass Glaube nicht etwas ist, was wir denken oder aussprechen, sondern etwas, was wir tun. Glaube ohne Werke ist tot wie eine Leiche, unfähig sich selbst oder einen anderen zu retten (Jak 2,14-26).

Im letzten Kapitel lesen wir von einem „Bruder", der von der Wahrheit abirrt und wieder als „Sünder" bezeichnet werden muss (Jak 5,19.20). Ein Mitbruder, der dieses verlorene Schaf wieder zur Herde zurückbringt (vgl. Mt 18,12-14), wird „eine Menge von Sünden bedecken", vermutlich, weil diese vergeben und vergessen werden, und er wird „ihn vom Tode erretten". Noch einmal, Sünde bei einem Gläubigen kann auch zur endgültigen Strafe führen, wenn ihr nicht rechtzeitig Einhalt geboten wird (vgl. Jak 1,15).

VIII. *Erster Petrusbrief* – Erwartungsgemäß finden wir zu unserem Thema keine direkten Aussagen, richtet er sich doch als ein früher Brief an Neubekehrte.

IX. *Zweiter Petrusbrief* – Hier verhält es sich genau andersherum, denn dieser Brief wurde viel später geschrieben, zu der zweiten Generation von Jüngern.

Sie werden aufgefordert, „ihren Ruf und ihre Erwählung fest zu machen", die, um es einfach auszudrücken, nicht sicher genug sind, wenn sie nicht dabei mitarbeiten. Sie können dies tun, indem sie „Fleiß aufwenden" und ihren Glauben mit Tugend, Erkenntnis, Enthaltsamkeit, Ausharren, Gottseligkeit, Bruderliebe und Liebe zu allen Menschen ergänzen. Dadurch werden sie nicht nur effektiv und produktiv in diesem Leben, sondern es wird sicherstellen, dass sie „niemals fallen" werden und reichlich Eingang in das ewige Königreich unseres Herrn und Retters Jesus Christus finden (2. Petr 1,5-11). Wenn uns dieser ruft und

Einmal gerettet – immer gerettet?

erwählt, dann bekommen wir die Möglichkeit, einen Platz in seinem Königreich einzunehmen, wir müssen aber unseren Teil dazutun, damit uns dieser Platz sicher bleibt. Es ist schwierig, diese Passage auf andere Weise zu interpretieren.

Der Herr hat alles nur Mögliche getan, um uns zu befähigen, seine Verheißungen zu erben, aber er zwingt uns nicht dazu, er respektiert unseren Willen. „Seine göttliche Kraft hat uns alles zum Leben und zur Gottseligkeit gegeben" (2.Petr1,3). Ob wir nun von diesen Segnungen Gebrauch machen, das liegt an uns. Wenn wir es nicht tun, kann unsere Berufung und Erwählung nicht sicher sein.

Eine Stelle im Judasbrief (siehe unten) weist erstaunliche Parallelen auf. Die Leser werden daran erinnert, dass Gott Schuldbeladene, wer auch immer es ist, nicht verschont, ob es nun Engel im Himmel oder die Einwohner von Sodom und Gomorrha sind (2.Petr2,4-6). Gleichzeitig ist er aber in der Lage, die Gottgefälligen (wie Lot) vor der Vernichtung zu „erretten".

Hintergrund dieser Beispiele sind die andauernden falschen Lehren in der Gemeinde, die zu einem Verhalten ermutigen, das Gott sowohl bei Engeln als auch bei Menschen nicht durchgehen ließ. Die dafür verantwortlichen Lehrer waren einst unter der Schar der Erlösten, aber hatten sich von ihrem früheren Lebenswandel abgewandt und rechtfertigten nun ihren sündigen Wandel mit einer Art „christlicher Liberalität" bzw. mit einer Freiheit vom Gesetz (der Fachausdruck dafür lautet „Antinomianismus" oder auf Deutsch „Gesetzlosigkeit"). Sie sind „vertrocknete Brunnen", die einst Wasser hatten und andere erfrischten, die davon tranken.

Petrus beobachtet nun bei ihnen einige bezeichnende Dinge, die auch für diejenigen gelten, die ihrem Irrtum folgen. „Denn wenn sie den Befleckungen der Welt durch die Erkenntnis unseres Herrn und Retters Jesus Christus entflohen sind, aber wieder in diese verwickelt und überwältigt werden, so ist für sie das Letzte schlimmer geworden als das Erste. Denn es wäre besser für sie, den Weg der Gerechtigkeit nicht erkannt zu haben, als sich, nachdem sie ihn erkannt haben, wieder abzuwenden von dem ihnen überlieferten heiligen Gebot" (2.Petr2,20.21). Wie kann es um sie „schlimmer stehen", wenn EGIG wahr ist? Sie würden doch weiterhin in den Himmel kommen, wenngleich auch ohne Belohnung, oder etwa nicht? Nein, jemand, der den christlichen Weg begonnen hat und dann wieder zurück in sein altes Leben fällt, *ist* schlimmer dran, denn er wird härter gerichtet und gestraft als derjenige, der diesen „Weg der Rettung" niemals gekannt hat. Gott ist gerecht, und die Gerechtigkeit verlangt, dass wir gemäß der Erkenntnis von richtig und falsch gerichtet werden. Die es nicht anders wussten, werden milder behandelt als diejenigen, die es wussten (vgl. Lk12,47.48).

Falsche Lehrer können ihre Glaubwürdigkeit steigern, indem sie die Schriften zitieren und behaupten, sie würden die schwierigen Passagen besonders in den Paulusbriefen erklären, welche „die Unwissenden und Ungefestigten verdrehen, wie auch die übrigen Schriften zu ihrem eigenen Verderben" (2.Petr3,16). Wir bemerken hier, dass die Briefe des Paulus zur Zeit der Abfassung des 2. Petrusbriefes bereits zu den „Schriften" zählen, ebenso wie die Schriften des Alten Testaments. Damals bezeichnete man auch schon einige Passagen als „schwierig zu verstehen"! Deshalb trifft die abschließende Ermahnung sehr gut zu: „Da ihr, Geliebte, es nun vorher wisst, so hütet euch, dass ihr nicht durch den Irrwahn der Ruchlosen mit fortgerissen werdet und aus eurer eigenen Festigkeit fallt" (2.Petr3,17).

X. *Judasbrief* – von Judas, dem zweitjüngsten Halbbruder Jesu geschrieben, der aus nachvollziehbaren Gründen seinen

Kurznamen verwendet. Dieser Brief wurde aus einem ähnlichen Grund geschrieben wie der 2. Petrusbrief, er prangert dieselbe Situation an. Haben die beiden Schreiber miteinander über dieses Problem gesprochen, bevor sie an ihre jeweiligen Herden schrieben?

Auch Judas erinnert seine Leser daran, dass Gott rebellische Engel oder dekadente Städte wie Sodom und Gomorrha nicht verschont hat. Er verdeutlicht das, indem er seiner Liste von Gerichten die Erzählung über die Wüstenwanderung voranstellt: „Der Herr erlöste sein Volk aus Ägypten, aber vernichtete später diejenigen, die ihm nicht geglaubt hatten" (Jud5). Die also „erlöst" worden waren, wurden später „vernichtet", bevor sie das gelobte Land einnehmen konnten. Diese entscheidende Begebenheit im Alten Testament wird hier zum dritten Mal als Warnung für neutestamentliche Gläubige gebraucht (Die anderen stehen in 1.Kor10 und Heb4).

Die falschen Lehrer zerrütten den Glauben, den Wandel, den Charakter und die Kommunikation in der Gemeinde. Einige Mitglieder zweifeln noch an ihrer Lehre, andere sind ihr schon verfallen. Es war dringend notwendig, diese aus dem „Feuer zu entreißen", bevor es zu spät war (Jud23). Zum Glück hat ein Großteil diese gefährliche und spaltende geistliche Invasion in der Gemeinde erkannt. Diese werden ermahnt, sich selbst in der Liebe Gottes zu erhalten, sich selbst zu erbauen in ihrem heiligsten Glauben durch das Gebet im Geist (Jud20.21) und vor allem auf ihn zu schauen „der euch vor dem Straucheln behüten kann und euch untadelig hinstellen kann vor das Angesicht seiner Herrlichkeit mit Freuden" (Jud24).

XI. *Offenbarung* – Obwohl der Apostel Johannes die Offenbarung niederschrieb, wird sie nicht zusammen mit seinem Evangelium und seinen Briefen studiert, denn sie gibt ganz und gar nicht seine eigenen Gedanken und Erinnerungen wieder. Ihr Inhalt wurde von Gott selbst an Jesus weitergegeben, der ihn durch den Geist Engeln gab, die ihn wiederum an Johannes weitergaben. Während er einsam in einem Gefängnis verschmachtete, erhielt Johannes eine Reihe von audiovisuellen Gesichten. Ihm wurde aufgetragen, alles, was er hörte und sah, aufzuschreiben. Das erklärt auch den besonderen Stil und das besondere Vokabular (Stelle dir nur vor, du müsstest aus dem Stegreif einen Bericht über einen Kinofilm, den du gerade anschaust, schreiben). Elfmal musste er wieder daran erinnert werden, weiterzuschreiben, weil er von dem, was er sah und hörte, so vereinnahmt war.

Bei der „Offenbarung (wörtlich: Aufdeckung) von Jesus Christus" handelt es sich um ein Buch oder um Briefe, die vor allem Jesus selbst geschrieben hat. (Offb 1,1). Johannes war lediglich sein Sekretär (Amanuensis, vgl. Röm 16,22).

Soviel dazu, *wie* er geschrieben wurde. Wichtiger aber ist, *warum* er geschrieben wurde. Es ist ein ähnlicher Grund wie beim Hebräerbrief – Verfolgung, die diesmal den sieben Gemeinden in Asien bevorsteht. Johannes leidet bereits im Exil „wegen des Wortes Gottes und des Zeugnisses Jesu" (Offb 1,9). Höchstwahrscheinlich wurde die Offenbarung Ende des ersten Jahrhunderts aufgeschrieben, als Domitian den Kaiserthron in Rom bestiegen hatte und jedem Bürger befahl, ihm einmal im Jahr Weihrauch und Gebet darzubringen und die Worte „Cäsar ist Herr" zu proklamieren. Genau an diesem Tag, nämlich dem „Tag des Herrn", als dieser erzwungene „Gottesdienst" stattzufinden hatte, dessen Weigerung die Todesstrafe nach sich zog, wurde die „Offenbarung" gegeben (Offb 1,10; „Herr" ist hier ein Adjektiv, *kyriakos*, und kein Substantiv; der bestimmte Artikel ist betont; Sonntag wird im Rest der Bibel nicht als „Tag des Herrn" bezeichnet, sondern immer als „erster Tag der Woche").

Einmal gerettet – immer gerettet?

Hier wurden also die ersten Christen mit der bisher größten Glaubensprobe für Jesus konfrontiert – ihn zu verleugnen oder für ihn zu sterben. Die Offenbarung wurde geschrieben, um sie auf diese zukünftige Krise vorzubereiten. Diese Konfrontation stand also den sieben Gemeinden bevor, und sie mussten sie ohne den einzig überlebenden Apostel aus den Tagen Jesu auf Erden meistern.

Genau dieser Anlass wird ausdrücklich in der Mitte des Buches ausgesprochen: „Hier ist das Ausharren der Heiligen, welche die Gebote Gottes und den Glauben Jesu bewahren" (Offb 14,12). Bezeichnenderweise erscheint dieser Ausruf ziemlich genau in der Mitte des schlimmsten Zeitabschnitts, den man auch „die große Trübsalszeit" nennt, und widerspricht damit dem weitverbreiteten Irrtum, dass die Gemeinde bereits „entrückt" sein wird, wenn die Trübsal beginnt (zur Erörterung dieser und aller weiteren wichtigen Fragen über die Offenbarung siehe mein Buch *Wenn Jesus wiederkommt*, Hodder & Stoughton, 1995).

Die Heiligen werden nicht nur aufgefordert auszuharren, sondern zu „überwinden", genauso wie ihr Herr und Meister überwunden hat (Offb 3,21). „Überwinden" ist das Schlüsselwort für das ganze Buch und taucht von Anfang bis zum Schluss immer wieder auf. Die Offenbarung ist für ganz normale Gläubige (nicht für Theologieprofessoren) und aus ganz praktischen Gründen geschrieben worden – Gläubige zu Überwindern zu machen. Es müssen aber nicht nur äußere, sondern auch innere Versuchungen überwunden werden. Zuerst müssen die faulen Kompromisse im Glauben und Verhalten innerhalb der Gemeinde überwunden werden, bevor die Bedrängnis der Verfolgung in der Welt überwunden werden kann. Das ist auch der Grund dafür, dass die sieben Sendschreiben an die sieben Gemeinden, die sich mit den Zuständen in den Gemeinden befassen, vor den Vorhersagen über die zukünftigen Schwierigkeiten aufgeschrieben sind.

Biblische Befunde

Zur Überwindung wird auf positive Art und Weise, mit Belohnungen, ermutigt – zu essen vom Baum des Lebens im Paradies Gottes, mit Christus zu regieren, in weißen Gewändern gekleidet zu sein, keinen Schaden vom zweiten Tod zu erleiden usw. Es besteht ein breiter Konsens und es wird auch so gelehrt, dass diese Belohnungen das Erbe von allen Gläubigen sind, egal ob sie überwunden haben oder nicht. Muss Jesus sie etwa daran erinnern, was sie ganz automatisch erhalten werden? Nein, im Gegenteil, es bedeutet schlicht und ergreifend, dass diese versprochenen Belohnungen für die Gläubigen sein werden, die überwinden, die im Kampf ausharren und über alles triumphieren werden, was ihnen im Diesseits das Leben rauben will.

Zwei Bibelstellen belegen dies in besonderer Weise. „Wer überwindet... dessen Name werde ich nicht aus dem Buch des Lebens ausradieren". Es sei denn, Sprache bedeutet gar nichts mehr, so wird doch hier ganz klar mitgeteilt, dass derjenige, der nicht überwindet, sondern untergeht, ernstlich in Gefahr steht, dass sein Name ausradiert wird. Wir haben bereits früher (in Kapitel 3) davon gesprochen, dass Namen aus dem „Buch des Lebens" „ausgetilgt" werden können. Man könnte mit Fug und Recht sagen, dass das Ziel der Offenbarung darin besteht, dass die Namen der Gläubigen in diesem Buch stehenbleiben. Dieses Buch, das am Tage des Gerichts geöffnet werden wird, an dem alle, die nicht darin aufgezeichnet sind, in den Feuersee geworfen werden (Offb 20,15).

Die zweite Bibelstelle befindet sich am Ende des Buches. Nachdem der neue Himmel und die neue Erde angekündigt worden sind, in denen kein Tod, kein Klagen, kein Geschrei oder Schmerz mehr sein wird (Offb 21,1-4), wird ganz klar bekanntgegeben: „wer überwindet, wird all dieses erben... aber die Feiglinge, die untreuen, die mit Gräuel Befleckten und Mörder und Unzüchtigen und

Zauberer und Götzendiener und alle Lügner – ihr Platz wird im See, der mit Feuer und Schwefel brennt, sein (Offb20,15). Das ist der zweite Tod" (Offb21,7.8). Beachte vor allen Dingen, dass es die Überwinder und nicht die Gläubigen sind, die erben und das wieder neu geschaffene Universum bewohnen werden. Normalerweise wendet man die Auflistung dieser disqualifizierten Leute, die in die Hölle geschickt werden, auf nicht gerettete Sünder an, aber das ist ein fundamentaler Irrtum. Das ganze Buch der Offenbarung richtet sich ausschließlich an die gläubigen Mitglieder der sieben Gemeinden. Die an sie gerichteten Briefe (Offb2-3) offenbaren den Götzendienst und die Unzucht, die ihre Gemeinschaften bereits zersetzte. Auch die bevorstehende Herausforderung, entweder für Christus zu sterben oder ihn zu verleugnen, erklärt, warum *Feiglinge* am Anfang und *Lügner* am Ende der Liste steht.

Diese klare Warnung, dass Gläubige, die Jesus nicht richtig nachfolgen und in Kompromissen mit der Welt leben, in der Hölle enden können, kommt aus dem Munde Jesu selbst und stimmt mit der Tatsache überein, dass sich seine meisten Warnungen vor der Hölle an seine eigenen Jünger richten (siehe oben bei Matthäus). Dabei ist sie aber nicht die letzte im Buch der Offenbarung; es gibt noch zwei weitere. „Kein Unreiner wird es (das „neue Jerusalem") betreten, noch derjenige, der Gräuel und Lüge tut" (Offb21,27; Ist damit die öffentliche Verleugnung Christi gemeint?). „Draußen sind die Hunde und die Zauberer und die Unzüchtigen und die Mörder und die Götzendiener und jeder, der die Lüge liebt und tut" (Offb22,15). Petrus bezeichnet Gläubige, die zu ihrem früheren verderbten Lebenswandel zurückkehren, mit ähnlichen Worten: „Ein Hund kehrt zu seinem Erbrochenen zurück" (2.Petr2,22).

Der drittletzte Vers in diesem Buch und damit in der ganzen Bibel, ist noch einmal ein Hinweis auf die

Biblische Befunde

Möglichkeit, dass man sein zukünftiges Erbe verlieren kann. „Wenn jemand etwas von den Worten des Buches dieser Weissagung wegnimmt, so wird Gott seinen Teil wegnehmen von dem Baum des Lebens und aus der heiligen Stadt, von denen in diesem Buch geschrieben ist" (Offb 22,19). Dieses Wort richtet sich an Gläubige. Wenn man davon absieht, dass Ungläubige dieses Buch wahrscheinlich eher ignorieren werden, als es verfälschen zu wollen, kann das Wort „wegnehmen" nur jemand meinen, dem bereits etwas gegeben worden ist. Mit diesem unmissverständlichen „letzten Wort" beenden wir unser Studium der Schriften.

Sowohl aus dem Alten als auch aus dem Neuen Testament, durch all ihre Verfasser und Bücher ist ein durchgehendes Muster zu Tage getreten, eine großartige Anordnung von Beweisen, die man einfach nicht ignorieren kann. So sind also diejenigen, die unseren Ergebnissen nicht zustimmen wollen, eine Erklärung schuldig. Zwei Argumentationslinien werden im Allgemeinen angeführt, die ein ganz anderes Licht auf diese Texte werfen, eine ganz einfache und eine ziemlich scharfsinnige.

Die *einfache* Erklärung ist, dass all diese Warnungen eigentlich an Ungläubige gerichtet sind, die entweder sich selbst oder anderen vorspielen, sie seien wahrhaftig Gläubige. Mit anderen Worten, die Gefahr, die Errettung zu verlieren, betrifft nur solche, die sie von Anfang an nie besaßen! Sie sind nicht wiederhergestellt, sie waren nie „wiedergeboren".

Das setzt voraus, dass die erste Gemeinde voll von „Namenschristen" und „bekennenden" Christen war, so wie es bei der heutigen Gemeinde der Fall ist. Aber die Unterscheidung zwischen der vermischten „sichtbaren" Gemeinde (die sich aus Gläubigen und Ungläubigen zusammensetzt) und der reinen „unsichtbaren" Gemeinde (die sich allein aus wiedergeborenen Gläubigen zusammensetzt) ist eine viel später aufgekommene Vernünftelei, von der sich im Neuen Testament keine Spur finden lässt. Man führt auch gerne das Gleichnis vom Weizen und dem Unkraut an, die miteinander aufwachsen, aber Jesus macht klar, dass der „Acker, auf dem sie wachsen, „die Welt" ist und nicht die Gemeinde (Mt13,38).

Es ist einfach eine Tatsache, dass in keinem Kontext die leiseste Andeutung vorkommt, die aufzeigen könnte, dass diese Warnungen für „nicht Wiedergeborene" gemacht oder adressiert sind, um sie zu entlarven. Außer drei Büchern im Neuen Testament sind alle an diejenigen gerichtet, die „den Weg gefunden hatten" und begonnen hatten, ihn weiter zu beschreiten.

Diese einfache Lösung für all diese „problematischen Passagen" spricht diejenigen an, die diese Passagen auf einfache Weise unbeachtet lassen und sie ignorieren wollen. Ernsthaftere Studenten der Schriften geben zu, dass sie mehr an die Heiligen und weniger an die Sünder gerichtet sind. Sie bringen ein weit scharfsinnigeres Argument vor, das einen verblüfft und fast den Atem rauben kann.

Die *scharfsinnige* Erklärung ist, dass all diese Warnungen nur hypothetisch sind. Die Gefahren könnten niemals eintreten. Die Warnungen sind „existenziell", sie betreffen nur unseren gegenwärtigen Zustand. Sie sollen jetzt in der Gegenwart etwas bewirken, werden in der Zukunft aber nicht eintreffen.

Mit anderen Worten, Gott spricht diese Warnungen aus, damit wir uns fürchten und weiter ausharren, und weiß aber, dass er uns niemals zurückweisen wird. Manche gehen noch weiter und sagen, dass alle wahrhaftig Wiedergeborenen diese Warnung beherzigen werden, so dass niemand verloren gehen kann. Deshalb spielen sie auch beim „Ausharren der Heiligen" eine so entscheidende Rolle.

Das einzige Problem ist, dass man Gott dadurch zum

Lügner macht! Er jagt uns mit leeren Drohungen Angst ein, damit wir heilig werden. Wenn darüber hinaus erkannt wird, dass die Drohungen nie wahrgemacht würden, würden sie viel von ihrer Wirkung verlieren. Und deshalb muss den Heiligen gesagt werden, dass sie ihre Errettung verlieren können, selbst wenn es gar nicht stimmt!

Sowohl die einfache als auch die scharfsinnige Erklärung basieren auf einer massiven Verführung, die eine betrifft den Menschen, die andere Gott. Der Leser muss entscheiden, ob der Gott der Wahrheit solche Zweideutigkeiten in seinem Wort zulässt. Wir sollten aber vielmehr annehmen, dass er sagt, was er meint, und meint, was er sagt.

Wir haben betrachtet, *wie* die Menschen die Beweise, die wir zu Tage gefördert haben, wegerklären wollen. Weit interessanter und wichtiger ist aber die Frage, *warum* sie das tun wollen. Wenn wir einmal die offensichtliche Antwort (wer hört schon gerne, dass er seine Errettung verlieren kann?) beiseitelassen, müssen wir anerkennen, dass EGIG eine sehr feste Überzeugung ist, die sogar für einen Bestandteil der christlichen Orthodoxie gehalten wird, und zwar von vielen Menschen und während der meisten Zeit in der Kirchengeschichte. Es ist schwer zu akzeptieren, dass so viele sich so geirrt haben können. Man braucht Mut, wenn man Tradition in Frage stellen will, aber es ist die Wahrheit, die die Menschen freisetzt.

Dieser Historie wollen wir uns nun zuwenden.

4.

Traditionen

Es ist für jeden ein Leichtes zu behaupten, dass seine Lehre auf die Schrift gegründet sei, sie aber wirklich auf die Schrift zu gründen, das ist ziemlich schwer. Wir alle wurden entweder positiv oder negativ von den Gedankenströmen, die sich durch die zwanzig Jahrhunderte der Kirchengeschichte bewegt haben, beeinflusst. Gottes Wahrheit wird allzu leicht von menschlichen Traditionen, die von einer zur nächsten Generation weitergegeben werden, verunreinigt.

EGIG hat seine eigene Geschichte. Wie lange diskutiert man denn schon darüber? Die meisten nehmen an, dass man erst seit ungefähr vierhundert Jahren Debatten über dieses Thema führt. Die beiden Kontrahenten sind mit den Calvinisten (Errettung kann nicht verloren gehen) und den Arminianern (Errettung kann verloren gehen) schnell ausgemacht, wobei man die Namen dieser beiden Männer, die im 16. Jahrhundert lebten, als Label für die jeweilige Glaubensrichtung verwendet. Wie wir noch sehen werden, muss man aber die Wurzeln von EGIG ca. 1.000 Jahre früher suchen.

Wir müssen sogar noch weiter, und zwar in die ersten Jahrhunderte zurückgehen, wo sich das Christentum unter den „Kirchenvätern" ausbreitete, zur sogenannten „patristischen Epoche". In den erhalten gebliebenen Dokumenten findet man keine Diskussion über EGIG. Offensichtlich war es damals kein wichtiges Thema. Trotzdem gibt es einige

Einmal gerettet – immer gerettet?

indirekte Hinweise darauf, was sie darüber gedacht hätten, wenn das Thema hochgekommen wäre.

Erstens: Die *Taufe* war damals ein Hauptthema. Genauso wie die Apostel glaubten sie, dass dieses Sakrament eine wirksame Kraft hatte, die Sünden abzuwaschen (vgl. Apg 2,38; 22,16; Eph 5,26; 1.Petr 3,21; Das Glaubensbekenntnis von Nicäa, 325 n. Chr. erkannte „eine Taufe für den Erlass der Sünden" an). Deswegen tauchte die Frage auf, wie Sünden, die nach der Taufe begangen worden waren, entfernt werden konnten. Aus diesem Grund zögerten einige die Taufe so lange wie möglich hinaus, sogar bis kurz vor ihrem Tod (Kaiser Konstantin machte es so). Es wurde ganz wichtig, „in einem Stand der Gnade zu sterben". In diesem Zusammenhang kam auch die Unterscheidung zwischen „Todsünden" (die nach der Taufe begangen, nicht vergeben werden konnten) und „lässlichen" Sünden (die vergeben werden konnten). Mit anderen Worten, manche Sünden waren so schwerwiegend, dass sie die Taufe aufheben konnten und man deshalb seine Errettung verlor. Weil man die Taufe nicht wiederholen konnte, war der Verlust der Errettung unumkehrbar.

Zweitens: In dieser Zeit herrschte *Verfolgung*. In den ersten drei Jahrhunderten war die Gemeinde mehreren Verfolgungswellen von staatlicher Seite ausgesetzt, die eine beträchtliche „Armee von Märtyrern" hervorbrachte. In der Praxis erreichten die Verfolgungen das Gegenteil von dem, was sie beabsichtigten – die Gemeinde wuchs und breitete sich immer schneller aus. Es bewahrheitete sich, dass „das Blut der Märtyrer der Same der Gemeinde" ist. Aber nicht alle waren „treu bis in den Tod". Und dem Druck der Folter und Todesdrohungen verleugneten manche ihren Herrn und widerriefen ihren Glauben. Das wurde zu einem großen Problem, wenn sich die Verfolgungswelle legte und die „Apostaten" (von Glauben abgefallene) ihr christliches

Bekenntnis wieder aufnehmen wollten.

Die erste Gemeinde praktizierte noch Gemeindezucht wie im Neuen Testament. Sie bestand in der Zulassung und im Ausschluss zur und von der Gemeinschaft, insbesondere vom Tisch des Herrn. Sowohl Todsünde als auch öffentliche Apostasie während der Verfolgung zogen strenge Gemeindezucht nach sich, die „Exkommunikation". Die Gemeinde war, was Möglichkeit der Buße und Wiederherstellung betraf, in diesen Fällen immer wieder geteilter Meinung.

Bemerkenswert ist dabei aber die Tatsache, dass kein Hinweis darauf zu finden ist, dass jemand, der nach seiner Taufe Todsünden begangen hatte oder den Glauben in Verfolgungszeiten verleugnet hatte, als niemals richtig „wiedergeboren" angesehen wurde. Man nahm im Allgemeinen an, dass sie ihre Errettung, die sie einmal gehabt, verloren hatten und nicht mehr länger zu Gottes auserwähltem Volk gehörten.

Das alles änderte sich im fünften Jahrhundert. In der Zwischenzeit hatte sich Kaiser Konstantin zum Christentum bekannt, das Christentum setzte sich im Kaiserreich durch und alle anderen Religionen, einschließlich des Judentums, wurden verboten. Die Verfolgten wurden zu Verfolgern! Für den christlichen Gottesdienst wurden prächtige Gebäude errichtet. Die Kirche hatte die Welt eingenommen, jedenfalls dem Anschein nach.

Aber in Wirklichkeit hatte die Welt die Kirche eingenommen und brachte Titel, Ämter und Staatssymbole des Kaiserreichs hinein, was zu ihrem Niedergang und letztendlich zum endgültigen Fall führte.

Das Mönchtum erstarkte als Protestbewegung gegen den Sittenverfall und den Verfall des geistlichen Lebens. Die Mönche versuchten zuerst als Eremiten und später in Gemeinschaften, das „einfache Christentum", das Jesus lehrte, wiederherzustellen.

Vor diesem Hintergrund können wir verstehen, wie zwei christliche Männer in einen theologischen Streit gerieten, obwohl ihre Differenzen eigentlich aus ethischen Fragen herrührten.

Augustinus und Pelagius

Pelagius war ein britischer Mönch, der um 400 n. Chr. nach Rom gekommen und entsetzt war über die Lauheit, die er in den Gemeinden vorfand. Seine Glaubensgrundsätze waren orthodox (eines seiner Schreiben trug den Titel *Glaube an die Dreieinigkeit*). Seine Besorgnis um die Moral brachte ihn dahin, dass er die Leute anprangerte, weil sie zwar die Sakramente hielten, aber die Heiligkeit dabei auf der Strecke blieb. Denn solch eine Haltung führt zwangsläufig zur Sünde.

Er predigte ein Evangelium der „Rechtfertigung aus Glauben *allein*" (er war der erste, der diesem Satz des Paulus das Wort „allein" anfügte, was später Martin Luther übernahm). Die Gnade kommt zu uns in erster Linie durch Offenbarung und Erleuchtung unseres Sinns, indem wir verstehen, wie Gott sich unseren Lebenswandel wünscht (insbesondere durch die Lehre und das Vorbild Jesu). Die Gnade zeigt uns nicht nur den Weg auf, sondern sie gibt uns auch die Kraft, den Weg zu gehen.

Aber in der Folge liegt es an uns. Pelagius legte großen Wert auf die moralische Verantwortung und ihre Ergebnisse: Ruhm oder Schande, Belohnung oder Bestrafung. Er dachte, dass Gott nichts Unmögliches von uns verlangt, selbst wenn es Perfektion bedeuten sollte. Wenn man sich nur fest bemüht, dann kann man heilig werden und man soll es auch werden.

Sünde, sogar bei Gläubigen, als etwas Unausweichliches zu akzeptieren, ist ein Zeichen von Unglauben oder Willensschwachheit. Pelagius hatte Augustinus' *Bekenntnisse* gelesen und fand, dass das Buch fatalistisch und schwermütig ist und über die menschliche Natur viel zu pessimistisch redet. Wir können heilig sein – wenn wir es nur wollen und unseren Sinn und unseren Willen darauf richten.

Man kann leicht erkennen, wie und warum Pelagius in die Irre ging. Er sehnte sich nach einer heiligen Gemeinde, rüttelte ihre Mitglieder zu moralischen Anstrengungen wach, bewertete dabei aber die menschliche Willenskraft viel zu hoch, wobei er die Entscheidungsfreiheit auch als Gnadengabe ansah – sowohl für Gläubige als auch Ungläubige. Jeder kann sich dazu entscheiden, Gutes zu tun und gerecht zu sein.

Diese Ansicht musste notgedrungen die Existenz einer „Ursünde" (später Erbsünde genannt) verneinen. Er glaubte, dass wir alle so wie Adam unschuldig geboren wurden und ebenso frei wie Adam seien, zwischen gut oder böse zu wählen. Da gibt es keine innewohnende Verdorbenheit und keinen Hang zum Bösen. Er lehrte eine der Welt und den Menschen innewohnende Göttlichkeit. Indem er den Sündenfall leugnete, bestand keine Notwendigkeit für Sühne und Wiederherstellung. Den Menschen musste einfach nur gesagt werden, was richtig ist, und dann musste man ihnen helfen, es zu tun.

Das versetzte der Praxis der Kindertaufe natürlich einen schweren Schlag, die in der Zwischenzeit allgemein als eine Entfernung der ererbten Schuld Adams angenommen worden war (und deshalb das Baby vor der Hölle rettete). Pelagius glaubte, dass Taufe eine freiwillige Entscheidung von eigenverantwortlichen Gläubigen sei.

Am meisten wirkte sich diese Überbetonung der eigenen Anstrengungen auf die Idee der Errettung durch Werke und nicht aus Gnade mittels des Glaubens aus. Die Vorstellung, dass man sich selbst durch seine eigenen moralischen Bemühungen retten kann, ist in anderen Religionen weit verbreitet und passt zum Wesen des Volkes aus dem Pelagius selbst stammt, den Briten, die das Christentum als eine Art Gutmenschentum sehen. Wenn man auf diese Weise seine Fähigkeiten sieht, bleibt menschlicher Stolz nicht aus.

Ob Pelagius selbst für diese Verdrehung des Evangeliums voll verantwortlich ist, darüber kann man streiten. Als Rom gebrandschatzt wurde, ging er nach Sizilien, dann nach Nord-Afrika und schließlich nach Palästina, wo er wegen Häresie zweimal vor eine Synode gestellt und in allen Punkten freigesprochen wurde. Er verstieß einen seiner Mitarbeiter, Cälestius, der die Lehre des Pelagius über die Grenzen der Orthodoxie hinausführte.

Wir kommen zu Augustinus, dem Bischof von Hippo in Karthago in Nord-Afrika, der sich weigerte, Pelagius und Cälestius getrennt zu beurteilen und beide als Häretiker verdammt sehen wollte.

Als ein Gelehrter der Klassik war er von der dualistischen Trennung zwischen Körper und Seele, Fleisch und Geist, welches vom Platonismus und Manichäismus gelehrt wird, durchdrungen. Seine frühen Kämpfe mit Promiskuität und seine plötzliche Bekehrung in Mailand, wofür die Gebete seiner hingegebenen Mutter verantwortlich waren, führten ihn zu einer hohen Wertschätzung der Gnade und einer geringschätzigen Haltung gegenüber der menschlichen Natur, die seit dem Sündenfall so verdorben ist, sodass sie so gut wie unfähig ist, richtige Entscheidungen zu treffen.

Seine Reaktion auf Pelagius kann man sich vorstellen. Er war entsetzt, dass man Erbsünde verneinen und ihr Heilmittel, die Kindertaufe abtun sollte, dass Vergebung nur für vergangene, aber nicht für zukünftige Sünden da sein sollte, dass Vollendung tatsächlich in diesem Leben erreicht werden kann und vor allem, dass Gnade nur eine Hilfe sei, damit wir heilig werden können. Er klassifizierte die Lehre des Pelagius als „humanistisch" und „moralistisch" ein, um nichts besser als die heidnischen Philosophen.

Aus seiner Reaktion wurde eine Überreaktion. Seine Position gegen die Idee, dass man alles richtig machen könne, wurde zu einer extremen Gegenposition, dass der Mensch nichts richtig machen könne. Er ist unfähig, irgendetwas Gutes zu wählen, am wenigsten die Errettung. Es liegt alles an Gott, der alleine entscheidet, wer gerettet werden soll – und wer nicht (Das führte Augustinus zur Annahme, dass Gott nicht alle retten will, wie es in 1.Tim 2,4 steht!). Seine vorherbestimmende Anordnung entscheidet, wem Buße und Glauben ermöglicht wird. Solcher Gnade kann man nicht widerstehen und sie nicht ablehnen, da sie von einem allmächtigen Gott ausgeführt wird. In seiner undurchdringlichen Weisheit hat er die Zahl derer, die gerettet werden sollen festgesetzt, ein fester Prozentsatz, und niemand kann etwas dagegen unternehmen, es muss so geschehen.

Als jemand, der glaubte, dass Gott es ist, der die Menschen glaubend macht, überrascht es nicht, dass er ein Befürworter der Zwangsbekehrung war (Um das zu rechtfertigen, nutzte er den Text: „Nötigt sie, hereinzukommen" in Lk 14,23), eine Methode, die katastrophale Auswirkungen in den späteren Jahrhunderten hatte (eine von ihnen die Inquisition).

Die Anschuldigungen gegen Pelagius wurden nicht sofort von der ganzen Kirche angenommen. Eine Gruppe von italienischen Bischöfen, die von einem gewissen Julian angeführt wurde, verteidigte Pelagius eine Zeit lang gegen Augustinus. Sie wiesen die Sicht, die Augustinus auf die Prädestination hatte, zurück, weil sie wegen der willkürlichen Auswahl von Geretteten und nicht Geretteten ohne deren Beteiligung einen ungerechten Gott vermittele. Sie klagten Augustinus auch des „unheilbaren Manichäismus" an, der die Sexualität als sündig verurteilte, auch wenn sie zwischen verheirateten Gläubigen stattfand (weil sie die Erbsünde weitergibt!).

Einmal gerettet – immer gerettet?

Aber Augustinus war auf lange Sicht ein ebenbürtiger Gegner. Er überzeugte den Papst, Innozenz I., seiner Diagnose zuzustimmen, und so verdammte das Konzil von Ephesus im Jahre 431 Cälestius als Häretiker (und somit auch seinen Meister, Pelagius).

Trotzdem wurden viele mit beiden dieser Extreme - sowohl des Pelagius als auch des Augustinus - nicht glücklich. Es gab eine mönchische Bewegung in Südgallien (heutiges Frankreich), die eine biblische Balance herstellen wollte. Sie fürchtete, dass der Fatalismus, der mit der völligen Prädestination einhergeht, zu moralischer und geistlicher Trägheit führen würde, weil er die Evangelisation von Sündern und die Ermahnung von Heiligen gegenstandslos machen würde.

Sie hielten an der Erbsünde und an der absoluten Notwendigkeit der Gnade, die man zur Errettung braucht, fest. Der freie Wille jedoch wird durch die Sünde nicht völlig ausgelöscht, und wie man sich entscheidet, genau das ist die moralische Verantwortung, wobei ein Urteil darüber ansonsten nur zur Farce verkommen würde. Der „Anfang des Glaubens" ist ein menschlicher Willensakt, der sogleich von der Gnade unterstützt wird. Der Mensch entscheidet, ob er die Gnade, sei es nun zum ersten Mal oder fortwährend, annehmen will. Unter dieser Prämisse kritisierten sie Augustinus' Lehre der absoluten Prädestination, der unwiderstehlichen Gnade und des unfehlbaren Ausharrens. Ihr Konzept der Prädestination beruhte auf dem göttlichen Vorherwissen: Gott weiß schon vorher, wer glauben wird, und wählt („erwählt") sie, damit sie gerettet werden.

Das Schwert des Augustinus war sein Schreibstift. Gegen diese Kritiken ergossen sich Bücher wie *Gnade und Freier Wille*, *Korrektur und Gnade*, *Die Prädestination der Heiligen* und *Die Gabe des Ausharrens*. Es wäre nicht unfair, zu behaupten, dass diese gegensätzlichen Lehrmeinungen sich zur Matrix entwickelten, aus der schließlich EGIG geboren wurde.

Die übermächtige Persönlichkeit des Augustinus und seine Schreibwut siegten, und der Widerstand der französischen Mönche wurden ein paar Jahre später im Konzil von Orange unterdrückt. Ihre Ansichten verschwanden nicht völlig und tauchten später bei den Jesuiten wieder auf. Im sechzehnten Jahrhundert verpassten ihnen die Lutheraner das Label „Semipelagianer" – ein brillanter Schachzug, um sie dem Untergang zu weihen, wobei man aus theologischer Sicht sie eher „Semiaugustinianer" hätte nennen sollen, denn ihr Denken stand seinem viel näher.

Der Augustinianismus war die theologisch führende Haltung der Kirche des Mittelalters. Er wurde überraschenderweise von den protestantischen Reformern fortgesetzt, die durch ihr Eintreten für die Grundlehrmeinung des Augustinus bis heute dafür sorgen, dass sein Einfluss weiter besteht. Deshalb besteht EGIG ununterbrochen seit mittlerweile fünfzehn Jahrhunderten. Es wird kein Leichtes sein, diese Lehrmeinung loszuwerden!

Luther und Erasmus

Erasmus von Rotterdam hatte den Wunsch die Kirche zu reformieren, indem er ihr Unwissen durch Gelehrsamkeit überwinden wollte. Er war von den *Brüdern Vom Gemeinsamen Leben* erzogen worden, lebte sechs Jahre lang als Mönch in Paris und besuchte Thomas More in England. Als er sich in England aufhielt, begann er das Neue Testament aus seiner Ursprache, dem Griechischen, zu übersetzen, weil er eine tiefere Kenntnis der Schriften erlangen wollte.

Er machte sich sowohl über Humanisten als auch über Kirchgänger lustig, parodierte Politiker und Anwälte. Und dennoch wandte er humanistische Prinzipien auf kirchliche Angelegenheiten an. Er hatte das Ziel, die Wahrheit und die Tugend eines einfachen Christentums (so wie im Neuen Testament) wiederherzustellen.

Zuerst unterstützte er Martin Luther, den protestantischen Reformer aus Deutschland. Nach der berühmten Leipziger Disputation jedoch merkte Erasmus, dass die augustinische Sichtweise der göttlichen Souveränität, die Luther vertrat, die Ausübung des freien menschlichen Willens ausschloss. Von da an wurde er zum Kritiker der Reformation und schrieb *De Libero Arbitrio* (1524, Über den freien Willen), womit er den „unfreien Willen" Luthers angriff.

Die Antwort Luthers war eines seiner bekanntesten Werke, *De Servo Arbitrio* (Vom geknechteten Willen), welches augustinischer als Augustin selbst ist und calvinistischer als Calvin selbst! Dieses beeinflusste das Denken der größten protestantischen Reformer, allerdings nicht das des „linken Flügels" der Anabaptisten.

Luther gehörte zu einem Augustinerorden, auch die *Eremiten von Erfurt* genannt, das war sein persönlicher Hintergrund, obwohl deren Lehrer eigentlich „Semi-Pelagianer" waren (Sie dachten, dass der freie Wille den Ausschlag zur Errettung gibt, weil man selbst die Entscheidung zum Glauben trifft). Aber seine dramatische und unerwartete Bekehrung veranlasste ihn zu glauben, dass die Errettung ausschließlich vom allmächtigen göttlichen Willen abhängt. Der Mensch hat in der geistlichen Welt überhaupt keine freie Entscheidungsmöglichkeit. Seine fundamentale Lehre der „Rechtfertigung aus Glauben alleine" (Pelagius prägte übrigens als erster diesen Begriff!) kann man am besten mit seinen eigenen Worten zusammenfassen: „Der sündige Mensch, verdorben und tot in der Sünde, trägt nichts durch seinen eigenen Willen, Interessen oder guten Anstrengungen oder guten Werken zu seiner Rechtfertigung, Bekehrung oder Errettung bei."

Er maß der Rechtfertigung einen so großen Wert bei, dass

er in Bezug auf Heiligung ziemlich indifferent blieb. Die Betonung *aus Glauben alleine* machte es ihm schwer, eine Bedeutung der „Werke" im christlichen Leben zu sehen. Daher rührt auch seine Abscheu vor der „recht strohernen Epistel" des Jakobus (Jakobusbrief) mit seiner Erklärung: „Du siehst, dass ein Mensch aus Werken und nicht durch Glaube alleine gerechtfertigt wird" (Jak2,24).

Luther hat EGIG nie direkt angesprochen, seine Position dazu können wir aber aus dem interessanten Briefwechsel mit einem seiner Theologenkollegen, der auch das Augsburger Bekenntnis für die lutherischen Kirchen zusammenstellte, ersehen. Philipp Melanchthon war nämlich näher an der Schrift, wenn er sagte: „Der Glaube allein, der uns rettet, aber der Glaube, der rettet, ist nicht allein." Er erkannte, dass es auch „Werke des Glaubens" gibt und dass sich Glaube in der Praxis, in guten Taten äußert.

Luther antwortete darauf mit einem außergewöhnlichen Brief und behauptete, dass „es genügt, dass wir erkennen … das Lamm, das die Sünden der Welt trägt; daher kann uns die Sünde nicht mehr trennen, selbst wenn wir tausend und abertausendmal am Tage huren und morden"! Daraus können wir schließen, dass Luther an der Alpha-Sichtweise von EGIG festhielt (siehe Kapitel 1).

Diese Differenz führte zu einer gewissen Spaltung in der lutherischen Reformation. Jedoch konnte eine Spaltung zwischen den Anhängern Luthers und den Anhängern Melanchthons durch die Unterzeichnung der Konkordienformel im Jahre 1577 abgewendet werden. In Wirklichkeit aber wurde dadurch die Position Luthers, also die Prädestination und die Verneinung des freien Willens bestätigt und stellte die Betonung der Lutheraner auf Rechtfertigung anstatt auf Heiligung als Hauptmerkmal der Errettung sicher.

Calvin und Arminius

Im Alter von vierundzwanzig Jahren gab Johannes Calvin, ein französischer Rechtsanwalt, sein Meisterwerk *Institutio Christianae Religionis* (Unterweisung in der christlichen Religion) heraus, was allerdings später immer wieder Revisionen erfuhr.

Man nannte diese umfassende theologische Studie auch „Systematischer Augustinianismus". Sie offenbart, wie sehr sich Calvin dem nordafrikanischen Bischof verpflichtet fühlte, obwohl eintausend Jahre zwischen ihnen lagen. Auch hier finden wir dieselbe Betonung auf Gottes souveränem und unerforschlichen Willen, seiner vorherbestimmenden Auswahl und seiner unwiderstehlichen Gnade vor. Calvin wich aber von seinem Mentor auf zweierlei Weise ab.

Erstens: Er glaubte fest daran, dass Jesus als Sühne für die Sünden der ganzen Welt und nicht nur für die „Auserwählten" starb. In seinem Markuskommentar schreibt er: „Es ist unbestritten, dass Christus für die Sühne der Sünden der ganzen Welt kam."

Zweitens: Es hat den Anschein, dass er die Möglichkeit, seine Errettung verlieren zu können, einräumt. Man erwäge seine Aussage in seinen *Unterweisungen*: „Und dennoch wäre unsere Erlösung unvollkommen, wenn er uns nicht immer weiter zum Ziel der endgültigen Erlösung *führen* würde. In dem Moment, wo wir uns, und sei es auch nur geringfügig, von ihm abwenden, löst sich demnach unsere Errettung, die festgegründet in ihm ist, allmählich auf. Daraus folgt, dass alle, die nicht in ihm *ruhen*, sich selbst *vorsätzlich* aller Gnade berauben" (Der Kursivdruck stammt von Calvin).

Es ist offensichtlich, dass nicht alles von Calvin stammt, was als Calvinismus bezeichnet wird; somit werden sein Name und sein Ruf durchaus geschädigt. In der Tat ist es so, dass man die engstirnige Anwendung seiner Grundsätze seinem Nachfolger in Genf, Theodor von Beza zuschreiben kann. Dieser Reformator der zweiten Generation schlug die Tür dort zu, wo Calvin sich eigentlich von Augustinus verabschieden wollte, und setzte die „begrenzte Sühne" und das „Ausharren der Heiligen" wieder in Kraft, was weithin als „reformierte Theologie" bekannt wurde. Er war das typische Beispiel eines Schülers, der strenger als sein Lehrer geworden war. Seine logische Ableitung führte ins Extreme, sodass er sogar argumentierte, dass Gott, bevor es für den Menschen überhaupt notwendig war, also schon vor dem Sündenfall, beschlossen haben muss, wer gerettet werden soll (Für diejenigen, die an solchen theologischen Spekulationen interessiert sind: Man nennt das die Lehre des „Supralapsarianismus"). Der Einfluss von Beza nahm vor allem in Nordeuropa immer mehr zu.

Die berühmten fünf Punkte des strengen Calvinismus sollten in Holland als Reaktion auf die Lehren des Holländers Jacobus Arminius formuliert werden. Es wird weitgehend, aber dennoch fälschlicherweise angenommen, dass er ein Gegner Calvins war (Er war nur vier Jahre alt, als Calvin starb). Er kam als Theologiestudent nach Genf und wurde von Beza unterrichtet. Er nahm Anstoß an dessen starren Ansichten, besonders als dieser den Bibeltext änderte, um ihn für seine Ansichten passend zu machen (Z.B. im Hebräerbrief 10,38, wo er das „er" in „jedermann" veränderte, so dass der „Gerechte" nicht fähig ist, zum Verderben zurückzuweichen).

Als er in seine Heimat zurückkehrte, nachdem er in Basel und in Genf studiert hatte, wurde er Professor in Leiden. Hier versuchte er, dem entgegenzuwirken, was er als schädlichen Einfluss Bezas betrachtete.

Er begann mit der Prädestination und drehte praktisch die Auserwählung und die Gnade um. Er lehrte, dass die

Einmal gerettet – immer gerettet?

Auserwählung Gottes auf Vorkenntnis beruht. Er entscheidet, dass er alle retten wird, die Buße tun, glauben und ausharren. Weil er schon vorher erkennt, wer dies tun wird, kann er diese für die Herrlichkeit vorherbestimmen.

Gnade ist für jeden erhältlich, aber nicht alle nutzen sie für sich. Vorausgehende Gnade, die bei der Rettung die Initiative ergreift, eröffnet dem Menschen die Möglichkeit, sie anzunehmen oder abzulehnen; niemals aber zwingt sie den Menschen, die richtige Entscheidung zu treffen (oder auch die falsche). Bei der Errettung arbeiten also der Wille des Menschen und der Wille Gottes zusammen.

Diese Kooperation muss fortgesetzt werden, damit die Errettung vollendet werden kann. Es ist also möglich, dass man völlig und endgültig aus der Gnade fallen kann.

Der Kern dieses Denkens war, dass der Gnade Gottes widerstanden und sie abgelehnt werden kann, bevor und nachdem man gläubig wurde. Gnade zwingt niemanden und hängt von der Erwiderung ab, um effektiv zu werden.

Zu Lebzeiten wurde Arminius wegen dieser Sichtweise nie widersprochen. Tatsächlich wird gesagt, dass niemand es wagte, solch einen heiligen Mann, der solch ein gottgefälliges Leben führte, anzugreifen. In seiner öffentlichen Position wurde er hingegen des Öfteren nach seiner Meinung befragt, und eine seiner Antworten ist sehr aufschlussreich: „Ich erkläre hier öffentlich und unbefangen, dass ich niemals gelehrt habe, dass ein echter Gläubiger weder völlig noch endgültig vom Glauben abfallen und verloren werden kann." Aber dann definierte er „einen echten Gläubigen" als jemanden, der bis zum Ende weiter glaubt (Calvin unterschied ebenso zwischen „vorübergehendem" und „echten" Glauben, wobei nur letzterer ein „rettender" Glaube ist).

Wie auch Calvin musste er unter einigen seiner Nachfolger leiden (Grotius griff die Strafersetzungstheorie durch

Traditionen

das Sühneopfer an, und Episcopius schrieb Göttlichkeit dem Vater, nicht aber dem Sohn und dem heiligen Geist zu). Die Ausbreitung seiner eigenen Lehren aber wurde für die „reformierte Kirche" zu einer Bedrohung. Ihre Anhänger remonstrierten (protestierten) gegen die Beza-Version des Calvinismus. Sie und ihre Bewegung wurden als Remonstranten bekannt und das nur ein Jahr nach dem Tode Bezas.

Im Jahr 1618 wurde wegen dieser Krise, die fast einem Volksaufstand gleichkam, die Synode von Dordrecht einberufen. Remonstranten wurden des Semi-Pelagianismus bezichtigt; Schuld durch Assoziation war schon immer ein raffinierter Trick (Wenn man jemanden beschuldigt, indem man ihn mit einem anderen, der die eigentliche Schuld trägt, in Zusammenhang bringt). Man identifizierte Arminius mit Pelagius und den anderen, die Augustinus kritisiert hatten. Sie wurden angeklagt, die Lehre der Sühne (Strafe für Sünde kann nicht zweimal eingefordert werden, bei Christus und beim unbußfertigen Sünder, was im Rückschluss bedeutet, dass Christus nur für die Auserwählten „bezahlt" hat) und die Lehre der Zusicherung (niemand kann sich der endgültigen Errettung sicher sein) zu zerstören. Um den fünf „Thesen" des Arminius entgegenzuwirken, formulierte die Synode diese fünf Punkte:

***T**otal depravity*	Völlige Verderbtheit
***U**nconditional election*	Bedingungslose Erwählung
***L**imited atonement*	Begrenzte Sühne
***I**rresistible grace*	Unaufhaltsame Gnade
***P**erseverance of the saints*	Ausharren der Heiligen

Hier sei angemerkt, dass die Anfangsbuchstaben der fünf Punkte das Akronym T-U-L-I-P (dt.: Tulpe) ergeben, damit man sich besser darüber unterhalten und daran erinnern kann.

Einmal gerettet – immer gerettet?

Dieses Wort bezeichnet auch einen Exportartikel Hollands, das berühmt für seine Blumenzwiebelfelder ist!

Viele Kirchendiener in Holland, Frankreich und später auch Südafrika wurden gezwungen, diese Liste zu unterschreiben. Viele weigerten sich, wurden aus dem Dienst entfernt und gingen ins Exil. Die Werke des Arminius wurden unterdrückt und sind bis zum heutigen Tage in seinem eigenen Land praktisch unbekannt, was ich selbst feststellen musste, als ich vor einiger Zeit auf einer Pastorenkonferenz in Soest sprach.

Die Formel von Dordrecht spielte bei der Westminstersynode des Jahres 1646 eine fundamentale Rolle. Diese war einberufen worden, um ein Glaubensbekenntnis zu erarbeiten, welches in der Lage wäre, die Kirchen in England und Schottland zu vereinigen. Sie war dem Glaubensbekenntnis Bezas ähnlicher als dem Calvins, indem sie eine doppelte Prädestination betonte (der Geretteten und der Nicht-Geretteten) und das Ausharren der Heiligen zum Dogma erhob. Das so entstandene Westminster-Bekenntnis wurde nicht von der Kirche von England, wohl aber von der Kirche von Schottland angenommen (wo die „sabbatianische" Auffassung des Sonntags eine große Auswirkung auf die Gesellschaft hatte). Jedoch hielten die meisten englischen gottesfürchtigen Puritaner streng an der calvinistischen Theologie fest, bis auf eine namhafte Ausnahme, nämlich Goodwin. Die Kirche von England gab sich, wie es typisch für sie ist, mit einem Kompromiss zufrieden, den man manchmal als „moderaten Calvinismus" bezeichnet. Die neununddreißig Artikel, die jeder Geistliche unterschreiben musste, enthalten die folgende Aussage, die für unsere Diskussion über EGIG relevant ist:

Nicht jede Todsünde, die nach der Taufe begangen wird, ist eine Sünde gegen den Heiligen Geist, die nicht vergeben wird. Weshalb die Gewährung der Buße niemanden verwehrt werden darf, der nach seiner Taufe in Sünde gefallen ist. Nachdem wir den Heiligen Geist empfangen haben, mögen wir uns von der geschenkten Gnade entfernen, aber durch die Gnade Gottes mögen wir wieder aufstehen und unser Leben bessern.

Während dieser Artikel mit einer hoffnungsvollen Aussicht auf Wiederherstellung endet, sieht er beide Möglichkeiten vor, sowohl die Möglichkeit einer Sünde, die nicht vergeben werden kann, beim Getauften, als auch ein Scheitern beim „Wiederaufstehen" aus anderen weniger schweren Sünden (Man achte auf das „mögen", das kein „muss" bedeutet). Es hat den Anschein, dass die anglikanische Orthodoxie in diesem Punkt arminianisch ist. Manche würden eher behaupten, dass die Formulierung einfach nur doppeldeutig ist.

Die beiden Positionen, die nun unglücklicherweise als „Calvinismus" und „Arminianismus" betitelt wurden und keinem dieser beiden Herren gerecht werden, setzen sich in den weiteren Entwicklungen des freikirchlichen Lebens in England fort. Die „General-Baptisten" und die „Partikular-Baptisten" (manchmal auch Strict – und Partikular-Baptisten genannt) sind ein Paradebeispiel hierfür.

Whitefield und Wesley

Die Unterschiede traten während der Erweckung im achtzehnten Jahrhundert noch deutlicher zu Tage, als George Whitefield und John Wesley in Bezug auf EGIG gegensätzliche Positionen bezogen. Sie hatten beide zum selben „Methodistenclub" in Oxford gehört, dienten später miteinander, indem sie den Minenarbeitern von Bristol unter freiem Himmel das Evangelium verkündigten. Aber genau wegen dieser Frage trennten sich ihre Wege. Wesley wurde als Arminianer bezeichnet, obwohl er behauptete, dass seine starke Betonung auf die absolute Notwendigkeit der göttlichen Gnade für die Errettung ihn „um Haaresbreite" zu einem Calvinisten gemacht hätte! Obwohl er noch nicht ganz sicher war, lehrte er doch in seinen Predigten, dass eine Seele, der vergeben worden ist, wieder aus der Gnade fallen könnte; diese Lehre übernahm auch sein Bruder Charles für seine Kirchenlieder (siehe Nachwort). Dies ging Hand in Hand mit seiner Überzeugung, dass Gott den Methodismus deshalb ins Leben gerufen habe, damit „schriftgemäße Heiligkeit sich im Lande verbreite". Für Wesley war Heiligung genauso notwendig wie Rechtfertigung, um „sicher in den himmlischen Gestaden anzulanden". Er schrieb und sprach mit scharfen Worten gegen das, was er als heimtückische Gefahr einer falschen Sicherheit und moralischen Selbstgerechtigkeit ansah. So wurde er zu einem Gegenspieler von Whitefield, Toplady (der Autor des Kirchenliedes „Fels der Ewigkeiten") und der Gräfin Huntingdon (die ein eigenes College und ein eigenes „Gemeindenetzwerk" betrieb).

Spätere Evangelisten hatten unterschiedliche Meinungen. Jonathan Edwards in Amerika war Calvinist, Dwight L. Moody war Arminianer.

Wie sieht es heute aus? Die meisten, die sich selbst als Evangelikale bezeichnen würden, glauben wohl an EGIG. Kennzeichnend dafür ist, dass das Londoner Hauptquartier der Evangelikalen Allianz nach Whitefield und nicht nach Wesley benannt ist. Der Einfluss der Brüdergemeinden, die von EGIG überzeugt sind, steht in keinem Verhältnis zu ihrer Anzahl. Das, was von der puritanischen Theologie übriggeblieben ist, wurde zu einem Hauptfaktor, besonders durch den Dienst von Dr. Martyn Lloyd-Jones in der Westminster Chapel (Sein Nachfolger, Dr. R.T. Kendall hat ein Buch mit demselben Titel wie meines geschrieben, aber ohne Fragezeichen!).

Das bedeutet freilich nicht, dass die meisten Evangelikalen

die Fünf Punkte des Calvinismus akzeptieren. Dr. Jim Packer vom Regent College in Vancouver hat energisch dargelegt, dass sie ein in sich vollkommen schlüssiges System erarbeitet haben, wo alles zusammenpasst und nichts weggelassen werden kann, ohne dass das andere aufgehoben wird. „Denn obwohl die Fünf Punkte einzeln festgelegt wurden, sind sie dennoch untrennbar. Sie hängen zusammen; wenn man einen verneint, verneint man alle..." (*Among God's Giants*, Kingsway, 1991, Seite 169). Ich stimme mit ihm überein – das Ausharren der Heiligen hängt zum Beispiel mit der unwiderstehlichen Gnade zusammen. Dennoch teilt Clive Calver, der Direktor der Evangelikalen Allianz mit mir den Eindruck, dass an den ersten Fünf Punkten des Calvinismus in seinem Gemeindenetzwerk kaum mehr festgehalten wird, besonders unter den jungen Leuten. Das krampfhafte Festhalten am fünften Punkte (Ausharren der Heiligen) kann man leicht damit erklären, dass diese Generation sich nach Sicherheit sehnt! Ob sie weiterhin daran festhalten, nachdem sie doch die übrigen damit verbundenen Lehren abgelehnt haben, bleibt abzuwarten.

Die wachsende Anzahl an Evangelikalen wird vom Zustrom von Pfingstlern überboten, besonders in der dritten Welt. Während sie an dieselben Grundsätze des Evangeliums glauben und genauso bibeltreu sind, legen sie doch besonderen Wert auf die Taufe und darauf, dass die Geistesgaben heutzutage immer noch wirksam sind.

Pfingstler tendieren dazu, Arminianer zu sein, denn ihr Stammbaum lässt sich bis zur „Heiligungsbewegung" des neunzehnten Jahrhunderts und weiter zur Wesleyanischen Erweckung im achtzehnten Jahrhundert zurückführen. Einige haben eine „reformierte" Theologie angenommen, die meisten werden EGIG nicht unterstützen, höchstens unabsichtlich.

Im einundzwanzigsten Jahrhundert werden wir

Einmal gerettet – immer gerettet?

möglicherweise eine Abkehr von EGIG erleben, wobei dieses Buch auch eine kleine Rolle spielen möge. Warten wir es ab. Liebgewonnene Traditionen lassen sich nicht leicht abschütteln, selbst in unserer schnelllebigen Zeit, in der ein Trend den nächsten überholt.

Es ist wirklich nicht möglich, zweitausend Jahre Geschichte in einem kurzen Kapitel abzuhandeln, selbst wenn es nur um einen einzigen Aspekt des christlichen Denkens geht. Der Leser muss selbst beurteilen, ob ich einen ausgewogenen Bericht, der natürlich nicht vollständig sein konnte, abgegeben habe. Ich fordere allerdings dazu auf, dass Kritik auf historischer Forschung und nicht auf lehrmäßigen Vorlieben gegründet sein muss.

Als ich den Gang durch die Jahrhunderte gemacht habe, hat mich besonders die bemerkenswerte Parallele zwischen dieser und anderen Lehren berührt. Der große Einfluss eines Augustinus, der alle anderen überragt, tritt deutlich hervor. Er hat das Gedankengut der katholischen und der protestantischen Kirche (Luther und Calvin) bis zum heutigen Tag maßgeblich geformt. Aber wenige erkennen, welch radikale Abkehr von der frühen Kirche und vom Neuen Testament er verursachte, als er die Theologie vom hebräischen in den griechischen Rahmen transferierte.

Am besten kann man es an seiner Haltung gegenüber dem „Millenarismus" erkennen, dem Glauben, dass eine eintausend jährige Herrschaft Christi auf dieser gegenwärtigen Erde zwischen seiner Rückkunft und dem Tag des Gerichts geben wird. Dieser Glaube basiert auf Kapitel 19 und 20 der Offenbarung und wurde nur in den ersten Jahrhunderten der Kirchengeschichte so geglaubt. Auch Augustinus hatte zu Beginn seines Dienstes ursprünglich diese „prämillenaristische" Sichtweise. Sein platonisches Denken, das die physische Welt geringschätzt, verleitete ihn dazu, das Millennium aus der Zeit nach Christi Wiederkunft in die Zeit der Kirche vor seiner Wiederkunft zu verlegen (Damit behauptete er, dass Kapitel 20 vor Kapitel 19 stattfindet!) und es rein „geistlich" zu verstehen sei. Damit war die Grundlage zum „Amillenarismus" und sogar zum „Postmillenarismus" gelegt, was nun in den großen Kirchen als orthodox angesehen wird. Welche dieser beiden Sichtweisen vorherrscht, hängt von der inneren Verfassung der Kirche ab, ob sie nun eher pessimistisch oder optimistisch ist (Genauer behandelt wird das in meinem Buch *Wenn Jesus wiederkommt*, Hodder & Stoughton, 1995).

Seit dieser Zeit konzentriert sich die christliche Hoffnung eher auf den Himmel als auf die Erde. Selbst die „Neue Erde" wird nicht mehr gepredigt. Prämillenarismus wurde auf demselben Konzil als Häresie verdammt, auf dem auch das, was später als „Semi-Pelagianismus" bekannt wurde, verdammt wurde. Die Lehren des Augustinus dominierten die Kirche derart, dass alles, was damit nicht übereinstimmte, als Häresie betrachtet wurde! Das war eine außergewöhnliche Leistung für einen sterblichen Menschen. Die protestantischen Reformer hatten zwar das Zeug dazu, gegen die Irrtümer der mittelalterlichen katholischen Kirche aufzutreten, stellten Augustinus und die durch seine Ideen getroffenen Konzilsbeschlüsse aber nicht in Frage.

Je mehr Jahrhunderte vergehen, in denen die Lehre dieses Mannes das christliche Denken beeinflusst, desto schwerer ist es, diese Lehren in Frage zu stellen. Aus heutiger Perspektive scheint Augustinus so nahe an der neutestamentlichen Zeit zu sein, dass man allgemein annimmt, er würde das Werk der Apostel lückenlos fortsetzen und seine Ansichten seien schon immer Teil der Kirche gewesen. Es kommt einer Offenbarung gleich, wenn man entdeckt, welch große Lücke zwischen ihm und den Aposteln nicht nur zeitlich, sondern viel mehr noch in der Gesinnung besteht.

Seine grundlegende Neuordnung des christlichen

Einmal gerettet – immer gerettet?

Denkens brachte in Wirklichkeit große Differenzen. Ein Beispiel ist die Spaltung zwischen „amillenaristischen", „prämillenaristischen" und „postmillenaristischen" Interpretationsrichtungen bezüglich des zweiten Kommens Christi. Das hinterlässt den Eindruck, als ob alle gleichwertig seien und man sich nach eigner Präferenz das geeignetste aussuchen könne, oder dass die Angelegenheit so kompliziert sei, dass man nicht im Stande ist, eine richtige Wahl zu treffen. Die Folge davon ist, dass man das ganze Thema als „nicht so wichtig" zur Seite legt.

Und genauso steht es um unser Thema, über das wir hier diskutieren. Augustinus' Auslegung von Gnade, Vorherbestimmung, Verderbtheit usw., die jetzt in den Fünf Punkten des Calvinismus festgegossen sind, hat die Christenheit tief gespalten, und zwar in zwei Lager, die nicht ganz zutreffend als Calvinisten und Arminianer bezeichnet werden. Man wirft sich gegenseitig Untreue zur Schrift vor und klagt sich sogar gegenseitig der Häresie an. Ich glaube, dass es ohne Augustinus nie zu so einem traurigen Zustand gekommen wäre.

Wir müssen wohl alle erst erkennen, wie sehr wir durch die Traditionen beeinflusst werden, denen wir, seitdem wir Teil der Kirche wurden, ausgesetzt sind. Wenn wir die Bibel lesen, müssen wir aufpassen, dass wir diese Traditionen nicht in die Schriften hineininterpretieren.

Und wir müssen uns das ins Gedächtnis rufen, worin wir übereinstimmen, wenn wir Themen behandeln, wo wir unterschiedlicher Meinung sind. Tatsächlich haben Calvinisten, die hauptsächlich an der Omegaversion von EGIG festhalten, mehr Gemeinsamkeiten mit Arminianern, als sie annehmen. Beide verschmähen die naive Alpha-Sichtweise. Beide lehren, dass nur diejenigen, die bis zum Ende ausharren, auch letztendlich gerettet werden. Der Knackpunkt ist, dass Calvinisten glauben, dass jeder, der nicht ausharrt, nie richtig gerettet war, während Aminianer glauben, dass es einige, wenn auch nicht alle waren.

Es gibt aber auch noch andere schwerwiegende Differenzen, die mit unserem Thema zusammenhängen und behandelt werden müssen. Sie erfordern ein weiteres Kapitel.

5.

Theologische Einwände

Der aufmerksame Leser wird mittlerweile festgestellt haben, dass dieses Buch die arminianische Haltung zu EGIG repräsentiert!

Einwände aus der Alpha-Sichtweise neigen dazu, seelisch und eine instinktive Verteidigung eines emotionalen Sicherheitsbedürfnisses zu sein. Einwände aus der Omega-Sichtweise sind theologischer Natur und werfen dem Vertreter eine Verdrehung der Lehre vor. Einige dieser Einwände werden in diesem Kapitel diskutiert, davon fünf im Besonderen.

Calvinisten beschuldigen Arminianer, dass sie die Gnade abwerten, die Vorherbestimmung leugnen, Bekehrung herabstufen, die Sicherheit zerstören und Werke fordern. Das sind ernste Beschuldigungen, denen man sich stellen muss.

Gnade abwerten?

Es ist schade, dass eines der schönsten Worte im Neuen Testament ein Streitobjekt werden musste. Aber so musste es wohl sein. Tatsächlich war EGIG einst als „einmal Empfänger der Gnade, für immer ein Begnadigter" bekannt.

Dieses Wort ist in besonderem Maße mit dem Retter („die Gnade unseres Herrn Jesus Christus") und mit Rettung („durch Gnade seid ihr gerettet") verbunden. Wir sind absolut unfähig, uns selbst zu retten und unserer sündhaften Natur zu entfliehen. Wir sind für immer verloren – es sei denn, Gott kommt uns zu Hilfe, was er auch getan hat, indem er seinen Sohn gesandt hat, damit er uns rettet. Wenn man über die unausweichliche Bestimmung der Sünder nachdenkt, erkennt jeder Gläubige instinktiv: „Allein aus Gnade steh ich hier".

Man muss nochmals betonen; Bis hier sind sich Calvinisten und Arminianer völlig einig. Pelagius mag wohl gedacht haben, dass wir alle die Gnade der Offenbarung benötigen (Damit wir den richtigen Weg sehen, den wir dann mit eigener Anstrengung gehen). Aber Arminius war sich genauso wie Calvin darüber im Klaren, dass wir die Gnade der Erlösung benötigen (damit wir von der Strafe für unseren falschen Weg befreit werden und die Kraft bekommen, den richtigen Weg zu gehen). Ohne Gnade sind wir hilflos und hoffnungslos.

Auch über die Grundbedeutung der Gnade herrscht Einigkeit. Sie ist ein unverdientes Geschenk, ein Akt der Barmherzigkeit, der dem Bedürftigen kostenlos gegeben wird. Deshalb gibt es nichts, mit dem wir sie uns verdienen oder erarbeiten könnten. Derjenige, der sie gibt, ist vollkommen frei in seiner Entscheidung, wem er sie gibt. „Ich erbarme mich dessen, wessen ich mich erbarmen werde", spricht der Herr (Röm9,15 als Zitat aus Ex33,19; dieselbe Wahrheit erscheint im Gleichnis mit den Arbeitern im Weinberg Mt20,15). Gnade ist göttliche Großzügigkeit, göttliche Freigebigkeit. Rettung ist ein kostenloses Geschenk (Eph2,8).

Uneinig über Gnade wird man sich erst, wenn es um praktische Fragen geht. Im Negativen: Kann dieses kostenlose Geschenk *zurückgewiesen* werden? Oder positiv: Müssen wir irgendetwas tun, um es zu *empfangen*? Der Calvinist antwortet auf beide Fragen mit Nein, der Arminianer mit Ja.

Es scheint, als ob der Calvinist nicht in der Lage ist,

Theologische Einwände

zwischen *„etwas tun, um ein Geschenk zu verdienen"* und *„etwas tun, um ein Geschenk zu erhalten"* zu unterscheiden. Denn er bezeichnet beides als „Beitragsleistung" (ein ziemlich bedeutungsschweres Wort) für die Errettung. Selbst wenn ein Kind nur die Hand ausstreckt, um Süßigkeiten zu erhalten, dann betrachtet man es als jemanden, der sich an den Kosten für die Süßigkeit beteiligt; die Süßigkeiten müssten schon vom Geber in dessen Mund gesteckt werden, bis hinein in die Kehle, damit es die Süßigkeit nicht mehr ausspucken kann. Erst dann würde man das Geschenk als wirkliche Gnade bezeichnen können!

Und so wurde aus der Gnade statt eines unverdienten Geschenks eine unwiderstehliche Kraft. Für die menschliche Wahl ist da kein Platz. Gnade handelt mit oder ohne unsere freiwillige Mitarbeit. Wenn Gott es beschlossen hat, dass wir gerettet und für die Herrlichkeit bewahrt werden sollen, dann wird das eintreffen, ob wir uns nun dafür entscheiden oder nicht. Es ist sein Wille und nicht unserer, der geschieht. Damit wird sichergestellt, dass Errettung „ganz aus Gnade" ist, ohne dass dabei der Mensch in irgendeiner Weise mitwirkt. Wir müssen nichts tun, können nichts tun und sollen auch nichts tun, um gerettet zu werden, außer vielleicht hoffen, unter den Auserwählten zu sein, die diese Gabe empfangen!

Vielleicht werden mir nach dem letzten Abschnitt einige vorwerfen, ich würde hier eine Karikatur abliefern, aber ich sage hier nur frei und ganz primitiv, was Calvinisten wirklich glauben. Sie stehen hinter dieser Karikatur nicht zurück, besonders wenn sie die arminianische Position beschreiben. In einer kürzlich erschienen Publikation (*Rettung*, R. Clements, G. Haslam, P. Lewis, Christian Focus Publications, 1995; früherer Titel *Von Gott erwählt*), in einem Kapitel mit der Überschrift „Ein Angebot, das du nicht ausschlagen kannst", illustriert Roy Clements die Unterschiede, indem

Einmal gerettet – immer gerettet?

er die Situation eines ertrinkenden Mannes beschreibt. Der Calvinismus sagt: Jemand springt ins Wasser und zieht den Ertrinkenden an Land in Sicherheit. Aber beide, sowohl die Arminianer als auch die Pelagianer (Man beachte, wie sie beide in einen Sack gesteckt werden) würden dem Ertrinkenden sagen: „Wenn du gerettet werden willst, dann streng dich doch mehr an. Mit eigener Anstrengung kannst du das rettende Ufer erreichen. Du musst dich entscheiden, du musst einen starken Willen entwickeln, du musst es versuchen"(Man beachte, wie hier der Aufwand von viel Energie impliziert wird: Anstrengung - starker Wille). Auch wenn man das vielleicht von Pelagius sagen könnte, muss ich feststellen, dass diese Worte eine Verleumdung darstellen, wenn man damit Arminius oder Arminianer beschreiben will. Ihre Position könnte man viel zutreffender so beschreiben: Jemand, der dem Ertrinkenden eine Leine zuwirft und ihm zuruft: „Ergreife die Rettungsleine und halte sie fest, bis ich dich an Land gezogen habe." Ich würde behaupten wollen, dass niemand, der auf diese Weise gerettet wurde, auf die Idee kommen würde zu sagen, er hätte sich selbst gerettet oder einen Beitrag dazu geleistet, womit er sich die Errettung verdient haben könnte! Er wäre einfach nur seinem Retter dankbar.

Bis jetzt haben wir die Sichtweise der „unwiderstehlichen Gnade" betrachtet, womit der gesamte Prozess der Errettung von Anfang bis zum Ende gemeint ist. Es gibt allerdings noch eine abgeschwächte Alternative dieser Sichtweise, die vielleicht von noch mehr Leuten geteilt wird, besonders von Evangelisten. Sie steht der Alpha-Sichtweise näher. Kurzum, man kann der Gnade widerstehen bis zum Moment der Bekehrung, aber dann wird sie unwiderstehlich. Der menschliche Wille kann entweder der Gnade widerstehen oder sie annehmen und gerettet werden, aber nachdem die Gnade gesiegt hat, wird sie immer die Oberhand behalten.

Theologische Einwände

Was ich also auch immer tue, er wird mich niemals gehen lassen. Seine Gnade reicht aus und hat die Kraft, mich bis zum Ende zu bewahren.

Die Kernfrage lautet also, ob Gnade wirklich unwiderstehlich ist, entweder vor oder nach der Bekehrung. Am besten entscheidet man das, indem man die Schrift studiert.

Die apostolische Evangelisation zögerte nicht, den Menschen zu sagen, was sie tun müssen, um die Gnade Gottes in Jesus zu erhalten. Es wurde ihnen gesagt, ja sogar befohlen, sie wurden aber nie gezwungen, Buße zu tun, zu glauben und sich taufen zu lassen. Ganz offensichtlich konnten sie wählen, das Evangelium anzunehmen oder abzuweisen. Wer sie ablehnte, der wurde als jemand bezeichnet, der der Gnade widerstanden hat. Wer aber von seinen Sünden Buße tat, dem Retter vertraute und sich der Wassertaufe unterzog, kam bestimmt nicht auf die Idee zu behaupten, dass seine Handlungen eine „Beitragsleistung" für die Kosten seiner Errettung gewesen sind oder dass er deswegen seine Rettung verdient hätte. Sie waren einfach nur von der Gnade, die sie empfangen hatten, überwältigt.

Es gibt auch keinerlei Hinweis darauf, dass sie nicht anders konnten, als Buße zu tun, zu glauben und sich taufen zu lassen, weil Gott beschlossen habe, dass sie es tun müssen. Das wäre angesichts des universellen und mit so großer Zuversicht dargebrachten Angebots des Evangeliums einfach nur Unsinn gewesen. Die Apostel gingen davon aus, dass jeder, der das Evangelium hörte, von Gott „gerufen" wird. Johannes 3,16 muss immer schon ein Stolperstein für Leute gewesen sein, die das anders gesehen haben – „Denn also hat Gott die Welt geliebt...dass jeder, der glaubt".

Der Gnade kann also vor der Bekehrung widerstanden werden. Tatsächlich lehren viele Calvinisten, dass der menschliche Wille so degeneriert ist, dass er nur dazu „frei" ist, das Böse zu wählen, sich für das Falsche zu entscheiden.

Einmal gerettet – immer gerettet?

Logischerweise lässt uns das nur die Freiheit, „Nein" zum Evangelium zu sagen, wenn wir sogar nur für ein „Ja" schon Gnade brauchen. Aber gerade das heißt ja, dass man Gnade ablehnen kann.

Aber was ist nach der Bekehrung? Wenn man Gnade einmal angenommen hat, dann behält sie doch die Oberhand, oder etwa nicht? Wir haben keine Kontrolle mehr über unser Leben, sondern wir haben die Kontrolle dem Herrn übergegeben. Nun kümmert er sich darum. Er wird uns halten. Diesen Rückschluss zieht man üblicherweise, wenn es ums „Gerettetsein" geht.

Aber es entspricht nicht der Schrift und auch nicht der Erfahrung. Der „alte Mensch" mag zwar tot sein, aber er bleibt nicht einfach liegen! Es kann sogar sein, dass der Kampf gegen die Sünde nach der Bekehrung heftiger ist als vorher. Viele fallen und manche erholen sich nicht mehr.

Der Großteil des Neuen Testaments richtet sich an Gläubige und ist vollgepackt mit Ermahnungen, den moralischen und geistlichen Kampf fortzusetzen, bis man wirklich den Sieg errungen hat. „Lass es einfach Gott machen" ist ein weiterer fragwürdiger Slogan, den die Schrift so nicht unterstützt. Denn die Schreiber des Neuen Testaments zögern nicht, ihren Lesern zu sagen, dass sie „alle Anstrengung unternehmen sollen... heilig zu werden" (Heb12,14), „weiter voranzustreben, um das Ziel und den Siegespreis zu gewinnen"(Phil3,14). Sie haben auch keine Angst davor gehabt, die Gnade zu schmälern, wenn sie ihre Neubekehrten zu so etwas anspornten. Sie haben immer noch geglaubt, dass Heiligung ein genauso großes Gnadengeschenk ist wie die Rechtfertigung, Heiligkeit ebenso eine Gabe ist wie Vergebung.

Aber dennoch hat die Gnade diese Menschen nicht gegen ihren Willen und ohne ihre freiwillige Kooperation heilig gemacht. Und es bedeutet auch, dass wiedergeborene

Theologische Einwände

Gläubige die „Gnade Gottes aufheben können", wenn sie Gerechtigkeit aus sich selbst produzieren wollen, anstatt die Gerechtigkeit Christi anzunehmen (Gal2,21). Wenn sie zu den Gesetzeswerken zurückkehren, können sie „aus der Gnade herausfallen" (so wörtlich übersetzt, Gal5,4). Es kann ein Punkt erreicht werden, wo man Gnade „vergeblich empfangen" hat (2Kor6,1). Ein Gläubiger, der einer Wurzel der Bitterkeit erlaubt, sich in seinem Herzen auszubreiten, kann die Gnade Gottes versäumen (von ihr abfallen, an ihr Mangel leiden, sie verlieren)" (Heb12,15).

Niemand, der die Schrift einfach beim Wort nimmt, kommt auf die Idee, dass Gnade eine unwiderstehliche Kraft ist, selbst nachdem man sie empfangen hat. Gnade ist immer ein freies Geschenk, sie wird aber nicht immer, auch nicht bei Gläubigen, in freier Art und Weise empfangen und gebraucht. Sie wird angeboten, aber nie aufgezwungen.

Calvinisten halten dagegen, dass dadurch die Gnade dem Wohlwollen der Menschen ausgeliefert und so nicht mehr länger ein Ausdruck der Barmherzigkeit Gottes wäre. Das würde bedeuten, so sagen sie, dass der Wille des Menschen stärker als Gottes Wille wäre. Menschliche Entscheidungen könnten göttliche Beschlüsse blockieren. Gott hätte keinen freien Willen mehr. Er könnte nicht mehr wählen, wen oder wie viele er retten würde. Gnade würde ein „stirb-oder-friss-Angebot" werden, welches man annehmen könne oder nicht. Die ewigen Vorsätze Gottes würden so von seinen Geschöpfen vereitelt werden.

Bei diesen gewaltigen Argumenten besteht aber ein fataler Denkfehler, dessen Aufdeckung wir bis zum nächsten Kapitel aufschieben wollen, da es dort passender ist. Aber um logisch weiter aufzubauen, müssen wir jetzt die Lehre der „bedingungslosen Erwählung" betrachten oder einfacher ausgedrückt: die Prädestination.

Einmal gerettet – immer gerettet?

Vorherbestimmung leugnen?
Niemand kann leugnen, dass die Schrift dieses Wort enthält, obwohl es immer als Tätigkeitswort erscheint und das nur viermal (Röm8,29.30; Ehp1,5.11). Ein verwandtes Wort „erwählt", meist als Hauptwort, ist bekannter. Daraus hat sich ein logisches Argument entwickelt: Wenn Gott allmächtig ist und uns vorherbestimmt hat, dass wir seine Heiligen im Himmel sein sollen, wie könnten wir oder jemand anderes dieser seiner souveränen Macht widerstehen und seinen ewigen Beschluss bezwingen? Dem kann man doch nun wirklich nichts entgegenhalten oder etwa doch?

Wenn man sich einmal auf den Weg der strikten Logik begibt, dann muss man diesen Weg auch bis zu seinem Ende verfolgen. Logik muss Fakten anerkennen. Eine davon ist, dass ganz offensichtlich nicht jeder, ja noch nicht einmal die Mehrheit durch Glauben gerettet ist.

Wie passt ein Glaube an die Prädestination mit so vielen in Ewigkeit Verlorenen zusammen? Darauf gibt es zwei Antworten, eine „harte" und eine „sanfte".

Die harte Position nennt man „doppelte Prädestination" oder „der Beschluss der Verurteilung" oder sogar „der schreckliche Beschluss". Gott hat ganz einfach einige dazu bestimmt, gerettet zu werden, und einige, verloren zu gehen. Er entscheidet die ewige Bestimmung eines jeden Menschen, der sich dazu weder qualifizieren noch disqualifizieren kann. Weil Gott nicht offenbart hat, warum er es tut, erscheint seine Wahl im besten Fall willkürlich und im schlimmsten Fall geradezu ungerecht. Der Dichter Robbie Burns nahm die Predigt der Presbyterianer in Schottland auf seine unnachahmliche Weise aufs Korn:

Theologische Einwände

O God who pleasest best Thysel'
O Gott, der du dir selbst am meisten gefällst
Sends ane to heaven and ane to hell
Schickst einen zum Himmel den anderen zur Hölle
A' for Thy glory
Einen wegen deiner Herrlichkeit
And no for ony good or ill
Und keinen wegen Gut oder Schlecht
They've done afore Thee
Was man dir vorher angetan hätt

Entweder ist das eine grausame Wahrheit oder ein fürchterlicher Hohn.

Die sanfte Position ist, dass Gott diejenigen auserwählt, die gerettet werden sollen, und für die andere Möglichkeit niemanden „auswählt". Denn alle sind Sünder und verdienen sowieso, in die Hölle zu kommen. Deshalb ist es nicht nötig, dass er deswegen auch noch einen Beschluss fassen muss. Er überlässt sie einfach ihrem Schicksal. Mit allen geht er gerecht um, einige aber sind vorherbestimmt, Erbarmen zu empfangen.

Beide Positionen haben Probleme mit einigen grundlegenden Aussagen der Schrift – dass Gott die Welt geliebt hat (Joh 3,16) und dass er will, dass alle Menschen gerettet werden (1.Tim 2,4; „will" bedeutet hier eher „wünscht" als „entscheidet").

Aber das ist alles zweitrangig und sollte nicht dazu gebraucht werden, das Konzept der Prädestination in Misskredit zu bringen. Jedoch helfen uns diese Probleme, die vorrangige Frage in Augenschein zu nehmen, ob wir überhaupt die Bedeutung, von Gott „vorherbestimmt zu sein", richtig verstanden haben.

Die calvinistische Interpretation basiert auf der Annahme, dass Prädestination dasselbe wie Prädetermination ist

Einmal gerettet – immer gerettet?

(vorherbestimmt vs. vorher festgelegt), aber das stimmt ganz und gar nicht. Der eine Begriff wird normalerweise verwendet, wenn es um Personen geht, der andere wird unpersönlich verwendet; Menschen sind prädestiniert, Dinge sind prädeterminiert.

Der Begriff „Prädestination" muss also noch etwas ausgedehnt und näher bestimmt werden, damit sein Bedeutungsumfang ersichtlich wird. Das hat man bereits getan, und zwar auf dreierlei Weise.

Erstens: Prädestination ist *hellsichtig*, gründet sich also auf Vorkenntnis von Ereignissen, die erst später eintreffen. Weil Gott die Zukunft ebenso wie die Vergangenheit kennt, das Ende von Anfang an, und er genau weiß, wer später Buße tun und glauben wird, ist er in der Lage, diejenigen zu erwählen und vorherzubestimmen, die Rettung erhalten sollen. Diese Erklärung nahmen Arminius und viele seiner Nachfolger an, obwohl sie nicht die ersten waren. Augustinus' italienische und französische Kritiker hatten schon viele Jahrhunderte früher diese Position eingenommen. Es scheint, als ob es dafür auch einen biblischen Beweis gibt: „Die Gott vorher erkannt hat, die hat er auch vorherbestimmt..." (Röm 8,29). Das Problem dabei ist, dass „vorher erkannt" mehr als nur „etwas über jemanden wissen" bedeutet, es kann auch den Gedanken transportieren, dass eine innige Beziehung mit jemandem aufgenommen wird.

Zweitens: Prädestination ist *gemeinschaftlich*. Es ist viel eher die Auswahl eines Volkes als einzelner Personen, mehr die Auswahl einer Gruppe als von Individuen. Und so sind Israel im Alten Testament und die Gemeinde im Neuen Testament jeweils Gottes vorherbestimmtes Volk. Individuen werden nur dann vorherbestimmt, wenn sie ein Teil des Ganzen werden, so wie Ruth und Rahab ein Teil wurden von Gottes auserwähltem Volk durch die persönliche Wahl, die sie selbst getroffen hatten. Wenn sie vom Ganzen

Theologische Einwände

getrennt worden wären, entweder durch eigenes Handeln oder durch das Handeln der Gemeinschaft, hätten sie ihre Erwählung eingebüßt. Mit dieser Ansicht hängt auch der Gedanke zusammen, dass „Auserwählung", die beide „Völker Gottes" betrifft, sich viel mehr auf ihren Dienst als auf ihre Errettung bezieht, mehr auf Verantwortung als auf Privilegien (siehe dazu H.H.Rowley´s Klassiker, *Die biblische Lehre der Erwählung*, Lutterworth, 1950). Diese Einblicke werfen ein beachtliches Licht auf solche Texte wie „Nicht ihr habt mich erwählt, sondern ich habe euch erwählt, damit ihr hingeht..." (Joh15,16; 6,70; beide beziehen sich klar auf seine Auswahl im Hinblick auf den apostolischen Dienst und nicht auf ewige Errettung).

Drittens: Prädestination hat *Bedingungen*. Die Auserwählung ist allgemein und nicht persönlich. Gott hat beschlossen, dass alle Individuen, die Buße tun und glauben, gerettet werden. Diejenigen, die positiv auf das Evangelium reagieren, sind in diese „Prädestinationskategorie" aufgenommen. Diese Sichtweise hat viel mit der „gemeinschaftlichen" Lösung gemein, scheitert aber möglicherweise an solchen Texten, die zu vermitteln scheinen, dass individuelle Namen in das Buch des Lebens eingeschrieben sind, bevor sie dazu auserwählt wurden, in die Gemeinschaft aufgenommen zu werden – diesen Punkt kann man allerdings mit der *Hellsichtigkeit*, also dem ersten Punkt unserer Aufzählung erklären.

Ich meine aber, dass man die Sache viel einfacher erklären kann, wenn man einige dieser Einsichten miteinander kombiniert und sie dann noch einmal mit der Schrift und dem ganzen Konzept abgleicht. Ich bin zu der Einsicht gelangt, eine Person zu prädestinieren bedeutet, sie für eine Bestimmung *vorzubereiten* und nicht ihre Bestimmung zu fixieren (Zu dieser „Erleuchtung" kam ich bei der Lektüre eines calvinistischen Buches über EGIG, nachdem ich allerdings diese Definition bereits in meiner eigenen Lehre benutzt hatte).

Ich will es an einem einfachen Beispiel zeigen. Von früher Kindheit an wollte ich Landwirt werden. Ich verbrachte meine Ferien auf dem Bauernhof und wurde im zweiten Weltkrieg in einen Bauernhof evakuiert. Als ich mit sechzehn Jahren die Schule verließ, arbeitete ich in der Landwirtschaft in Northumberland und Yorkshire, um Erfahrungen zu sammeln, bevor ich meinen Abschluss als Agraringenieur in Newcastle (damals zur Universität in Durham gehörend) machte. Ohne mein Wissen hatte mein Vater, seines Zeichens Professor für Agrarwissenschaften, in der Zwischenzeit Erkundigungen eingeholt und mir schließlich eröffnet, dass er eine kleine Landwirtschaft gefunden habe, die er für mich pachten würde, wenn ich mein Studium beendet hätte. Aber leider war es dazu schon zu spät! Mein himmlischer Vater hatte mir bereits seine Pläne eröffnet – dass ich Prediger werden sollte! Ich muss anfügen, dass mein irdischer Vater nicht enttäuscht war, denn die Pawsons waren seit der Zeit John Wesleys, als dieser einen Mann aus Yorkshire namens John Pawson zu einem seiner Reisebegleiter machte, immer schon entweder Prediger und/oder Landwirte gewesen.

Was ich damit aber erklären möchte ist folgendes: Wenn ich das Angebot mit dem Bauernhof angenommen hätte, hätte ich mit Fug und Recht später sagen können: „Mein Vater hat das für mich vorbereitet. Bevor ich irgendetwas davon wusste, hatte er es schon geplant und seine Vorbereitungen dafür getroffen. Er hat es für mich prädestiniert und umgekehrt auch mich für diesen Plan prädestiniert. Und ich bin ihm für diese Voraussicht unendlich dankbar." Aber es kam anders und ich lehnte es ab und könnte niemals sagen, dass er in irgendeiner Weise meine Entscheidung prädestiniert hat. Wenn ich zugesagt hätte, wäre ich prädestiniert gewesen. Wenn ich abgelehnt hätte, wäre ich nicht prädestiniert gewesen.

Dieses Szenario scheint mit den biblischen Befunden übereinzustimmen. Diejenigen, die „gerettet" sind, wurden persönlich von ihrem liebenden himmlischen Vater, der alles schon vorher geplant hat, persönlich für die Herrlichkeit prädestiniert. Andererseits bezieht die Schrift niemals die Prädestination auf den Nicht-Erretteten.

Somit ist die göttliche Initiative der Gnade sichergestellt. Und andererseits ist der doppelte oder schreckliche Beschluss der Prädestination zur Verwerfung und damit zur Bestimmung für die Hölle entkräftet.

Für viele mag diese Lösung zu einfach für ein Problem sein, dass den Verstand so vieler für so lange Zeit verwirrt hat. Auch behaupte ich nicht, dass es der Weisheit letzter Schluss ist, das wäre arrogant. Aber im nächsten Kapitel will ich zeigen, dass diese Denkweise näher an die Natur und den Charakter Gottes herankommt, so wie er sich selbst uns besonders in seinem Sohn geoffenbart hat.

Bekehrung herabstufen?

Wenn man Christ wird, sind Rechtfertigung und Wiedergeburt zwei Aspekte, die, sofern man nicht an EGIG glaubt, angegriffen werden können - so meint man jedenfalls -, wobei Rechtfertigung objektiv und Wiedergeburt subjektiv gesehen wird. Rechtfertigung ist ein Begriff aus der Rechtsprechung, also aus der Gerichtssprache entlehnt. Wenn ein Richter einen Angeklagten für unschuldig erklärt und er das Gericht als freier Mann mit reinem Gewissen verlässt, dann ist er gerechtfertigt. Eine schuldige Person kann nur dann freigesprochen werden, wenn die angemessene Schuldsumme von jemand anderem bezahlt wurde. Nur dann ist sowohl die Gerechtigkeit als auch die Barmherzigkeit zufrieden gestellt. Der Unschuldige wurde für schuldig und der Schuldige für unschuldig befunden.

Einmal gerettet – immer gerettet?

Wenn diese Stellvertretung nicht stattgefunden hätte, würde die Freilassung des Angeklagten aus dem Gefängnis einen Justizirrtum darstellen. Obwohl in der Praxis Rechtfertigung mit Vergebung gleichbedeutend ist, muss man daran denken, dass sie nur auf Kosten eines anderen erfolgt ist.

Es ist also folgendes passiert: Sünde wurde dem Retter angerechnet, der die Todesstrafe am Kreuz bezahlte; und Gerechtigkeit wurde dem Sünder angerechnet, der sich nun dem ewigen Thron „bekleidet mit göttlicher Gerechtigkeit" nähern darf. Was für ein Tausch! In jeder Hinsicht unfair, aber voller Gnade.

Nun argumentieren manche so: Wenn eine Person von Gott einmal als unschuldig erklärt wurde, wie kann sie dann je wieder schuldig werden? Rechtfertigung ist doch sicherlich ein dauernder Zustandswechsel. Wie kann jemand in Gottes Augen seine „Rechtfertigung" wieder verlieren?

Wir haben schon herausgearbeitet (in Kapitel 2), dass die Vergebung die vergangenen, aber nicht die zukünftigen Sünden bedeckt. Freigesprochene Kriminelle können durchaus wieder vor Gericht stehen, wenn sie ihre Verbrechen nochmals begehen.

Die wahre Antwort liegt in der *Absicht* der Rechtfertigung. Vor allen Dingen dient sie dazu, eine Beziehung zu Gott möglich zu machen, die zwischen dem Sünder und dem heiligen Gott unmöglich ist. Diese Beziehung eröffnet jetzt aber noch etwas anderes: Die Veränderung dieses Sünders in einen echten Heiligen. Tatsächlich werden gerechtfertigte Sünder sofort „berufene Heilige" genannt (Röm1,7; der Einschub in manchen englischen Bibeln „um zu sein" ist völlig unzulässig).

Wahr ist aber auch, dass Heilige dazu berufen sind, heilig zu sein. Gerechtigkeit wird ihnen also deswegen angerechnet, damit diese Gerechtigkeit auch von ihnen gelebt wird. Der Empfang der Vergebung beabsichtigt, dass

Heiligkeit nachfolgt. Rechtfertigung ist das Mittel, Heiligung ist der Zweck. Bei jeder anderen Religion geht es genau anders herum: Man muss ein heiliges Leben führen, damit man von Gott angenommen wird. Die gute Nachricht des Evangeliums ist, dass Gott uns angenommen hat, so wie wir sind – damit wir dann ein heiliges Leben führen.

Der Kardinalfehler ist nun zu meinen, dass Rechtfertigung ein Ersatz für Heiligung ist. Dieses Missverständnis geht wieder einmal auf Augustinus zurück! Er benutzte das lateinische und nicht das griechische Neue Testament, wo das griechische Wort *dikajun* (jemanden für gerecht erklären) falsch übersetzt wurde mit dem lateinischen Wort *justifacere* (jemanden gerecht machen). Diese unglückliche Wiedergabe führte Augustinus zur falschen Annahme: „Was sind gerechtfertigte Leute anderes als Leute, die gerecht gemacht (justi facti) worden sind, das heißt durch ihn, der den Gottlosen rechtfertigt, sodass der Gottlose ein Gerechter wird." Damit wird tatsächlich behauptet, dass angerechnete und gelebte Gerechtigkeit ein und dasselbe sind, was einem in dem Moment, wo man gläubig wird, übertragen wird. Was braucht man mehr für eine endgültige Errettung?

Dasselbe ausufernde Verständnis von Rechtfertigung, die mit Heiligung gleichgesetzt wird, wurde auch von Marin Luther übernommen, der es an die Kinder der Reformation weitergab. Es vermittelt vielen Gläubigen den Eindruck, dass sie nun alle notwendige Gerechtigkeit besitzen, die sie für einen Platz im Himmel qualifiziert. Bis zu EGIG ist da nur noch ein kleiner Schritt, den Luther, so wie es ausschaut, auch gegangen ist.

Von den Duzenden Aufrufen, Ermahnungen und Warnungen an die Gläubigen in den Buchseiten des Neuen Testaments genügt nur einer, um solche Annahmen in Zweifel zu ziehen: „Wendet alle Mühe auf...heilig zu sein; denn ohne Heiligkeit wird niemand den Herrn sehen"

(Heb12,14). In beiden Testamenten befiehlt der Herr immer wieder: „Seid heilig, denn ich bin heilig" (Lev19,2; 1.Petr1,16). Rechtfertigung erfüllt diesen Befehl nicht, aber sie macht seine Erfüllung erst möglich.

„Wiedergeburt" ist ein seltenes Wort im Neuen Testament. Es wird tatsächlich nur zweimal verwendet. Einmal im Zusammenhang mit der Bekehrung (Taufe?) von Einzelpersonen (Tit3,5) und einmal für die Wiedergeburt des ganzen Universums (Mt19,28). Wenn man „wiedergeboren" mit einbezieht, gibt es fünf Referenzen (während es sieben im Zusammenhang mit der Taufe im Heiligen Geist gibt!). Die Etymologie des Wortes ist ganz einfach und bedeutet „noch einmal mit dem Leben anfangen".

Es hat sich jedoch um diesen Begriff ein riesiges theologisches Gedankengebäude gebildet, welches ihm eine Bedeutung zumisst, die nicht im Verhältnis zu seinem spärlichen Vorkommen in der Bibel steht. Der Ausdruck „wiedergeboren" wurde zu einem elementaren Werkzeug der modernen Evangelisation, obwohl es in diesem Zusammenhang von den Aposteln nie verwendet wurde.

Das Konzept der „Wiedergeburt" wird jetzt zu einem Prüfstein für „problematische" Passagen sowohl im Alten als auch im Neuen Testament verwendet. „Aha, waren diese wirklich wiedergeboren?" scheint eine adäquate Lösung für das Problem einer potentiellen oder bereits realisierten Apostasie zu sein. Diesen Zollstock hat das Alte Testament nie benutzt, wenn es von den Sünden des Gottesvolkes sprach. Genauso wenig beurteilt das Neue Testament Rückfällige auf diese Weise. Der Standard, mit dem bei beiden gemessen wird, ist viel eher der Glaube. Nicht „waren sie wirklich wiedergeboren?", sondern „gingen sie im Glauben oder verließen sie ihn?" ist das grundlegende Kriterium.

Wir haben schon in Kapitel 2 herausgearbeitet, dass

Theologische Einwände

„Wiedergeburt" nicht Unsterblichkeit gewährt. In jedem Fall kann also das, was einmal geboren wurde, auch wieder sterben (Von Wiedergeburt im Sinne von immer und immer wieder geboren werden ist in der Bibel überhaupt nicht die Rede). Auch diejenigen, die zum zweiten Mal geboren wurden, können zweimal sterben (darauf haben wir im Buch der Offenbarung hingewiesen, dass das Versprechen, vom zweiten Tod verschont zu werden, nur für diejenigen gilt, die „überwunden" haben und „heilig" sind (Offb2,11; 20,6).

Wiedergeburt mag also nicht wiederholbar und unumkehrbar sein, das heißt aber nicht, dass sie unzerstörbar ist. Sie stellt sicherlich der Anfang der Errettung dar, aber sie ist keine Garantie für ihre Vollendung. Damit würde man viel zu viel in die wenigen Belege hineinlesen (gute Eisegese ist schlechte Exegese!). Aus dem Geist geboren zu sein bedeutet, mit demselben Körper und Gehirn, aber mit einem „Geist", der tot war durch die Übertretungen und Sünden, jetzt aber wieder lebt in Christus, der verloren und nun gefunden worden ist, einen Neubeginn geschenkt bekommen zu haben.

Wenn man in Christus bleibt, wird sichergestellt, dass das Leben durch den neuen „Zweig" am wahren Weinstock weiterfließt, der sich dadurch entwickeln und fruchtbringend werden kann. Er kann aber auch verdorren und absterben, wenn er nicht in ihm bleibt. Das alles wurde „wiedergeborenen" Jüngern gesagt (Joh1,12.13), und zwar ausschließlich zu ihnen.

Sicherheit zerstören?

Wir leben in unsicheren Zeiten, die Angst geht um. Das erklärt das starke Verlangen nach Sicherheit – emotional, finanziell, politisch und vor allem spirituell.

Das Evangelium wird im allgemeinen als Antwort auf diese Frage angepriesen, das Heilmittel für all diese Ängste.

Einmal gerettet – immer gerettet?

Evangelisten stellen gerne die Frage: „Willst du sicher gehen, dass du in den Himmel kommst, wenn du stirbst?" Es überrascht nicht, dass die von ihnen „Bekehrten" an EGIG glauben, obwohl ihnen das nicht mit vielen Worten erklärt worden war. Seine Verteidiger sagen, dass unser himmlischer Vater selbstverständlich will, dass wir uns absolut sicher sind, dass seine Liebe uns niemals von ihm trennt. Wenn EGIG nicht wahr wäre, wie könnte dann irgendjemand seiner Errettung gewiss sein? Sie würden von Zweifeln geplagt werden, sich dauernd fragen müssen, ob sie es bis zum Ende schaffen. EGIG in Frage zu stellen bedeutet, Sicherheit zu zerstören.

Es gibt in der Schrift eine klare Lehre von der Sicherheit. Für Gläubige ist es sowohl möglich als auch wichtig zu wissen, dass sie nun adoptierte Söhne Gottes sind. In einem Buch des Alten Testaments, im Buch Hesekiel, kommt siebenundvierzig Mal der Satz: „Dann werdet ihr erkennen…" vor. Ein Buch im neuen Testament, der 1. Johannesbrief, legt großen Wert auf den Satz „damit ihr erkennt". Gott will, dass wir erkennen und wissen, nicht nur hoffen und glauben.

Trotzdem müssen wir uns zwei grundsätzliche Fragen klären:
1. Wie können wir sicher sein?
2. Wessen können wir uns sicher sein?

Schauen wir uns zuerst die Antworten derer an, die an EGIG glauben. Zwischen der Alpha- und der Omega-Sichtweise gibt es einen großen Unterschied, deshalb muss man sie getrennt behandeln.

Die Alpha-Sichtweise ist erwartungsgemäß ganz einfach. Wenn du einmal geglaubt hast, dann kannst du dir absolut sicher sein, dass du es in den Himmel schaffst, denn Gott hat das all seinen Gläubigen versprochen. Aber auch so eine einfache Aussage muss man ganz genau ansehen, dann

Theologische Einwände

werden nämlich zwei fragwürdige Dinge offenbar.

Erstens: Diese Art von Sicherheit ist in der *Vergangenheit* gegründet. Sie beruht auf einem Ereignis, das möglicherweise schon viele Jahre zurückliegt. Das Schlüsselwort ist „einmal". Man könnte dieses „einmal" ausdehnen in „irgendwann einmal". Was später passiert, kann in keiner Weise den Anfang beschädigen, von dem ja alles abhängt. Aber das Neue Testament ermutigt nicht dazu, dass man sein Leben immer nur auf seine Bekehrung fokussiert.

Zweitens: Diese Art von Sicherheit hängt von einer Herleitung ab. Technisch ausgedrückt ist es ein „Syllogismus", eine Schlussfolgerung, wobei auf eine größere Prämisse eine kleinere Prämisse folgt, von beiden also erfolgt eine Herleitung. Syllogismen haben dieses Schema:

Die Bibel sagt es. Ich glaube es. Und so steht es fest.

Die Verheißungen Gottes in der Schrift sind deshalb die Grundlage der Sicherheit. Die Logik ist das Hilfsmittel, durch das diese meine Sicherheit werden. Ich vertraue seinem Wort, deshalb kann ich von mir selbst behaupten, sicher zu sein. Manchmal muss auch jemand anderes mich davon überzeugen. So ein Beratungsgespräch läuft dann so ab: „Glaubst du diesem Bibelvers? Dann kannst du sicher sein, in den Himmel zu kommen!"

Aber bestenfalls ist so etwas ein *indirektes* Zeugnis, das durch gedankliche Prozesse vermittelt wird. Deshalb kann es von Zweifeln befallen werden („Wie kann ich denn sicher sein, dass ich genug geglaubt habe, damit es auf mich zutrifft?").

Diese Herangehensweise (eine indirekte Herleitung des Verstandes, auf der Schrift gegründet und in der Vergangenheit gewurzelt) ist in evangelikalen Kreisen durchaus üblich, aber es wird von der Bibel wirklich nicht unterstützt. Die Neubekehrten der ersten Gemeinde hatten noch nicht einmal das Neue Testament, auf das sie ihre

Einmal gerettet – immer gerettet?

hergeleitete Sicherheit hätten stützen können – aber sie hatten den Geist!

Das Verständnis von Sicherheit bei der Omega-Sichtweise ist ganz anders. Sie lehren, dass Ausharren für die letztendliche Errettung notwendig ist und dass nur diejenigen, die wirklich wiedergeboren sind, ausharren werden. Daraus könnte man folgern, dass sich jemand nur seiner Rettung sicher sein kann, wenn er bis zum Ende ausgeharrt hat! Und so könnte man sowohl der calvinistischen als auch der arminianischen Sichtweise den Vorwurf machen, dass sie die Sicherheit zerstören. In der Tat liegen diese, wie wir noch sehen werden, näher beieinander, als man wahrhaben will.

Calvin lehrte etwas, was er als die „Sicherheit des Glaubens" bezeichnete. Wahrer Glaube (Der Ausdruck „rettender Glaube" wurde wegen seiner „Oberflächlichkeit" abgelehnt) trägt in sich bereits ein intuitiv wahrnehmbares Zeugnis. Weil Glaube ein Geschenk Gottes ist, ist Sicherheit ein diesem Geschenk innewohnendes Element. Wer es empfängt, der „weiß" einfach, dass er zu den „Auserwählten" Gottes gehört.

Dem Arminianer Wesley, war diese Sicherheit sehr wichtig, genauso wie es in den Kirchenliedern seines Bruders Charles zum Ausdruck kommt. Er unterschied aber zwischen verschiedenen Arten von Sicherheit. Es gibt eine allgemeine Sicherheit, nämlich dass die Sünden vergeben sind, und eine spezielle Sicherheit, die das das Ausharren betrifft. Einige konnten die Vorkenntnis besitzen, dass sie zu denen gehören, die es letztendlich schaffen.

Nochmals, die zwei Positionen der Debatte liegen eigentlich nicht weit auseinander, obwohl natürlich ein Unterschied bestehen bleibt. Die einen glauben, dass alle, die wahrhaftig glauben, auch ausharren werden, die anderen glauben das nicht. Es ist wichtig, zu erkennen, dass die Logik dazu tendiert, die Sicherheit der Omega-Sichtweise

Theologische Einwände

von EGIG zu untergaben. Aber das Leben ist nicht immer logisch. Sowohl Calvinisten als auch Arminianer sehen die Sicherheit eher als intuitive und nicht logisch hergeleitete Angelegenheit an, also nicht als einen indirekten Gedankengang, sondern als Zeugnis des Geistes.

Das kommt dem Neuen Testament wesentlich näher, das die Quelle der Sicherheit in uns und nicht in den Schriften, die außerhalb von uns liegen, ausmacht. Zwei Zitate unter vielen seien hier angeführt: „Wir wissen, dass wir in ihm leben und er in uns, weil er uns den Geist gegeben hat" (1.Joh4,13) und „Der Geist selbst bezeugt unserem Geist, dass wir Gottes Kinder sind" (Röm8,16).

Von diesen Versen können wir viel über Sicherheit lernen. Es ist das Werk des Heiligen Geistes in uns, obwohl es sich nach außen hin ausdrückt (Röm8,15, wo es heißt, dass wir unwillkürlich ausrufen: „Abba, Vater", der Geist von Jesus selbst benutzt seine eigene Gebetsanrede durch unsere Münder!). Dies gibt unserem Geist direkt Zeugnis; der Verstand kann bei alledem völlig unbeteiligt sein, es wird gefühlt und nicht gedacht. Aber vor allen Dingen gründet sich die Sicherheit auf die Gegenwart und nicht auf die Vergangenheit, und sie ist fortwährend und keine „irgendwann einmal" gemachte Erfahrung (In Röm8,16 steht das Wort „bezeugt" in der Verlaufsform der Gegenwart). Das alles entspricht nicht der Alpha-Sichtweise, wie weiter oben herausgearbeitet, die doch unter Evangelikalen so weit verbreitet ist.

Wie können wir sicher sein? Die Frage haben wir schon beantwortet: Durch den Heiligen Geist. Wenn wir durch den Geist geführt werden und im Geist wandeln, können wir das fortwährende Zeugnis des Geistes genießen, diese intuitive Sicherheit, dass der Herr mit uns ist. Aber das Neue Testament stellt auch einige „Messinstrumente" dafür bereit, sodass wir uns versichern können, dass unsere Intuition uns nicht in die Irre führt. Dazu gehört ein reines Gewissen, eine Liebe für die Brüder in Christus und der Bruch mit Gewohnheitssünden (Der 1. Johannesbrief enthält eine Liste dieser Messinstrumente). Sie sind die äußere Bestätigung des inneren Zeugnisses, der objektive Beweis für den subjektiven Instinkt. In diesem Zusammenhang wird die Schrift nicht erwähnt.

Aber auch die zweite Frage müssen wir anpacken: Wessen können wir uns sicher sein? Bis jetzt haben wir gesehen, dass Sicherheit auf gegenwärtigen Erfahrungen gegründet ist und nicht auf vergangenen Ereignissen. Wie steht es aber um zukünftige Sicherheit?

Die meisten Menschen wollen mehr als nur eine gegenwärtige Sicherheit, das intuitive Wissen, dass sie im Herrn sind und er in ihnen. Sie wollen eine Garantie für die Zukunft, die aber im Grunde genommen eine Garantie ist, *die sich gegen sie selbst richtet*! Sie wünschen sich eine sichere Zukunft, egal, was passiert, und egal, was sie in der Zwischenzeit tun werden.

Ich habe solch eine Garantie nirgendwo in der Schrift finden können. In der Bibelstelle, in der die Personen und Lebensumstände aufgelistet sind, die mich nicht von der Liebe Gottes in Christus Jesus trennen können, habe ich meine eigene Person nicht gefunden (siehe Anhang I). Kein einziger Vers verspricht, dass ich selbst mich nicht von Christus trennen werde. Im Gegenteil, es gibt Verse, die die gegenteilige Möglichkeit klar ausdrücken („Ihr seid von Christus getrennt", Gal 5,4). Selbstsicherheit ist keine Geistesgabe! Wessen kann ich mir also sicher sein?

Gläubige können sich ihrer gegenwärtigen Beziehung mit dem Herrn ganz sicher sein, dass sie mit ihm gehen, dass sie auf dem geraden und schmalen Weg sind, der zum Leben führt. Sie können sich sicher sein, dass sie auf dem Weg sind, auf dem Weg der Errettung und dem Weg zum

Himmel. Sie können in der Erkenntnis ruhen, dass sie sicher sind, das richtige Ziel zu erreichen, wenn sie diesen Weg weiter gehen. Es gibt keinen Anlass zum Zweifel und zur Angst, wenn man in diesem Glauben, in dieser Hoffnung und in dieser Liebe wandelt. Die Zukunftsaussichten sind herrlich. Herrlichkeit strahlt schon hervor. Der Reisende darf jubeln: „Wir sind auf dem Weg zum Himmel."

Was wollen wir mehr? Was käme denn dabei heraus, wenn uns eine Garantie *gegen uns selbst* gegeben würde? Und noch wichtiger, gibt uns die Schrift diese Art von Sicherheit? In Kapitel 3 haben wir immer wieder festgestellt, dass das Neue Testament durchgehend das Wort „wenn" benutzt – „wenn ihr weitermacht, festhaltet, überwindet".

Deshalb überrascht es nicht, dass Sicherheit und Ausharren im christlichen Erleben zusammengehören. Wenn Gläubige der Versuchung nachgeben, leidet als erstes ihre Sicherheit, wenn sich Zweifel und Ängste einschleichen („Habe ich die Sünde begangen, die nicht vergeben werden kann?"). Das kommt daher, dass wir den heiligen Geist betrübt haben, der die Quelle unserer Sicherheit ist. Die Schuld (echte oder eingebildete, moralische oder psychologische – das muss man unterscheiden können) macht uns hypersensibel gegenüber allem, was unsere Sicherheit in Frage stellt, oder wie Shakespeare es ausdrückt: „Das Gewissen macht uns alle zu Feiglingen."

Das Heilmittel für Schuld ist Vergebung, die für diejenigen, die ihre Schuld bekennen, immer zur Verfügung steht (1.Joh 1,9). Wenn die Beziehung wiederhergestellt ist, kommt auch die Sicherheit wieder. Je eher wir unsere Sünden und Ängste zum Herrn bringen, desto besser. Samson fand den Weg zum Herrn und somit seine Sicherheit wieder, als er den Geist bereits verloren hatte und ein besiegter und gebrochener Mann war. Wenn du dich für die Zukunft sicher fühlen willst, dann bleibe nah bei Christus.

Einmal gerettet – immer gerettet?

Calvinisten stellt es die Haare auf, wenn sie die vorhergehenden Absätze lesen, denn sie meinen, dass dadurch die menschliche Anstrengung hervorgehoben wird und der Eindruck entsteht, dass die ganze Last nur bei uns liegt, dass es unsere Pflicht ist, alles aufrechtzuerhalten. Für sie bedeutet das Rettung durch Werke, was das Gegenteil von Rettung aus Glauben ist. Ich hoffe, dass Calvinisten dieses Buch bis zum Ende durchlesen, bevor sie diese Anschuldigung vorbringen, aber schon jetzt kann einiges dazu gesagt werden.

Werke fordern?

Wir wollen eines ganz klar festhalten: Rettung ist „durch Glauben vom Anfang bis zum Ende" (Röm1,17). „Nicht durch Werke, sodass sich niemand rühmen kann" (Eph2,9).

Tatsächlich können Glaube und Werke in den Gedanken der Menschen gehörig durcheinandergebracht werden. Völlig plump ist die weit verbreitete Idee, dass Gott von uns erwartet, so viele gute Taten wie möglich zu tun und ihn um Vergebung wegen unserer bösen Taten zu bitten („Gib dein Bestes und entledige dich des Restes – in seine Hand").

Etwas feinsinniger ist es, Rechtfertigung durch Glauben mit Heiligung durch Werke zu kombinieren. Paulus denkt darüber, dass das aber bedeutet, „im Geist anzufangen und im Fleisch zu vollenden" (Gal3,3).

Werke des Fleisches und Werke des Gesetzes sind Feinde des Evangeliums und ziehen uns von der Gnade, die uns alleine retten kann, weg. Beide riechen nach „Do-it-yourself-Religion", die nur den menschlichen Stolz aufbläht. Gott will in uns Gerechtigkeit sehen, aber nicht unsere, sondern seine. Er fordert sie nicht von uns, sondern er bietet sie uns in Christus an.

All das ist wahr, aber es ist nicht die ganze Wahrheit. Wenn wir nicht aufpassen, dann können wir eine Allergie gegen

„Werke" aller Art entwickeln, was uns blind gegenüber den positiven Aussagen des Neuen Testaments in Bezug auf Werke macht.

Zunächst einmal werden wir nicht durch Werke gerettet, sondern wir sind gerettet *für* „gute Werke" (Eph2,10). Wir sollen nicht das tun, von dem wir meinen, dass Gott es gut findet, sondern wir sollen die guten Werke tun, die Gott für uns bereitet hat. Die richtigen guten Werke spielen im christlichen Leben eine große Rolle. Was Gott in uns gewirkt hat, dass sollen wir in unserem Leben zur Geltung bringen (Phil2,12.13).

Es gibt aber noch einen engeren Zusammenhang zwischen Glauben und Werken. Jesus selbst nahm an, dass Glaube auch ein „Werk" ist (Joh6,29). Sein Bruder Jakobus hat mächtig Wirbel gemacht, als er schrieb: „Ihr seht also, dass ein Mensch aus Werken gerechtfertigt wird und nicht aus Glauben allein" (Jak2,24). Leute, die eine Phobie gegenüber Werken haben, sehen darin natürlich einen direkten Widerspruch zu Paulus' Lehre (Luther war so jemand und hat den Jakobusbrief abschätzig als „richtig stroherne Epistel" bezeichnet). Aber Paulus hat von Gesetzeswerken gesprochen, um sich damit Rettung zu verdienen; während Jakobus über Werke des Glaubens redet, um Rettung zu erhalten. Er macht die wichtige Feststellung, dass Glaube etwas Aktives und nichts Passives ist. Eine Angelegenheit der Taten und nicht der Worte. Vertrauen muss sich in der Tat äußern, was das Risiko der Enttäuschung birgt, wenn derjenige, dem man vertraut hat, sich als nicht vertrauenswürdig erweist. Indem er die Taten von Abraham und Rahab zitiert (so wie auch das elfte Kapitel des Hebräerbriefes, das noch viele andere auflistet), macht er die wichtige Feststellung, dass ein Bekennen des Glaubens ohne Taten für uns genauso wertlos wie eine Leiche ist, die uns nicht „retten" kann. Bereits vorher hat er schon beobachtet, dass Liebe ohne Werke auch niemandem hilft (Jak2,16).

Sowohl Glaube als auch Liebe müssen sich in der Tat ausdrücken, wenn sie etwas bewirken wollen. Aber dann spricht Paulus auch von „Glaube, der durch Liebe tätig wird" (Gal 5,6). Er stellt damit die praktische Aktivität der theoretischen Passivität gegenüber. Das hier verwendete griechische Wort finden wir im Deutschen als Fremdwort „Energie" wieder.

Warum also streitet man so viel über das Wort „Werke"? Es gibt mindestens zwei Gründe.

Ein Grund ist, weil man dem Wort Glaube das Wort „allein" zugefügt hat. Pelagius hat das als erster getan, aber Luther hat daraus ein Motto der protestantischen Reformation gemacht: „Sola fide - durch Glauben allein". Wir haben schon den diesbezüglichen Kommentar seines Kollegen Melanchton erwähnt, „Glaube ist nicht alleine", was später von Calvin aufgenommen wurde. Aber eigentlich ist der einzige Vers, der das Wort „alleine" im Zusammenhang mit Glauben hat, der bereits zitierte von Jakobus, wo er betont, dass eine Person durch seine Taten und nicht durch „Glauben alleine" gerechtfertigt wird (Jak 2,24; er meinte natürlich den tatenlosen Glauben in Gedanken und Worten).

Der andere weit einflussreichere Grund ist, dass man das Wort „Werke" mit *menschlicher Aktivität* definiert, als Gegensatz zu göttlicher Aktivität. Diese Bedeutungserweiterung des Wortes „Werke" ist unzulässig und verhindert jede vernünftige Diskussion. Es scheitert daran, dass man nicht zwischen Werken, die getan werden, um Errettung zu verdienen, und Werken, die getan werden, um Errettung zu empfangen oder in Besitz zu nehmen, unterscheidet. Alle menschlichen Aktivitäten werden als „Beitragsleistungen" zur Errettung abgetan. Wir werden so zu passiven Errettungsempfängern. Glaube ist kein Werk, sondern eine Gabe (Eph 2,8 ist der übliche Beweistext, obwohl sich „die Gabe Gottes" grammatikalisch auf

Theologische Einwände

„gerettet" und nicht auf „Glauben" bezieht). Auch die Aufforderungen zu Taten, die die Buße begleiten müssen, wie sie von Johannes dem Täufer und Paulus ausgesprochen wurden (Lk 3,8; Apg 26,20), werden in erster Linie als göttliche und nicht als menschliche Werke betrachtet. Anscheinend können und müssen wir überhaupt nichts tun, um die Gnade zu erhalten, wenn sie dermaßen beschützt wird. Wenn man die Wassertaufe als notwendige Reaktion auf das Evangelium sieht, um ein Jünger Jesu zu werden, so wird selbst das als „Errettung durch Werke" angesehen!

Wo soll das alles enden? Die Antwort auf das „Was muss ich tun, um gerettet zu werden?" müsste dann lauten: „Überhaupt nichts!" Sogar das Kirchenlied des Calvinisten Toplady („Ich habe nichts zu bringen, sondern klammere mich einfach an dein Kreuz") wirkt verdächtig, denn das menschliche „klammern" ist ja auch schon eine „Beitragsleistung" zu meiner Errettung (Ich beziehe mich jetzt auf meine Veranschaulichung der arminianischen Position mit dem ertrinkenden Mann, der das Rettungsseil festhält, das man ihm zugeworfen hat).

Zum Glück sind nur wenige Calvinisten in der Praxis genauso logisch wie in ihrer Theorie und rufen ihre Hörer dennoch zur Buße, zum Glauben und zur Taufe auf. Es sollte aber kein Unterschied zwischen ihrem Glauben und ihrem Predigen geben, denn das grenzt an Täuschung, wenn nicht gar Heuchelei.

Ich glaube und predige die Rettung durch Glauben, durch fortwährenden Glauben und fortwährende Werke des Glaubens, was die rettende Gnade fortwährend sichert. Ich glaube, dass dies der Lehre des ganzen Neuen Testaments, einschließlich des Römerbriefs des Paulus, gerecht wird.

In diesem Kapitel haben wir nur ganz kurz die Einwände betrachtet, die denen vorgehalten werden, die EGIG ablehnen, wobei wir uns in erster Linie der Omega- bzw.

Einmal gerettet – immer gerettet?

der Calvinismusversion gewidmet haben.

Die Leser werden sich wundern, dass wir bis jetzt immer noch nicht zum Kern dieser Differenzen vorgedrungen sind. Dahinter liegt eine tiefe Uneinigkeit über die Natur Gottes selbst und über die Stellung der Menschheit. Solch tiefgehendes Auseinanderklaffen erfordert ein eigenes Kapitel.

6.

Grundsätzliche Widersprüche

An dieser Stelle werden viele Leser merken, dass EGIG ein viel komplizierteres Thema ist, als sie bisher angenommen haben. Manche fühlen sich vielleicht schon überfordert. Trotzdem sind wir noch gar nicht zum Kern der Debatte vorgedrungen.

Man kann es auf der einen Seite als eine Spielart des alten Rätsels „Prädestination versus Freier Wille" sehen. Manche meinen, dass dies ein unlösbares Paradoxon ist, unerreichbar für den Verstand, der in Zeit und Raum gefangen ist. Nur die Ewigkeit kann diese Spannung aufheben, sagen sie, und deshalb hat es auch keinen Sinn, darüber zu diskutieren.

Aber die Schrift macht es uns nicht ganz so einfach, denn sie konfrontiert uns andauernd mit der Dialektik von göttlicher Souveränität und menschlicher Verantwortlichkeit. Irgendwie muss beides wahr sein, und man darf beides nicht überbetonen, sodass das andere unmöglich wird. Es kommt auf die richtige Balance an.

Es geht im Grunde um unser Verständnis der Natur Gottes und der Natur des Menschen. Der Humanismus hat eine viel zu geringe Meinung von Gott (Wenn er überhaupt existiert, dann kann man ihn für viel Böses verantwortlich machen) und eine viel zu hohe Meinung vom Menschen (der im Grunde genommen gut ist und für das Böse nicht voll verantwortlich ist). Es ist nicht unfair, wenn man dem Calvinismus, jedenfalls in seiner strengsten Form, den gegenteiligen Irrtum unterstellen würde – eine viel zu hohe Meinung von Gott (!) und eine viel zu geringe Meinung vom Menschen. Diesen Vorwurf müssen wir jetzt untermauern.

Zu gering vom Menschen denken

Wenn man den wirklichen Zustand des Menschen biblisch untersuchen will, muss man zugrunde legen, dass die menschliche Natur „gefallen" ist. Der ursprüngliche Fall unserer allerersten Vorfahren hat dafür gesorgt, dass das verdorbene Wesen an all ihre Nachkommen weitergegeben wurde. So wie König David es sagte, sind wir alle „in Sünden empfangen worden" (Ps51,5). Das ist keine moralische Verurteilung des Geschlechtsverkehrs, so wie viele das annehmen, sondern die einfache Einschätzung der menschlichen Fortpflanzung, die nichts anderes als wiederum Sünder hervorgebracht hat. Babys werden nicht moralisch neutral geboren, mit gleichen Anlagen für Gut und Böse. Kinder müssen zum Gehorsam erzogen werden und nicht etwa zum Ungehorsam; zur Wahrhaftigkeit und nicht etwa zum Lügen; freundlich zu sein und nicht grausam; zur Höflichkeit und nicht zur Unhöflichkeit. Normalerweise lernen Kinder zuerst „Nein" sagen, bevor sie lernen „Ja" zu sagen (Eine Mutter hat mir einmal gesagt, dass das Problem ihres kleinen Jungen nicht die Willenskraft, sondern die „Ich-will-nicht-Kraft" ist!).

Wie verdorben sind wir? Wie böse sind wir? Was hat die Sünde der ersten Menschen mit uns angestellt?

An dieser Stelle müssen wir die Lehre der sogenannten „völligen Verderbtheit" hinterfragen. Wenn man dieses Konzept ohne Abstriche auf den Verstand, das Herz und den Willen anwenden würde, würde das bedeuten, dass wir vollkommen unfähig sind, auch nur irgendeinen guten Gedanken zu denken, edelmütig zu fühlen und uns zu irgendeiner guten Tat zu entscheiden. Die Erfahrung lehrt uns, dass das absurd ist. Selbst Jesus hat anerkannt, dass „wenn ihr, obwohl ihr böse seid, euren Kindern gute Gaben zu geben wisst..." (Lk11,13).

Aber wenn es bedeutet, dass wir eine unverbesserliche Mischung aus Gut und Böse sind, und dass selbst unser bestes Bemühen verdorben ist, nicht zuletzt mit dem Stolz auf unsere Errungenschaften, dann trifft das viel eher auf das Leben zu. Aus diesem Grund können wir die Erwartungen, gemessen an Gottes heiligem Maßstab der Vollkommenheit einfach nicht erfüllen, ob es nun viel oder wenig ist, was wir verfehlen (Röm3,23).

Was noch schlimmer ist, wir selbst können daran nichts ändern. Gerade derjenige, der mit ganzer Kraft und mit all seinen Sinnen sich angestrengt hat, richtig zu leben und allezeit das Gute zu tun (Mir kommen sofort Saulus von Tarsus, Martin Luther und John Wesley in den Sinn), wird die Aussichtslosigkeit solchen Bestrebens bejahen. Fakt ist, dass niemand es jemals geschafft hat, sich selbst von seinen eigenen Sünden zu retten. Mit fester Entschlossenheit und mit Hilfe von anderen kann man vielleicht ein oder zwei schlechte Angewohnheiten ablegen – aber andere treten an ihre Stelle. Die meisten geben dieses hoffnungslose Unterfangen auf, und dann bleibt nur zu sagen: „Niemand ist perfekt, wir alle haben unsere Fehler".

Die Bibel sieht diese menschliche Zwangslage ganz realistisch. Die Fehler ihrer größten Helden werden unumwunden zugegeben. Nur der Charakter von Jesus Christus selbst hält jeglicher Prüfung ohne Fehl und Tadel stand.

Nur vor diesem Hintergrund kann die Gnade der Errettung angeboten werden. Was bei Menschen unmöglich ist, ist möglich bei Gott. Auf sich alleine gestellt, steht er unter der Todesstrafe, denn ein heiliger Gott muss dem Bösen eine zeitliche Schranke setzen, da das Böse keine losgelöste

Einmal gerettet – immer gerettet?

Existenz hat, sondern nur eine Gesinnung ist, die zur Eigenschaft von Personen wird.

Die gute Nachricht ist, dass der Mensch für das „ewige Leben" qualifiziert werden kann, nicht durch sein eigenes moralisches Bemühen, sondern durch den Empfang der Gerechtigkeit Gottes, indem man dem Sohn Gottes, dem Herrn Jesus Christus vertraut und ihm gehorcht, dessen Geburt, Leben, Tod, Auferstehung und Himmelfahrt solch ein Geschenk erst möglich gemacht haben.

Soweit so gut. Jeder rechtgläubige Christ wird dem zustimmen. Unstimmigkeit taucht erst dann auf, wenn es um die Frage geht, wie Gott dieses Geschenk (der Gerechtigkeit, die zum ewigen Leben qualifiziert) mitteilt und wie es vom Menschen in Empfang genommen wird.

Die Vertreter der „völligen Verderbtheit" verneinen, dass der Mensch diesbezüglich eine Wahl hat. Sünde hat seinen Willen dermaßen verdorben, dass er unfähig ist, sich für die Rettung zu entscheiden. Nur Gott trifft diese Wahl. Nur wenn Gott entschieden hat, ihn zu retten und damit auch begonnen hat, ist er in der Lage, Buße zu tun und zu glauben. Einfach ausgedrückt, er kann dafür verantwortlich gemacht werden, das Evangelium abgewiesen zu haben, aber er ist nicht dafür verantwortlich, es angenommen zu haben. Das war alleine Gottes Entscheidung.

Wer so denkt, für den ist es nur ein kleiner Schritt bis zu der Vorstellung, dass das „Ausharren der Heiligen" ebenso völlig in der Verantwortlichkeit Gottes liegt, was durch seinen souveränen Willen und seine Allmacht gewährleistet wird.

Fairerweise müssen wir auch eine moderatere Version, die wahrscheinlich verbreiteter ist, erwähnen. Sie besagt, dass der natürliche Mensch in seiner Wahl, das Evangelium zurückzuweisen oder anzunehmen, immer noch frei ist. Wenn er es aber einmal angenommen hat, geht die Verantwortung auf Gott über, der dann seine souveräne Macht benutzt, um das Ausharren bis zum Ende zu garantieren.

Sowohl in seiner übertriebenen Form (Gott ist voll verantwortlich dafür, wer das Evangelium annimmt und dabeibleibt) als auch in seiner abgemilderten Form (Der Mensch ist für die Annahme des Evangeliums verantwortlich und Gott ist dafür verantwortlich, wer dann dabeibleibt) ist die menschliche Verantwortlichkeit entweder eingeschränkt oder sogar vollkommen aufgehoben. Wir müssen uns über die moralischen Auswirkungen im Klaren sein.

Verantwortlichkeit ist die Fähigkeit, Verantwortung zu übernehmen. Sie ist auf die Fähigkeit und die Freiheit des Willens, Entscheidungen zu treffen gegründet. Wenn einer Person für sein Handeln keine Wahl bleibt, kann er dafür nicht verantwortlich gemacht werden.

Gerechtigkeit basiert auf Verantwortlichkeit. Die Vorstellung, Lohn für gute Taten und Bestrafung für schlechte Taten zu erhalten, basiert auf der Annahme, dass richtige oder falsche Entscheidungen getroffen worden sind. Strafe wird somit dann moralisch fragwürdig, wenn der Bestrafte gar nicht anders konnte.

Vor Gericht werden solche Verteidigungsstrategien häufig benutzt. Psychologen und Soziologen haben uns eingeredet, dass unser Handeln aufgrund unserer Herkunft, unserem Milieu und unserer Lebensumstände vorherbestimmt ist. Angeklagte werden als hilflose Opfer und Patienten dargestellt, die behandlungsbedürftig sind, und nicht als Kriminelle, die Bestrafung verdienen. Bestrafung ist nur dann statthaft, wenn sie der Wiedergutmachung für das Opfer der Straftat oder zur Abschreckung anderer dient. Die ganz einfache Vergeltung für Missetaten ist aus der Mode gekommen.

Dieses Denken hat auch die liberale Theologie beeinflusst, wo Gericht und besonders die Hölle als ultimative

Einmal gerettet – immer gerettet?

Vergeltung verschwiegen werden. Oftmals wird nicht erkannt, dass viele konservative Theologen, besonders aus dem reformierten Lager, ganz ähnliche Fragen über die menschliche Verantwortlichkeit aufwerfen.

Wenn ich wegen Adams Sünde dermaßen verdorben bin, dass ich absolut unfähig bin, richtige Entscheidungen zu treffen und wenn Gott absolut verantwortlich ist für alle richtigen Entscheidungen, die ich getroffen habe, wie kann er mich dann überhaupt zur Verantwortung ziehen? Das ist der erste große „grundsätzliche Widerspruch", auf den wir in diesem Kapitel unser Augenmerk richten wollen.

Wie können Ungläubige für ihre Sünden verurteilt werden, wenn sie nicht dafür verantwortlich sind, weil sie in ihrer Entscheidung nicht frei waren und gar keine andere Wahl hatten? Bei solch einer Ungerechtigkeit rebelliert das Gewissen. Aber dasselbe Gewissen sagt uns auch, dass wir verantwortlich gewesen sind, dass wir eine Wahl hatten und wir uns für das Falsche entschieden haben. Schuld und Scham basieren auf der Erkenntnis, dass ich anders hätte sein können. Wir sind von uns selbst enttäuscht.

Wie können Gläubige gerichtet werden, entweder um Lohn oder um Strafe zu erhalten, wenn sie nicht verantwortlich dafür sind, Gnade entweder gebraucht oder missbraucht zu haben? Es gibt natürlich viele Gläubige, die gar nicht damit rechnen, gerichtet zu werden, aber das Neue Testament spricht hier ganz klare Worte. „Denn wir alle (Gläubige) müssen vor dem Richterstuhl Christi erscheinen, damit jeder einzelne das empfange gemäß dessen, was er im Leibe vollbracht hat, sei es Gutes oder Böses" (2.Kor5,10; siehe auch Röm14,10-12 und 1.Kor4,1-5). Wir sind zwar durch Glauben gerechtfertigt, aber wir werden gemäß unseren Werken gerichtet werden. Wenn man meint, dass dieses „Gericht" nur dazu dient, uns zu belohnen, dann ignoriert man das Wort „Böses". Wer meint, dass die schlimmste

Bestrafung eines Gläubigen darin besteht, dass er seine „Bonusbelohnung" im Himmel verliert, der missachtet all die ernsten Warnungen, die wir im Neuen Testament gefunden haben (siehe Kapitel 3).

Die Bibel offenbart uns einen gerechten Gott, der mit vollkommener Gerechtigkeit richtet, die Guten belohnt und die Bösen bestraft. Er hat keine Lieblinge und geht mit der Sünde bei Gläubigen und bei Ungläubigen gleich um.

All das setzt die volle Verantwortlichkeit des Menschen für sein Handeln voraus, das auf den Entscheidungen, die er durch seinen Willen getroffen hat, gegründet ist.

Dank sei Gott, er ist voller Barmherzigkeit, und er liebt es, Sünden zu vergeben, für die sein Sohn vollständig bezahlt hat, indem er die angemessene Vergeltung auf sich genommen hat, um uns in heilige Menschen zu verwandeln, die tüchtig sind, in Ewigkeit in einem neu geschaffenen Universum zu leben. Das kann er aber nur mit denen machen, die sich auf diese Weise von ihm behandeln und verwandeln lassen. Die Wahl liegt bei ihnen und nicht bei ihm. Deshalb können sie voll verantwortlich dafür gemacht werden, dies nicht angenommen zu haben, bzw. es zwar angenommen, aber nicht zu Ende geführt haben.

Wenn man dies anders sieht, dann denkt man vom Menschen zu niedrig. Er wäre dann auf einer Ebene mit den Tieren, die völlig von ihren Genen gesteuert sind. Menschen sind im Bilde Gottes gemacht, sie sind selbstbestimmt und nicht vorherbestimmt. Der Fall hat dieses Bild entstellt, aber nicht ausgelöscht. Es ist noch da und kann wiederhergestellt werden. Es kann sich noch entscheiden, auf die Güte Gottes oder auch der Menschen in rechter Weise zu antworten.

Ich habe schon einigen Kriminellen in ihren Gerichtsverhandlungen beigestanden, einige waren sogar des Mordes angeklagt. Immer habe ich sie ermutigt, die Verantwortung für ihre Verbrechen zu übernehmen (und nicht zu sagen: „Ich

Einmal gerettet – immer gerettet?

bin in schlechte Gesellschaft geraten", sondern „ich habe mir die falschen Freunde ausgesucht"; nicht „ich konnte nicht anderes", sondern „ich habe es so gewollt"). Ich forderte sie auf, ein ganzer Mensch zu sein („sei ein Mann" ist ja mittlerweile nicht politisch korrekt!) und nimm die Schmach auf dich. Das Ergebnis war, dass die Gerichte sie ohne Ausnahme human behandelten. Sie erfuhren unverdiente Milde, wenn sie die Strafe, die sie verdienten, einfach akzeptierten. Sie wurden verantwortungsbereite Menschen, als sie die Verantwortung übernahmen.

Gott behandelt uns als Menschen, die Verantwortung für uns selbst tragen. Wir sind ja „sein Geschlecht" (Apg 17,28), seine Kinder, wenn auch nicht alle seine „Söhne" sind (Die wenigsten wissen, dass die „Adoption" im Neuen Testament sich auf ein römisches Gewohnheitsrecht bezieht, wonach man seine eigenen Kinder zu dem gesetzlichen „Sohn und Erben, zu einem Partner im Beruf oder Geschäft des Vaters macht; bis zu diesem Zeitpunkt steht das Kind unter der Vormundschaft eines „paidagogos", eines Erziehers (Gal 3,25). Kinder sind keine Puppen oder Spielzeuge, sie sind keine Sachen, sondern Personen.

Das führt uns zur nächsten grundsätzlichen Frage. Welche Art von „Vormund" ist Gott für die menschliche Rasse und welche Art von „Vater" ist er für seine adoptierten Söhne? Jede theologische Debatte läuft irgendwann darauf hinaus, was ihre Wortführer über Gott denken („Theologie" bedeutet ja „Studium über Gott"). Da macht EGIG keine Ausnahme.

Zu hoch von Gott denken

In einer Zeit, wo die einen viel zu gering von Gott denken und er deshalb „groß gemacht" werden muss, scheint es respektlos, wenn nicht sogar gotteslästerlich zu sein, wenn man behauptet, dass man von Gott zu hoch denken kann! Aber trotzdem haben manche Menschen in ihrem berechtigten Verlangen, Gott zu erhöhen, ihn zu sehr in die Ferne gerückt, die Distanz zwischen Gott und den menschlichen Angelegenheiten zu sehr vergrößert, als dass Gott und Mensch irgendwie aufeinander einwirken könnten. Er wurde zu einem Gott, der so verschieden von uns ist, sodass er „undurchschaubar in allen seinen Wegen" wurde, unnahbar, nicht durch Worte oder Diskussion erreichbar, nicht zu verstehen.

Man denkt ihn sich als eine Mischung von abstrakten und absoluten Eigenschaften – allmächtig (er kann alles tun), allgegenwärtig (er ist überall) und allwissend (er weiß alles). Aber im Licht der biblischen Offenbarung, die übrigens keine dieser Eigenschaften Gottes kennt, müssen diese überprüft werden.

Wenn wir seine Allmacht betrachten, so stellen wir fest, dass es viele Dinge gibt, die Gott nicht tun kann. Manche Dinge kann er nicht tun, weil sie logisch unschlüssig sind (einen eckigen Kreis zeichnen). Meistens aber kann er sie nicht tun, weil sie mit seinem Charakter moralisch unvereinbar sind (zum Beispiel lügen). Ich habe einmal eine Liste mit Dingen gemacht, die Gott nicht tun kann, und kam sehr schnell auf dreißig Punkte. Es demütigte mich und ich konnte mich deshalb wirklich nicht aufplustern, als ich schockiert feststellte, wie viele Dinge ich tun konnte und bereits getan hatte, die jenseits seiner Möglichkeiten lagen!

Wenn wir seine Allgegenwart betrachten, dann kommt es der Realität näher, wenn wir sagen, dass er überall sein kann, wo er will. In den letzten drei Stunden seines Sohnes am Kreuz war er nicht anwesend (Der Schrei der Verlassenheit war nicht nur ein subjektives Gefühl, was die objektive und außergewöhnlich lange Sonnenfinsternis aufzeigt). Auch wird Gott die Hölle niemals besuchen, obwohl sie ein Ort seiner Schöpfung ist. Wenn man sagt „Gott ist überall", begibt man sich auf den schlüpfrigen Weg des Panentheismus (Gott ist *in* allem) und schließlich des Pantheismus (Gott *ist* alles).

Wenn wir seine Allwissenheit betrachten, so zeigt die Schrift keineswegs auf, dass der Gott, der weiß, wenn ein Spatz auf den Boden „hüpft" (nicht „fällt") und der weiß wie viele Haare auf dem Kopf eines jeden Menschen wachsen – all das ist ein Wissen in der *Gegenwart* – ein ebenso detailliertes Wissen über die *Zukunft* besitzt. Er kennt seine eigenen Absichten und er kennt jeden möglichen Lebensweg, den ein Mensch einschlagen kann. Aber weiß er auch genau, welchen Weg sie einschlagen werden? Darüber kann man streiten. Wenn es so wäre, könnte er wohl kaum enttäuscht werden, solch eine Reaktion könnte man kaum von ihm erwarten. Hier geht es wirklich um einige große Themen.

Eines aber steht fest: Wenn wirklich die gesamte Zukunft in jedem Detail bekannt ist, auch wenn sie es nur für Gott sein sollte, dann kann man unmöglich annehmen, dass sie nicht vorherbestimmt ist. Die Zukunft ist dann nicht länger offen und flexibel, mit Raum für freie Entscheidungen. Sie ist dann geschlossen und fixiert (eine sehr hilfreiche und anregende Diskussion dieser Vorstellung liefert *Predestination and Freewill*, David und Radall Basinger, Eds., Inter Varsity Press, 1986).

Aber ganz ernsthaft, diese Art zu Denken versetzt Gott außerhalb und jenseits der Zeit. Auch wenn Christen oft meinen, dass Zeit und Ewigkeit vollkommen voneinander getrennte Einheiten sind, so ist das doch eher griechisches als hebräisches Denken. Für letzteres ist „ewig" und „ewigdauernd" ein und dasselbe. Zeit ist etwas Lineares, das sich nur in eine Richtung fortbewegt – von der Vergangenheit über die Gegenwart in die Zukunft und schließlich in die Ewigkeit. Außerdem steht Gott innerhalb der Zeit oder eher noch die Zeit ist innerhalb Gottes. Er ist der Gott, der war, der ist und der kommen wird (siehe *Christ and Time*, von Oscar

Cullmann, Student Christian Movement, 1951, der Klassiker zu diesem Thema). Selbst Gott kann die Vergangenheit, wenn sie einmal geschehen ist, nicht ändern (dies ist ein weiteres Limit seiner Allmacht); aber er kann die Auswirkung der Vergangenheit auf die Gegenwart und die Zukunft ändern. Er arbeitet seine ewigen Vorsätze innerhalb der Zeit aus. Ein Wortspiel, das nur im Englischen funktioniert, lautet: History is His story.

Besitzt er aber die totale Kontrolle oder hat er nur die letztendliche und übergeordnete Kontrolle über alles, was in der Weltgeschichte passiert? Der Unterschied zwischen diesen beiden Standpunkten ist enorm und er bedeutet einen ebenso enormen Unterschied im Verständnis von Gott selbst.

Ein Gott, der die totale Kontrolle hat, macht Beschlüsse, die von äußeren Faktoren oder Einflüssen vollkommen unabhängig sind. Daraufhin macht er seine Schöpfung und seine Geschöpfe so, wie sie seinen Beschlüssen entsprechen. Bezogen auf den Menschen bedeutet es, dass er seinen Willen anderen auferlegt, sie zwingt, das zu tun, was er für sie bestimmt hat, weil er die absolute Macht dazu hat. Die Tatsache, dass einige seiner Beschlüsse wohlwollend sind, ändert nichts an der Tatsache, dass solch eine „Gnade" „unwiderstehlich" wäre. Er wäre dann ein wirklicher Despot (ein „absoluter Herrscher", wie das Oxford English Dictionary definiert), der die Menschen ungeachtet ihrer Wünsche nach seinen eigenen Plänen manipuliert. Er wäre die einzige Person im Universum, die einen freien Willen hat. Nach menschlichen Maßstäben wäre er kaum besser als ein Hypnotiseur der Massen!

Eine Religion, der ein solches Gottesbild zugrunde liegt, erhebt Unterordnung und Resignation zu ihren höchsten Tugenden. Determinismus bringt Fatalismus und Passivität, nicht aber Aktivität hervor („*Dein* Wille geschehe" und nicht „Dein Wille *geschehe*"). Dieser Stimmung bin ich

Einmal gerettet – immer gerettet?

in den arabischen Ländern begegnet, als ich dort lebte, aber ich war überrascht, sie auch auf einer Konferenz von schottischen Kirchendienern vorzufinden („Gott wird die Leute zu unseren Kirchen zurückbringen, wenn es ihm gefällt"). So gesehen liegen Calvinismus und Islam nicht weit voneinander entfernt.

Das Bild, das die Bibel von Gott zeichnet, ist viel differenzierter. Während Gott *insgesamt* die Kontrolle über die Geschichte behält, so hat er doch seiner Machtausübung freiwillig Grenzen gesetzt, indem er Geschöpfe schuf, die er mit einem relativen - wenn auch nicht absolutem - freien Willen ausgestattet hat. Sie können sich entscheiden, ob sie in Harmonie mit seinem Willen leben wollen oder nicht. Sie haben die Freiheit, eigenwillige Rebellen zu sein, wenn sie es wollen, obwohl er es sich vorbehält, ihnen eine Zeitlimit zu setzen, damit sie nicht allzu viel Schaden anrichten, genauso wie sie die Freiheit haben, ihr ewiges Schicksal selbst zu bestimmen. In gewisser Hinsicht hat er sich selbst und die Schöpfung dem Willen seiner Geschöpfe unterworfen. Das ist natürlich ein Angriff auf diejenigen, die einen Gott anbeten wollen, der sich nicht auf diese Weise demütigt.

Warum hat er das gemacht? Weil er „Liebe" ist und weil er ein „Vater" ist (diese zwei Attribute finden wir übrigens in den neunundneunzig Namen Allahs nicht vor). Wenn ich gefragt werde, warum Gott die menschliche Rasse geschaffen hat, obwohl er doch wusste, welches Risiko er einging, als er die Entscheidungsfreiheit garantierte, antworte ich: „Er hatte bereits einen Sohn und freute sich an seiner Gemeinschaft so sehr, dass er sich noch eine größere Familie wünschte." Das ist der Grund, warum die grundlegendste Bestimmung der menschlichen Existenz darin besteht, „Gott zu suchen … sich nach ihm auszustrecken und ihn zu finden" (Apg17,27) und es das höchste Gebot ist, „den Herrn, deinen Gott zu lieben mit deinem ganzen Herzen und mit deiner ganzen

Seele und mit deinem ganzen Verstand" (Mt 22,37; wo Jesus Dt 6,5 zitiert).

Aber Liebe kann nicht erzwungen werden, sie muss aus dem Herzen kommen. Dabei ist es mehr eine Angelegenheit des Willens, eine freiwillige Entscheidung, sich selbst für das Wohl und das Glück eines anderen hinzugeben, sie mit dem, was sie sich wünschen, zu segnen. In meiner Liste von den Dingen, die Gott nicht tun kann, steht auch diese ergreifende Tatsache: „Er kann niemand zwingen, ihn zu lieben."

Jeder, der schon einmal den Schmerz von unerwiderter Liebe verspürt hat, kann mit Gottes Schmerz mitfühlen, wenn er mitansehen muss, was sich seine Kinder gegenseitig antun, und erfahren muss, was sie ihm antun.

Es ist unglaublich, dass der allmächtige Schöpfer von Himmel und Erde das zulässt, aber dennoch ist es die Wahrheit. Wir Menschen haben seine Liebe verschmäht, waren seinem Willen ungehorsam, haben seine Gesetzte gebrochen, sein Wort ignoriert, seinen Sohn zurückgewiesen, seinen Zorn provoziert und sein Gericht verdient. Wir scheinen wild entschlossen zu sein, das Leben ohne ihn zu genießen, was es uns auch immer kosten mag und welche Konsequenzen es auch immer für andere nach sich zieht. Und er hält uns nicht auf! Er lässt es geschehen, obwohl es sein Herz brechen muss. In dieser Welt passiert vieles, was *nicht* sein Wille ist, was er niemals „beschlossen" hat. Wahr ist aber auch, dass er in seinem Kalender bereits einen Termin eingetragen hat, wo diese tragische Situation beendet wird und nach welchem die Entscheidungsfreiheit beendet sein wird und die getroffenen Entscheidungen ihr angemessenes Ende erhalten werden. Aber bis dahin hat er alles ihm Mögliche getan, uns aus unserem Schicksal zu retten – nur, dass er uns seinen Willen nicht aufzwingt. Hätte er noch mehr tun können, um unsere Herzen zu gewinnen und unseren Sinn zu ändern, damit sein und unser Wille in

Einmal gerettet – immer gerettet?

Harmonie ist? Wenn wir dann am Ende für immer ohne ihn leben werden, was das Schlimmste an der Hölle ist, dann wird es allein unser und nicht sein Fehler sein. Wir hatten die Wahl, auf seine Gnade, wie sie uns auch immer begegnete, zu antworten oder sie abzuweisen.

Wir haben jetzt ein sehr „menschliches" Bild von Gott gezeichnet. Aber wenn wir in seinem Bilde gemacht sind, sollte es uns nicht überraschen, wenn er uns ähnlicher ist als alles andere in diesem Universum. Es war ja auch für die „Fülle der Gottheit" möglich, „leibhaftig in einem Menschen zu wohnen" (Kol2,9).

Die Vorstellung einer unveränderlichen und leidenschaftslosen Gottheit entstammt eher der griechischen Philosophie als der hebräischen Erfahrung. Jahwe, der Gott Israels, konnte von den Bitten und den Diskussionen der Menschen durchaus beeinflusst werden. Er konnte durch die Gebete von Mose oder Amos überredet werden, seine Meinung zu ändern (Ex32,9-14; Am7,4-6). Die Schrift sagt sogar, dass er „Buße tat" und zwar von dem „Bösen", das er zu tun beabsichtigt hatte, obwohl der normale Zusammenhang, in dem „Buße" verwendet wird, mit Unmoral zu tun hat, meinte er doch, dass das Absehen vom geplanten Unheil weniger missverstanden werden würde. Aber die Tatsache, dass Menschen ihn überreden konnten, seine Meinung zu ändern, wird davon nicht berührt.

Wir haben hier einen Gott, der nach einer Reaktion sucht und auf diese Reaktion wieder reagiert. Seine Entscheidungen hängen von ihrer Reaktion ab. Seine Beziehungen mit dem Menschen sind nicht statisch, sondern dynamisch. Er interagiert und kooperiert mit ihnen, wenn es möglich ist, und wendet sich gegen sie, wenn es nicht möglich ist. Er kann mit ihnen „ringen", aber er zwingt sie niemals.

Es gibt wenige so missverstandene und falsch angewandte Bilder, die diese Art von Beziehung illustrieren, wie das

Grundsätzliche Widersprüche

Bild vom Töpfer und dem Ton, welches allzu oft verwendet wird, um die einseitige Vorherbestimmung des menschlichen Charakters und sein Los zu unterstreichen: „Wir sind einfach nur Ton in seinen Händen, er kann aus uns machen, was er will, das liegt nicht in unserer Hand."

Aber der Besuch Jeremias im Haus des Töpfers erzählt eine ganz andere Geschichte. Der Töpfer wollte eine wunderschöne Vase anfertigen. Aber der Ton wollte in seiner Hand nicht recht werden, daraufhin stampfte er den Ton wieder zusammen und machte daraus einen plumpen Topf. Dieser Ton, sagte Gott zu dem Propheten, stellt das Volk der Juden dar. Er wollte aus ihnen ein wunderschönes Volk machen, die von seiner Gnade überfließen, aber sie haben es verschmäht, woraufhin Gott sie zu einem „Gefäß" seiner Gerechtigkeit gemacht hat, um damit sein Gericht zu demonstrieren. Aber selbst jetzt ist es für sie noch nicht zu spät, umzukehren. Wenn sie umkehren, wird auch er umkehren (Jer 18,8). Aber die Zeit drängt und sie müssen sich schnell für sein Angebot entscheiden. Kurze Zeit später wurde Jeremia beauftragt, einen irdenen Krug zu zerbrechen und seine Bruchstücke in das Tophet-Tal zu werfen, wo die Leute dem Baal Menschenopfer dargebracht hatten (Dieses Tal wurde später als das Tal der Söhne Hinnom, oder Gehenna bekannt).

Dasselbe Muster kann man auch in der Geschichte mit Pharao erkennen, auf den das Gleichnis von Töpfer und Ton auch angewendet wurde (Röm 9,17-21). Diese Passage scheint auf den ersten Blick die Vorstellung einer völlig willkürlichen Entscheidung des Töpfers zu unterstützen, die nichts mit der Beschaffenheit des Tons zu tun hat. „Deshalb, wessen Gott sich erbarmen will, dessen erbarmt er sich, und wen er verhärten will, den verhärtet er." Aber sind seine Entscheidungen wirklich rein willkürlich? Ist unser Schicksal ein Lotteriespiel? Ist es aus unserer Sicht eine

Einmal gerettet – immer gerettet?

Frage des Glücks oder des Zufalls, ob wir uns zum Guten oder Bösen hin entwickeln? Wie könnten wir einem Gott vertrauen, der in so schicksalhaften Fragen alles dem Zufall überlässt und ganz nach Laune handelt?

Schauen wir uns Pharao noch einmal genauer an. Der Bericht besagt, dass sein Herz zehn Mal „verhärtet" wurde. Aber bei sieben von diesen zehn Gelegenheiten, wo er sich verhärtete, wird gesagt, dass er „sich willentlich weigerte, auf Gott zu hören". Die letzten drei Verhärtungen waren dann aber das Werk Gottes.

Diese Vorgehensweise Gottes entspricht einem Muster, das wir in der Schrift immer wieder vorfinden. Wenn wir uns entscheiden, heilig zu sein, dann begleitet er uns dabei die ganze Zeit (siehe Kapitel 8). Wenn wir uns entscheiden, sündig zu sein, kommt ein Punkt, wo er uns auf diesem Weg sogar noch fördert, in dem er diesen Weg sowohl befestigt, als auch unseren eingeschlagenen Kurs vorantreibt. Wenn wir es ihm nicht gestatten, uns zu einem Gefäß der Barmherzigkeit zu machen, macht er uns zu einem Gefäß für das Gericht. Der Ton kann entscheiden, was der Töpfer aus ihm macht. Wie solche Reaktionen dann für die unterschiedlichen Aktionen ausschlaggebend sind, sieht man aus den ersten Kapiteln des Römerbriefs, wo der Mensch Gott aufgibt – und als Folge davon Gott den Menschen aufgibt, bis hin zu den ekligen und obszönen Lüsten ihrer gefallenen Natur.

Dabei gibt es immer einen Punkt, wo man nicht mehr umkehren kann, jenseits dessen unser Charakter und unser Schicksal unwiderruflich feststehen werden, wenn der Herr sagt: „Lasst den, der falsches tut, weiterhin falsches tun; lasst den Niederträchtigen weiter niederträchtig sein; lasst den, der richtig handelt, weiter richtig handeln; und lasst den, der heilig ist, weiter heilig sein" (Offb 22,11; Worte eines Engels im Auftrag des Herrn).

Dass Gott keinen Gefallen daran hat, diejenigen,

die die falsche Entscheidung getroffen haben, dem Untergang zu überlassen, wird häufig in der Schrift erwähnt (Hes18,23.32;33,11). Und dass er große Freude an denjenigen hat, die sich richtig entscheiden, ja dass er sogar darüber jubelt, wird fast genauso oft erwähnt (Zeph3,17; Lk15,7.10).

Das Gesagte qualifiziert und modifiziert die weit verbreitete Auffassung von Gottes Unveränderlichkeit und Unwandelbarkeit. Natürlich verändert er niemals seinen Charakter. Er war, er ist und er wird immer absolut heilig, liebend, gerecht und barmherzig sein. Deswegen kann man ihm absolut vertrauen und sich auf ihn verlassen.

Trotzdem kann er sich Dinge auch nochmals überlegen (Gen6,6 ist das klassische Beispiel). Er kann Dinge bereuen und Vorhaben abmildern (siehe dazu ein Buch von Bruder Andrew mit dem Titel *And God Changed His Mind*, Marshall Pickering, 1991). Außerdem zögert die Bibel nicht, Gott auch Gefühle zuzuschreiben. Und es liegt in der Natur der Gefühle, dass sich diese ändern können. Wenn sich unsere Gefühle nie ändern würden, dann hätten wir gar keine! Bei Gott ist es dasselbe.

Wir haben schon sein Wohlgefallen an denen, die ihn lieben und ihm dienen, erwähnt. Sie können ihm aber auch seinen Geist betrüben (Eph4,30). Er kann traurig und wütend sein. Er kennt den Schmerz der Eifersucht, wenn auch nicht den des Neides (Letzterer bezieht sich auf das, was anderen gehört, erstere bezieht sich auf das, was rechtmäßig dir selbst gehört).

Viele unserer Gefühle werden durch die Haltungen und Taten anderer hervorgerufen, besonders wenn sie unerwartet positiv oder negativ sind. Und so steht es um Gottes Herz. Er wird von freiwilligem Gehorsam als Ausdruck von Liebe berührt (Joh15,10). Kann man die Gefühle des Vaters beschreiben, als der Sohn sagte: „Nicht das, was ich will,

Einmal gerettet – immer gerettet?

sondern das, was du willst."? Und was fühlte er, als er am nächsten Tag seinen Sohn verlassen musste, der einsam litt und starb, um seinen Hass und seine Abscheu gegenüber allen Sünden, Lastern und Verbrechen Ausdruck zu verleihen, die nun seinem Sohn aufgebürdet worden waren. Dieser Tag muss für ihn wie eintausend Jahre gewesen sein (2Petr3,8).

Wenn wirklich ein Beweis erforderlich sein sollte, dass Gott sich entschieden hat, sich selbst zu demütigen, indem er sich selbst der Gewalt von Menschen ausgeliefert hat, dann wird dieser durch das Kreuz erbracht. Aber zur selben Zeit und am selben Ort demonstriert Gott seine Fähigkeit, das Schlimmste, was Menschen ihm antun konnten, zur Erfüllung seiner wohlwollenden Vorhaben und für das Beste der Menschen zu verwenden.

Aber er wird sie niemals zwingen, seine Gnade anzunehmen. Die Alpha-Sichtweise von EGIG meint, dass er das tut, nachdem jemand einmal an ihn geglaubt hat. Die Omega-Version meint, dass er das tut, bevor und nachdem jemand glaubt. Aber er wird nie jemanden dazu veranlassen, zu ihm zu kommen oder bei ihm zu bleiben, der das nicht will.

Diese Art Gott ist er nicht. Er erlaubt uns, seiner Gnade zu widerstehen. Er sucht unsere Kooperation. Er will mit uns arbeiten. Folgender Slogan fasst dies schön zusammen: „Ohne ihn können wir nichts, ohne uns macht er nichts."

Wir werden „Gottes Mitarbeiter" genannt (2.Kor6,1), was sowohl unsere eigene Errettung als auch unsern Dienst an anderen betrifft. „Bewirkt euer Heil mit Furcht und Zittern, denn Gott ist es, der in euch das Wollen und das Vollbringen gemäß seinem guten Vorsatz bewirkt" (Phil2,12.13).

Aber was ist nun unser Anteil in diesem Prozess, der zur vollen und letztendlichen Errettung führt? Wie können wir sicherstellen, dass wir unsere „Erbschaft" bekommen?

7.

Praktische Auswirkungen

Es ist höchste Zeit, dass wir von den schwindelnden Höhen der theologischen und philosophischen Kontroversen auf die Erde herabsteigen, wo das echte Leben stattfindet.

In diesem Kapitel werden wir alle Hinweise, denen wir bis jetzt begegnet sind, zusammenfassen und werden sie auf die Praxis in unserem Alltagsleben anwenden. Wir wollen konkrete Anweisungen geben, die ein Teil eines jeden christlichen Buches ausmachen sollen. Wie immer gibt es Dinge, welche wir tun sollten und Dinge, die wir bleiben lassen sollten. Beginnen wir mit der negativen Seite.

Wenn wir vom „Erbe" sprechen, dann meinen wir die Vollendung unserer Errettung, die uns in einen Zustand der Heiligkeit und an einen Ort im neuen Universum versetzt.

Das Erbe verlieren

Ich kann mir vorstellen, dass nur wenige Gläubige wissen *wollen*, wie das gehen kann, aber es gibt auch eine beträchtliche Menschenmenge, die es wissen *sollten*, damit sie dieses Schicksal nicht ereilt. Wie kann es also passieren?

Als erstes kommt einem das Wort „Apostasie" in den Sinn (Es wird im Oxford English Dictionary als „Verlassen des Glaubens" definiert). Sicherlich ist das die Hauptursache, obwohl es sich auf vielerlei Weise äußern kann. Der Glaube kann öffentlich oder heimlich verlassen werden, bewusst oder unbewusst, willentlich oder unfreiwillig.

Einmal gerettet – immer gerettet?

Die öffentliche Verleugnung Christi unter dem Druck der Verfolgung ist die offensichtlichste Form der Apostasie. In vielen Ländern der Welt herrscht Verfolgung und bevor Christus wiederkommt, wird sie in allen Ländern dieser Welt herrschen (Matth24,9). Einige Leser mögen das vielleicht für unwahrscheinlich halten.

Andere meinen, dass das Verleugnen Christi so selten vorkommt und so fernliegend ist, dass man diese Möglichkeit in der Praxis vernachlässigen kann. Oftmals sind diese Leute der Meinung, dass das die *einzige* Möglichkeit ist, wie man Rettung verlieren kann, sodass man darüber gar nicht nachdenken oder sprechen muss. Aber es gibt noch andere Möglichkeiten.

Es gibt die „nicht-vergebbare Sünde", die zarte Gewissen gerne plagt, wenn die verschiedensten Sünden begangen werden, angefangen mit Masturbation bis hin zu Mord; dabei ist sie in der Schrift klar definiert. Es ist die Sünde der Lästerung gegen den Heiligen Geist, wenn man sein Wirken als das Werk des Teufels bezeichnet (Eine Sünde, die wahrscheinlich unter Christen mehr als unter Ungläubigen vorkommt, besonders wenn sie Wirkungen und Erfahrungen von anderen Menschen beschreiben).

Wir haben auch entdeckt (im Hebräerbrief 10), dass jede Sünde zu einer unvergebbaren Sünde werden kann, wenn sie willentlich und vorsätzlich fortgesetzt wird, nachdem sie bekannt und vergeben wurde. Dieses Verhalten offenbart einen Mangel an echter Buße, wozu das Beenden von Sünde gehört. So wie ein Schuljunge das schön beschrieben hat: „Buße ist, dass es einem so leidtut, dass man damit aufhört." Ohne Buße ist Vergebung nicht möglich.

Im selben Brief finden wir auch einige Warnungen vor dem „vernachlässigen" und „weggetrieben werden". Diese Begriffe beinhalten eine Sorglosigkeit, die der Betroffene selbst gar nicht richtig wahrnimmt. Deshalb kann das sogar der gefährlichste Verlauf sein, da man gar nicht erkennt, was mit einem passiert. Der Glaube an EGIG beschleunigt möglicherweise diese Unkenntnis.

Es gibt also viele Wege, wie man sein Erbe verlieren kann, hinter allem steht aber ein Mangel oder der Verlust des Glaubens, was bedeutet, dass man sowohl ungläubig als auch untreu wird.

In der Schrift gibt es nirgendwo eine Garantie, dass dies nicht jedem von uns passieren kann, der einst sein Vertrauen auf Christus gesetzt hat. Rückfällige müssen unbedingt darauf hingewiesen werden, dass es einen Punkt gibt, wo es kein Zurück mehr gibt, und den kennt nur Gott allein.

Das Erbe behalten

Wenn das Verlassen des Glaubens die Hauptursache dafür ist, das Erbe zu verlieren, dann kann man leicht daraus herleiten, dass das Festhalten am Glauben dafür sorgt, dass man das Erbe behält. Man muss also „weiterhin glauben" (Joh3,16; Röm1,16.17). Paulus hat sich nicht auf seine dramatische Bekehrung verlassen: „Was ich aber jetzt lebe, lebe ich im Glauben an den Sohn Gottes" (Gal2,20). Als er schließlich den Tod erwartete, konnte er sagen: „Ich habe den Glauben gehalten" (2Tim4,7).

Aber Glaube ist viel mehr als nur eine innere Überzeugung. Glaube bedeutet Vertrauen *und* Gehorsam. Wir haben bereits gesehen, „dass der Glaube alleine, wenn er nicht mit der Tat einhergeht, tot ist" (Jak2,17). Fortgesetzter Glaube beinhaltet fortgesetzte Aktion.

Das ist nicht immer leicht und läuft nicht immer ohne Komplikationen ab. Es bedeutet Kampf, ein Wettlauf muss gewonnen werden. Es erfordert Anstrengung (Heb12,14) und Kampf (Eph6,12).

Vor allen Dingen bedeutet Jüngerschaft (im Englischen: discipleship) Disziplin. Einiges davon wird von Gott

Einmal gerettet – immer gerettet?

auferlegt (Heb12,7), aber vieles bedeutet Selbstdisziplin – und zwar des Körpers, durch den viele Sünden ausgedrückt werden (1.Kor9,27), und auch des Sinnes, wo viele Sünden ausgedacht werden (Mt5,21-30; eine Anweisung, wie wir davon geheilt werden können, finden wir in Phil4,8.9).

Wir müssen in Bewegung bleiben. Christsein bedeutet, sich auf Wanderschaft zu begeben, „den Weg" zu gehen oder zu laufen, immer Fortschritte zu machen, immer nach vorne zu schauen und voranzupreschen. Immer nur auf den „Verheißungen zu stehen" langt nicht aus und noch weniger, wenn man es sich darauf bequem gemacht hat! Ich habe einmal von einem tragischen Tod eines Höhlenforschers gelesen, der sich in einer tiefen Höhle verirrt hatte und erst gefunden wurde, als es schon zu spät war. Die gerichtsmedizinische Untersuchung ergab, „dass er starb, weil er sich nicht bewegt hatte; wäre er umhergegangen und hätte sich mehr bewegt, wäre er noch am Leben gewesen, als man ihn fand". Dieses Prinzip kann man sowohl geistlich als auch körperlich anwenden.

Es schließt das „Nutzen der Gnadenmittel" ein, um es einmal altmodisch auszudrücken. Gebet und Studium der Schrift sind die wichtigsten persönlichen „Gnadenmittel". Anbetung, Gemeinschaft und das Abendmahl sind die wichtigsten öffentlichen „Gnadenmittel".

Mit Gott allezeit im Reinen zu sein ist unentbehrlich, um „sich selbst in der Gnade zu erhalten". Wenn der Gläubige in Sünde fällt, darf er sich umfassender Hilfe sicher sein. Je eher man die Sünde bekennt, desto schneller wird einem vergeben; das Blut Christi „reinigt uns fortlaufend" von jeder Sünde (1.Joh1,7.9).

Eigentlich sind die meisten Bücher des Neuen Testaments deswegen geschrieben, um die Jünger anzutreiben und ihnen zu zeigen, wie sie Heiligkeit und Vergebung erlangen können, um so ihre Errettung vollkommen zu machen. Eine ganz allgemeine Antwort auf die Frage, wie man sein Erbe behält, wäre diese: Lerne gemäß der Lehre der Apostel zu leben.

Dieses Kapitel ist absichtlich kurzgefasst, denn „wie man heilig wird" ist nicht unser Thema und würde ein eigenständiges Buch erforderlich machen. Wir haben einfach nur die Tatsache unterstrichen, dass „ohne Heiligung niemand den Herrn sehen wird" (Heb 12,14). Wir haben aber genug gesagt, um zu zeigen, dass dies nur mit viel Zeit und Anstrengung erreicht werden kann. Es ist eine lebenslange Aufgabe.

Es mag sein, dass einige Leser es für ein hoffnungsloses Unterfangen halten! Es scheint so leicht zu sein, unser Erbe zu verlieren, und so schwer, es zu behalten. Das ist, so glaube ich, tatsächlich wahr, und wir müssen es einfach einsehen. Wenn du jetzt sagst: „Das schaffe ich ja nie!", dann ist das eine notwendige Erkenntnis, ohne die du es tatsächlich nicht schaffen wirst! Denn nach menschlichem Ermessen ist es unmöglich. Und es ist gut, wenn du an das Ende deiner eigenen Kraft gekommen bist. Aber wie soll es weiter gehen?

Es kommt darauf an, wie du nun auf diese Erkenntnis reagierst. Es kann dich in zwei gegensätzliche Richtungen führen – zur Verzweiflung oder zur Hinwendung zu Gott.

Wer versucht, aus eigener Kraft heilig zu sein, wird zwangsläufig scheitern. Das mussten alle feststellen, die es bisher versucht haben. Das Ziel ist so weit weg, dass die meisten es gar nicht erst versuchen. Sie haben schon aufgegeben, bevor sie richtig angefangen haben. „Wenn das heilig sein bedeutet, dann weiß ich jetzt schon, dass ich es nicht schaffen werde." Diese „hohe Berufung" ist tatsächlich etwas Unmögliches. Wenn Heiligung in evangelistischen Predigten denselben Stellenwert wie Vergebung einnehmen würde, würden wohl viel weniger den christlichen Weg beginnen. Und so kommt es auch, dass viele aufgeben, sobald sie merken, was zu ihrer Zusage alles dazugehört.

Oh ja, dieses Kapitel und wohl auch das ganze Buch kann einen verzweifeln lassen! Aber das wäre eine sehr egoistische Reaktion, es würde Selbstmitleid und vielleicht sogar Selbstzerstörung bedeuten. Meine größte Sorge beim Schreiben dieses Buches gilt nicht denen, die es ablehnen und heftig darauf reagieren, sondern denen, die damit übereinstimmen und falsch darauf reagieren! So schnell werden unsichere Menschen auch unsicher in Bezug auf Gott und überschreiten die Grenze zwischen ängstlich-nervös und neurotisch (indem sie „ein unangemessenes Festhalten an einer unrealistischen Idee an den Tag legen"). Es war nie meine Absicht, Jünger zu entmutigen; sonst hätte ich das Buch an dieser Stelle beendet und alles weitere dem Leser überlassen.

Ich nehme an, obwohl ich auch falsch liegen kann, dass die Leser, die dieses Buch bis hierher durchgearbeitet haben, bereits Jünger Jesu und deshalb zumindest in ihrem Denken, wenn nicht sogar mit ihrem Leben, gottzentriert und nicht selbstzentriert sind.

Wenn Verzweiflung eine selbstzentrierte Reaktion darstellt, dann ist die Hinwendung die gottzentrierte Antwort. „Bei Menschen ist dies unmöglich, aber nicht bei Gott; alle Dinge sind möglich bei Gott" (Mk 10,27). Wenn man selbst nicht mehr weiterkommt, dann erst kann Gott mit einem richtig beginnen. Auf diese Weise begann ja auch dein Rettungsprozess, und so wird es auch weitergehen, bis du eines Tages vollkommen errettet sein wirst.

Das ist das Geheimnis des gesamten christlichen Lebens – weiter an den Gott zu glauben, der es mit uns schafft, mehr an seiner Gnade festzuhalten als an der eigenen Stärke und Fähigkeit. Er fordert nicht nur Heiligkeit von uns, sondern er schenkt sie uns auch.

Natürlich können wir das nicht selbst aufrechterhalten,

aber wir können „durch die Kraft Gottes *durch Glauben* bewahrt werden" (1.Petr 1,5). Jede himmlische Unterstützung steht für uns bereit, wenn wir davon Gebrauch machen.

Meine Aufgabe ist es, dich an diese Unterstützung zu erinnern.

8.

Übernatürliche Betrachtungen

An der eigenen Fähigkeit zum Ausharren zu verzweifeln ist sehr heilsam, wenn es einen in die andauernde Abhängigkeit zu Gott führt.

Wir haben bereits festgestellt, dass Calvinisten und Arminianer vieles gemeinsam haben. Beide glauben, dass nur die, welche ausharren, letztendlich gerettet werden. Beide glauben, dass das nur möglich ist, wenn man von der göttlichen Unterstützung abhängig ist.

Der Unterschied wird ersichtlich, wenn wir überlegen, wie diese Unterstützung in der Praxis zum Tragen kommt. Ob sie uns ungeachtet unseres Eigensinns aufgebürdet wird oder ob sie uns wegen unserer Bereitwilligkeit zuteilwird.

Wenn man sagt, dass letztere Ansicht zu der Haltung „Alles hängt von mir ab" führt, dann ist das eine Verzerrung. Richtiger wäre zu sagen: „Ich verlasse mich in allem auf ihn." Und dennoch ist Ausharren eine Angelegenheit der Kooperation und nicht der Getriebenheit und des Zwangs. Rettender Gnade kann widerstanden werden, sei es vor oder nach dem Beginn des Rettungsprozesses. Sie muss freiwillig angenommen und angewendet werden.

Wir wollen jedoch in diesem Kapitel betrachten, welch wunderbare Vorteile dem Gläubigen zur Verfügung stehen, die ihn dazu befähigen, „den guten Weg bis zu Ende zu gehen" (wie das berühmte Lied von Sir Harry Lauder heißt).

Eine Bezeichnung Gottes ist dabei besonders relevant. Er

ist „unser Helfer" (Ps54,6; Heb13,6). Diese Bezeichnung vermittelt ganz klar, dass er nicht die totale Verantwortung für uns übernimmt und sie uns somit abnimmt, sondern dass er uns jede mögliche Hilfeleistung geben wird, damit wir das bewerkstelligen können, was in unserer Verantwortung liegt. Wir wollen uns nun fünf Aspekte dieser Unterstützung ansehen.

Der Wille des Vaters

„Es ist Gottes Wille, dass ihr heilig seid"(1.Thess4,3). Das bedeutet nicht, dass dies sein vorherbestimmender Beschluss ist, der einfach nur erfüllt werden kann (Ebenso wie er „will, dass alle Menschen errettet werden sollen"; 1.Tim2,4). Auch sollte es nicht nur als eine Forderung, die uns auferlegt worden ist, angesehen werden. „Wille" bedeutet, dass es sein tiefster Wunsch ist, eine Sehnsucht, dass wir so wie er sein sollen, eine Entschlossenheit, alles in seiner Macht stehende zu tun, das gute Werk, das er in uns begonnen hat, fortzuführen und zu Ende zu bringen, indem er sich dieser Aufgabe widmet – vorausgesetzt, dass er unsere Bereitwilligkeit für sein Unternehmen in uns vorfindet.

Was die Errettung anbelangt, wird er uns niemals seinen Willen aufzwingen. Er behandelt uns durchgängig als mündige Personen, die wir unseren Willen seinem Willen unterordnen, indem wir dem Beispiel seines eingeborenen Sohnes folgen (Mk14,36). Wie schaut das in der Praxis aus?

Zum einen lässt er zu, dass Gläubige sündigen, wenn sie es unbedingt wollen. Er hat nie versprochen, dass er das verhindern wird, wohl aber, dass er es vermeidbar macht.

Eine seiner Verheißungen besagt, dass er die Kontrolle über die Versuchungen ausübt, die jeden Gläubigen heimsuchen. „Er wird nicht zulassen, dass ihr über euer Vermögen versucht werdet, sondern er wird mit der Versuchung auch den Ausgang schaffen, sodass ihr sie ertragen könnt" (1.Kor10,13). Das bedeutet, dass auch der Versucher unter seiner totalen Autorität steht (siehe dazu: „Die Schwachheit des Teufels"). Daher auch die Bitte im täglichen Vaterunser: „Führe uns nicht in Versuchung" (Mt6,13). „Die rettende Gnade Gottes…unterweist uns „Nein" zu sagen zur Gottlosigkeit und den weltlichen Begierden und aufrecht und gottesfürchtig in dem jetzigen Zeitlauf zu leben" (Tit2,11.12).

Solche Aussagen gestatten uns keine Entschuldigung. Während die Schrift anerkennt, dass Christen sündigen (1.Joh1,8), besagt sie nicht, dass Sünde unausweichlich wäre. Wir müssen nicht sündigen, tun es aber meistens, wenn wir uns auf uns selbst und nicht auf Gott verlassen. Heiligung ist nicht nur möglich, sondern auch notwendig.

Das Äußerste, was Gott tut, „um uns auf dem geraden und schmalen Weg zu halten, ist, dass er uns züchtigt, wenn wir von ihm abirren. Wie jeder wahrhaft liebende Vater, ist er bereit, schmerzhafte Erfahrungen zuzulassen, wenn diese uns wieder zur Besinnung bringen. Solche, meist unwillkommene Zucht ist der Beweis seiner andauernden Fürsorge und Besorgnis (Heb12,5-11). Allerdings besteht keine Garantie dafür, dass wir unsere Lektionen auch lernen. Ein eigensinniger Dickkopf kann sogar auf seinem bösen Weg weiter nach unten gedrückt werden, wenn er sich über solch eine Züchtigung ärgert.

Was könnte er anderes tun, um uns von unseren Sünden zu retten, ohne uns in Marionetten zu verwandeln? Er liebt uns zu sehr, um das zu tun. Er will, dass seine Kinder erwachsen und ihm ebenbürtig werden. Das geht nur, wenn er ihnen Verantwortung gibt, nicht indem er sie von ihnen wegnimmt.

Das Leben des Sohnes

„Denn wenn wir, als wir Feinde waren, mit Gott versöhnt wurden durch den Tod seines Sohnes, so werden wir viel mehr, da wir versöhnt sind, durch sein Leben gerettet werden" (Röm5,10).

Eine Überbetonung des Kreuzes (ja, so etwas ist möglich) tendiert dahin, das Wort „gerettet" in Bezug auf die Versöhnung, die erreicht worden ist, zu verwenden. Hier aber benutzt Paulus das „gerettet" im Futur und nicht in der Vergangenheit und verknüpft es mit dem auferstandenen und nicht mit dem gekreuzigten Jesus. Es ist also eher sein Leben und weniger sein Tod, der „uns retten wird".

„Wir predigen Christus, und zwar als gekreuzigt" (1.Kor1,23) wird oft zitiert um ein kreuzzentriertes Evangelium zu rechtfertigen, aber das Partizip in der Vergangenheit in diesem Satz zeigt ein „gekreuzigt worden sein" an und betont den lebendigen Christus (vgl. „Ein Lamm, das aussieht, als ob es geschlachtet worden wäre", aber jetzt sehr lebendig ist; Offb5,6). Tatsache ist, dass das Kreuz ohne die Auferstehung die Sündenschuld nicht wegnehmen würde, ebenso wenig wie die Kraft der Sünde (1.Kor15,17). Durch sein Leben wird der Fortbestand unserer Errettung in der Gegenwart und ihre Vollendung in der Zukunft garantiert. Jedoch gibt es zwei Dimensionen, die sein jetziges Leben betreffen.

Auf der einen Seite findet sein Leben im Himmel statt. Er ist unser auferstandener und in den Himmel aufgefahrener Herr. Sein Standort ist der denkbar beste, sitzend zur Rechten des Vaters, vertritt er uns auf dem Gnadenthron. Er ist unser Hohepriester; wir brauchen keinen anderen. „Und weil er für immer lebt, hat er ein unveränderliches Priestertum. Daher kann er die auch völlig retten, die sich durch ihn Gott nahen, weil er immer lebt, um sich für sie zu verwenden" (Heb7,24.25). Selbst wenn sonst niemand für mich betet, er tut es. Petrus muss sehr überrascht, aber auch sehr froh gewesen sein, als er erfuhr, wie oft Jesus den Vater um seinetwegen angefleht hat: „Simon, Simon, Satan hat begehrt (Erlaubnis) euch (Mehrzahl, es bezieht sich auf alle zwölf Jünger) zu sichten (worfeln) wie den Weizen. Ich aber habe für dich (Einzahl, es bezieht sich also nur auf einen Jünger) gebetet, Simon, dass dein Glaube nicht aufhört" (Lk22,31.32). Wir können uns derselben Unterstützung gewiss sein.

Jetzt kann natürlich die Frage aufkommen, ob Gebet, selbst wenn es von Jesus dargebracht wird, eine unwiderstehliche Kraft haben kann, den Willen von anderen außer Kraft zu setzen (Und würde das bedeuten, dass Jesus, der den Judas Iskariot in die Nachfolge berufen hat, ihn niemals im Gebet eingeschlossen hat?). Dazu können wir nur sagen, dass, wenn Gott selbst es ablehnt, anderen seinen Willen aufzuzwingen, er wohl kaum Gebete erhören wird, selbst wenn sie von seinem Sohn oder von anderen in dessen Namen dargebracht werden, die so geartet sind. Aber dass Fürbitte eine große Wirkung haben kann, ist unbestreitbar. Er kann überredet werden, seine Meinung und damit auch sein Handeln zu ändern und ein gerechtfertigtes Gericht aufschieben oder sogar absagen (Die Beispiele von Mose und Amos haben wir bereits erwähnt). Dass Gott als Antwort auf Gebet seinen Einfluss auf Menschen ausüben kann, damit sie ihren Sinn ändern, ist genauso möglich (Apg16,14). Aber weder bei ihm noch bei den Menschen wird die Integrität des Willens verletzt.

Kommen wir zur Hauptsache zurück. Jesus kann für uns eintreten, weil er im Himmel lebt. Und weil wir „in Christus" sind, ist unser Leben auch dort. „Euer Leben ist nun mit Christus verborgen in Gott" (Kol3,3). Der Himmel ist nun unsere neue Heimatadresse. Auf ihn sollen unser Herz und unser Sinn gerichtet sein. Der aufgefahrene Christus ist die Kraftquelle für unsere letztendliche Rettung. „Wenn Christus, euer Leben, offenbar wird, dann werdet auch ihr mit ihm in Herrlichkeit offenbart werden" (Kol3,4).

Auf der anderen Seite findet sein Leben weiterhin auf der Erde statt. Weil wir in Christus sind, ist unser Leben schon im Himmel. Weil Christus in uns ist, ist sein Leben noch auf der Erde. Paulus konnte sagen: „Nicht mehr länger lebe ich, sondern Christus lebt in mir. Was ich aber lebe, lebe ich durch Glauben an den Sohn Gottes" (Gal2,20).

Christus kann unser Stellvertreter sowohl im Leben als auch im Tod sein. Er nahm unseren Tod auf sich, sodass wir sein Leben in uns aufnehmen. Er nahm unsere Sünden, sodass wir seine Gerechtigkeit haben können.

Auch wenn *Die Nachfolge Christi* (der Titel eines Buches von Thomas à Kempis, der ohne Zweifel aus 1.Kor11,1 entnommen ist) seine Berechtigung hat, so ist das bei Weitem nicht das ganze Geheimnis eines erfolgreichen christlichen Lebens. Zu versuchen, so wie er zu sein, ist geradezu unmöglich (in einer Fiktion wurde das einmal versucht – siehe dazu Robert Sheldon´s großartige Novelle; *In His Steps*, Zondervan, Grand Rapids, 1990 Deutsch: In seinen Fußstapfen). Die ganze Antwort ist: Lass Jesus sein Leben in uns leben. Wenn wir nicht geduldig sein können, dann lasst uns doch seine Geduld durch uns fließen lassen. Wenn wir jemanden einfach nicht mögen, dann lass es zu, dass Jesus diese Person durch uns liebt. Dann werden andere ihn in uns erkennen können.

Hier greifen wir schon etwas vor, nämlich auf das Werk des Geistes, dessen Kraft unsere dritte übernatürliche Unterstützung ist.

Die Kraft des Geistes

Gott ist nicht nur an unsere Seite, er ist in uns, und zwar in der Person des Heiligen Geistes. Unsere Religion ist die einzige in der Welt, die lehrt, dass Gott selbst in seinen Verehrern lebt (Joh14,23).

Der Heilige Geist ist sowohl eine Kraft als auch eine

Person. Es war seine Kraft, die unser Universum in Existenz rief, so wie es jetzt ist. Gott richtete seine Schöpfungsbefehle an den Geist, als er über der Oberfläche unseres Planeten schwebte (Gen 1,2.3). Es war die Kraft des Geistes, die jedes Atom komprimierte und die Sterne an das Himmelszelt setzte.

Sein ist die Kraft in der neuen Schöpfung ebenso wie in der alten. Seine Kraft erweckte Jesus von den Toten und kann auch unsere sterblichen Leiber wieder beleben (Röm 8,11).

Diese ganze wunderbare Kraft steht denen bereit, die im Heiligen Geist getauft sind (Apg 1,5.8; „getauft" ist im Neuen Testament ein Synonym für „gefüllt", „gesalbt", „versiegelt" und ganz einfach „empfangen haben").

Diese Kraft befähigt uns, das zu tun, was jenseits unserer natürlichen Fähigkeiten oder Kräfte liegt. Seine Gaben (Plural) und seine Frucht (Singular) reproduzieren die Taten und Eigenschaften von Jesus selbst in uns, der nun seinen „Leib" auf Erden aufrichtet, durch den er seine Mission fortführt (Apg 1,1).

Nochmals, seine Kraft ist nicht unverwüstlich. Dem Geist kann widerstanden werden, er kann beleidigt und betrübt werden. Seine Gaben können vernachlässigt werden, missbraucht und außer Gebrauch kommen. Nur diejenigen, die im Geist wandeln, die erlauben, von ihm geführt zu werden, sind auch fähig, die Frucht hervorzubringen. Ohne diese reife Frucht, wird die Kraft entzweiend und zerstörend (so wie es bei der Gemeinde in Korinth der Fall war). Und noch gefährlicher ist es, wenn diese Kraft von der Gemeinde getrennt wird.

Die Liebe unter den Brüdern

Im Geist zu wandeln ist auch ein gemeinschaftliches Handeln. Mit dem Geist Schritt zu halten, heißt auch, mit anderen Gläubigen Schritt zu halten (Gal 5,25 – 6,5). Wenn

Einmal gerettet – immer gerettet?

einer ausrutscht und fällt, können ihm andere aufhelfen und ihn wieder eingliedern. Wenn einer überlastet ist, können andere seine Last mittragen.

Diese „Gemeinschaft" des Geistes ist einer der größten Vorteile, den ein Gläubiger hat. Wir sind nicht dazu berufen, es alleine zu meistern. „Miteinander" ist ein Schlüsselwort in der ganzen Apostelgeschichte. Das Wort „ihr" wird in den Briefen sehr oft verwendet und richtet sich an eine Gemeinschaft; weil in der englischen Sprache nicht zwischen „Du" und „Ihr" unterschieden wird (beides lautet „You") wird vieles individualistisch interpretiert (z.B. „Christ in you, the hope of glory", „Christus in Dir/Euch, die Hoffnung der Herrlichkeit"- im Griechischen heißt es „Euch" Kol 1,27; vgl. „Das Königreich ist in dir/euch" Lk 17,21; wenn es im Englischen mit „unter euch" übersetzt würde, wäre die Sache ebenso klar wie im Griechischen oder Deutschen).

Es ist viel schwerer, als Christ auszuharren, wenn man von der Liebe der Brüder getrennt ist, obwohl einem auch besondere Gnade zuteilwerden kann, wenn die Umstände es nicht anders zulassen (Wie bei Christen wie Richard Wurmbrand, die lange in Einzelhaft im Gefängnis saßen). Die selbst gewählte Absonderung von der Gemeinschaft ist normalerweise zum Scheitern verurteilt. „Lasst uns nicht unser Zusammenkommen versäumen, wie es bei einigen Sitte ist, sondern einander ermuntern, und das umso mehr, je mehr ihr den Tag herannahen seht!" (Heb 10,25).

Eine glühende Kohle kühlt schnell aus, wenn sie aus dem Feuer entfernt wird. Was noch überzeugender ist, ist ein Glied oder Organ, das man aus einem lebenden Körper entfernt. Viele Christen sind aus der Gnade gefallen, nachdem sie zu Einzelgängern wurden.

Die wahre Gemeinde, die eine göttliche Schöpfung ist, ist ebenso eine übernatürliche Kraftquelle, ein Gnadengeschenk für jeden sich mühenden Gläubigen.

Die Schwachheit des Teufels

Satan, der Anführer eines Drittels der Engel, die gegen Gott rebelliert haben und dämonische Fürstentümer und Kräfte wurden, ist dazu bestimmt, die Welt im Griff zu haben (Offb12,4; Eph5,12; 1.Joh5,19). Er ist der Herrscher, der Prinz und sogar der „Gott" dieser Welt (2.Kor4,4).

Er wird alles in seiner Macht Stehende tun, um zu verhindern, dass jemand auf das Evangelium reagiert und den Rettungsprozess beginnt. Er sät Zweifel in die Gedanken, Begierde ins Herzen und Ungehorsam in den Willen. Seine Listen sind uns nicht unbekannt.

Er lässt auch nicht von denen ab, denen vergeben wurde und die mit Gott versöhnt sind. Er versucht andauernd, ihre Sicherheit zu untergraben, indem er sie an die vergangenen Fehler erinnert. Er lauert den Gläubigen wie ein brüllender Löwe auf, „und sucht wen er verschlingen kann" (1.Petr5,8). Natürlich glaubt er nicht an EGIG!

Er ist ein beeindruckender Gegner, hochintelligent, raffiniert und überzeugend in seinen Argumenten, voller Hintergedanken, ein Meister der Verstellung und mit Agenten überall auf diesem Planeten ausgestattet. Selbst der Erzengel Michael „wagte nicht, ein lästerndes Urteil gegen ihn zu fällen" (Jud9), was in starkem Kontrast zu vielen modernen Gebeten steht!

Aber es gibt zwei grundlegende Eigenschaften seiner Autorität, abgesehen von den offensichtlichen Beschränkungen, die jede „Kreatur" hat (z.B. kann er nicht gleichzeitig an mehreren Orten sein; Hi1,7; Lk4,13).

Als erstes steht fest, dass der Teufel unter der totalen Kontrolle Gottes steht. Er muss um göttliche Erlaubnis bitten, bevor er einen Menschen antasten darf (Hi1,12;2,6). Ebenso klar ist, dass diese Welt nicht sein „Königtum" hätte werden können, wenn Gott es nicht erlaubt hätte (Mt12,26).

Einmal gerettet – immer gerettet?

Dass es so kam, stellt einen Akt der Rechtsprechung dar – diejenigen die einen guten König ablehnten, sollten einen schlechten König bekommen. Es war aber auch ein Akt der Gnade – die Erfahrung unter einem schlechten König zu leben, sollte in ihnen die Sehnsucht nach einem guten König wecken. Und genau deshalb, weil Satans Freiheit durch Gottes zulassenden Willen beschränkt ist, kann Gott versprechen, unsere Versuchungen zu begrenzen, sodass wir in der Lage sind, sie zu überwinden.

Zweitens steht fest, dass die Macht des Teufels über die gesamte Menschheit auf Golgatha zerbrochen ist, und zwar durch den einen Menschen, den er nicht mit der Sünde ködern konnte, obwohl er es mit allen Mitteln und Argumenten versucht hat. Kurz bevor Jesus starb, machte er zwei Aussagen: „Jetzt wird der Fürst dieser Welt hinausgeworfen" und „der Fürst dieser Welt...hat keinen Anteil an mir" (Joh12,31; 14,30). Paulus betrachtete die Kreuzigung als die entscheidende Niederlage der dämonischen Kräfte und Autoritäten, die sich gegen Jesus aufgestellt hatten: „Er hat die Gewalten und Mächte völlig entwaffnet und sie öffentlich zur Schau gestellt. Im Kreuz hat er den Triumph über sie gehalten" (Kol2,15).

Die Autorität Satans wurde also vom Vater immer überstimmt und ist jetzt vom Sohn umgestürzt worden. Für Ungläubige ist er nach wie vor ihr König, aber die Herrschaft über Gläubige ist zerbrochen. Er hat keine Macht mehr über sie. Seine Versuche, ihre Gefolgschaft wiederherzustellen, sind eine Mogelpackung, und das kann man entlarven, wenn man ihm widersteht. „Widersteht dem Teufel, und er wir von euch fliehen" (Jak4,7).

Menschen, auf sich alleine gestellt, können es mit ihm nicht aufnehmen. Es wäre töricht, ihn zu unterschätzen, und noch törichter wäre es, sich über ihn lustig zu machen. Nur Jesus war mehr als ein ebenbürtiger Gegner für ihn. In

Christus können auch wir es sein. Aber wir müssen immer wachsam sein. Jesus lehrte seine Jünger, täglich um die „Befreiung von dem Bösen" zu beten (Mt6,13; wörtlich: „der Böse", sowohl Artikel als auch das Hauptwort sind maskulin).

Das also sind unsere himmlischen Quellen, die wir in Gott haben, und die uns in Christus zur Verfügung gestellt werden. Es gibt keine Notwendigkeit und auch keine Entschuldigung für jeden Gläubigen, wenn er nicht ausharrt und sein Erbe verliert.

„Wenn Gott für uns ist, wer kann gegen uns sein?" (Röm8,31). Niemand, außer wir selbst!

Nachwort

Charles Wesley schrieb während der Erweckung im achtzehnten Jahrhundert sechstausend Lieder, die es in die „Hitparade" der damaligen Zeit brachten, von deren Hits er sich auch manche Zeilen zu eigen machte (aus „A welcome to the Admiral", das die Nutten in Bristol sangen, wurde „A welcome to the pardoned soul" für diejenigen, die Christus gefunden hatten). Einige seiner Kirchenlieder wurden für alle Zeiten weltberühmt:

And can it be that I should gain an interest in the Saviour's blood? (Kann es sein, dass Gott mir gibt, ein Anrecht an des Heilands Blut?)

An seinem ersten „Geburtstag" als wiedergeborener Gläubiger war sein größter Wunsch:

O for a thousand tongues to sing my dear Redeemer's praise. (Mein Mund besinge tausendfach des Welterlösers Ruhm!)

Sein Bruder John dachte, dass „dear" doch etwas zu vertraut wäre, und änderte es in „great"! Und was wäre Weihnachten ohne:

Hark, the herald angels sing: Glory to the new-born king. (Hört die Engelsboten singen: Preist den neugeborenen Herrn!)

(Ursprünglich lautete es: „Hark, how all the welkin rings"' (Hört wie alle Wolken klingen).

Als ich vor einigen Jahren mit dem Predigen begann, sagte man mir: „Wenn du biblische Wahrheiten predigst, dann kannst du fast immer ein Lied von Charles Wesley finden,

Einmal gerettet – immer gerettet?

das zu dem Thema passt und was dann bei der Gemeinde immer auf Resonanz stößt." Mein Informant hatte aber auch eine Warnung: „Wenn du kein passendes Lied findest, dann solltest du dich fragen, was du eigentlich gepredigt hast." Natürlich ist das keine unfehlbare Anleitung, aber ich finde, dass es eine gute Faustregel ist.

Seine Dichtkunst ist voll von biblischen Bezügen und Hinweisen. In einem Achtzeiler habe ich schon Hinweise auf sechzehn Schriftstellen entdeckt! Und weil viele Kirchgänger ihre Lehre aus den Kirchenliedern bekommen, sind seine Lieder ein wunderbarer Weg, das Evangelium auf wahrhaftige Weise in den Sinn und das Herz einzupflanzen.

Deshalb möchte ich diese Studie mit einem von ihnen beschließen. Bis 1983 war dieses Lied in allen methodistischen Liederbüchern vorhanden, obwohl ich mich nicht daran erinnern kann, dass ich es jemals gesungen gehört habe. Es richtete sich eben nicht an Neubekehrte und befand sich in der Kategorie „Wachet und betet". Ich kann den Lesern, die mit meinen Standpunkten in diesem Buch übereinstimmen, nur empfehlen, diese Verse hin und wieder in ihrer privaten Anbetungszeit zu nutzen und laut zu rezitieren.

Nachwort

Ah, Lord, with trembling I confess
Ach Herr, mit Zittern bekenne ich,
A gracious soul may fall from grace;
Die begnadigte Seele kann aus der Gnade fallen;
The salt may lose its seasoning power,
Das Salz kann seine Würzkraft verlieren,
And never, never find it more.
Und niemals, niemals mehr wiederfinden.
Lest that my fearful case should be,
Damit dieser Fall für mich nicht gilt,
Each moment knit my soul to Thee;
Meine Seele ich allezeit mit dir verbind;
And lead me to the mount above,
So führ mich auf des Berges Gipfel,
Through the low vale of humble love.
Durch das tiefe Tal der demütigen Liebe.

Anhang I

Unbequeme Texte

Eine Kritik, die sich gegen mein Buch erheben könnte (und ich habe keinen Zweifel, dass es so sein wird) ist, dass ich alle Texte, die man zur Unterstützung von EGIG heranziehen könnte, ignoriert habe. Das ist ein gewichtiger Punkt, den ich jetzt richtigstellen möchte.

Das dritte Kapitel, in dem ich die maßgeblichen Schriftstellen behandelt habe, ist schon beinahe zu lang geraten, sodass ich die Nachforschungen absichtlich auf diese biblischen Befunde beschränkt habe, die EGIG in Frage stellen, was ja auch der Titel und die These dieses Buches ist.

Dennoch sind mir die Verse, die häufig herangezogen werden, um EGIG zu verteidigen, durchaus bewusst, und ich will jetzt einige Dinge kommentieren. Zuerst will ich einige Beobachtungen teilen, wie man Texte verwendet, um damit eine Lehre zu untermauern.

Es ist richtig und notwendig, dass man spezielle Aussagen der Schrift verwendet, um unsere Überzeugungen zu unterstützen. Es gibt aber drei Grundprinzipien, die man anwenden muss, damit das Zitieren und Untermauern durch Schriftstellen einer Überprüfung standhält.

Als erstes muss der Text korrekt und in seiner ganzen Länge und in seiner ihm ursprünglich zugedachten und beabsichtigen Bedeutung wiedergegeben werden.

Zweitens muss der Text in seinem Kontext betrachtet

werden (sonst wird er zu einer Ausflucht!). Das bedeutet, dass man nicht nur den vorangehenden und nachfolgenden Satz, sondern den Abschnitt, das ganze Buch und sogar das Testament, in welchem er erscheint, mit einbezieht.

Drittens muss der Text im Einklang mit allem, was die Bibel sowohl allgemein als auch speziell über das betreffende Thema sagt, interpretiert werden.

Ich habe versucht, mich in meiner Untersuchung der Schrift daran zu halten, auch wenn der kritische Leser bestimmt einige Fehler entdecken wird! Was zu Tage trat war ein immer wiederkehrendes Muster in beiden Testamenten, in fast allen Büchern und bei jedem Autor der neutestamentlichen Bücher.

Trotzdem gibt es immer noch einige Verse, die auf den ersten Blick scheinbar das Gegenteil von meinen Schlussfolgerungen aussagen. Diese müssen wir nun in Betracht ziehen. Ich nenne diese Verse einfach einmal die „Was ist aber mit…-Texte", denn sie werden in eine Diskussion fast immer mit diesen Worten eingeführt.

Die Tatsache, dass sie nicht so zahlreich wie die von mir herangezogenen Texte (über 80) sind, ist nicht unbedingt ausschlaggebend. Theologie ist kein Zahlenspiel, das die „Für und Wider-Texte" zählt, um dann den Sieger ausfindig zu machen. Es kann allerdings sachdienlich sein, wenn man die Durchschlagskraft der Schrift hier erkennen kann.

Wir müssen aber darauf bestehen, dass die drei vorher genannten Prinzipien angewandt werden, wenn man einzelne Texte zur Beweisführung heranzieht.

Ich wurde neulich in einer Diskussion von einer Wortmeldung herausgefordert: „Was ist aber mit dem Text im Philipperbrief – der das gute Werk in euch begonnen hat, wird es auch zu Ende führen bis auf den Tag Christi Jesu" (Phil 1,6). Ich forderte den Zwischenrufer auf, den ganzen Vers zu zitieren, dessen er sich aber nicht entsinnen konnte. Er zitierte es so, als ob es eine göttliche Verheißung an alle Gläubigen wäre. Aber der Satz, der ja noch nicht einmal vollständig war, beginnt mit „Ich bin ebenso zuversichtlich..." So stellt er eine menschliche Betrachtung und nicht einen göttlichen Schwur dar. Und er richtete sich an die Philipper und nicht an alle Gläubigen zu jeder Zeit und an jedem Ort; die darauffolgenden Worte sind: „So ist es für mich recht, dass ich dies im Blick auf *euch* alle denke" (Phil1,7). Vor allen Dingen kann in das „zuversichtlich" zu viel hineingelesen werden (Das war der Teil des Verses, der nicht zitiert wurde, weil man sich nicht daran erinnerte). Dieses Wort bedeutet „sehr optimistisch sein", und nicht „absolut sicher sein". Paulus verwendet dasselbe Wort (*pepoithos*), wenn er über seinen bevorstehenden Prozess und seinen Ausgang spricht. Er hält seinen Freispruch für höchst wahrscheinlich, ist aber auch auf die unangenehme Möglichkeit seiner Hinrichtung vorbereitet. Seine „Zuversicht" für die Philipper ähnelt auffallend dem „wir sind im Hinblick auf euch vom Besseren überzeugt" (Heb6,9).

Ein weiteres Beispiel für diese Art von Beweisführung ist „wenn wir untreu sind, bleibt er treu" (1.Tim2,13). Dieser Paarreim könnte für sich genommen bedeuteten, was immer wir tun, er wird seine Beziehung nie abbrechen. Aber auch hier wird nicht der ganze Vers zitiert. Der Rest macht es nämlich ganz klar, dass er sich selbst treu bleiben wird und nicht uns gegenüber. Auch wenn wir uns ändern, wird er sich nicht ändern, „denn er kann sich nicht verleugnen". Der unmittelbar vorangehende Vers dieses „Glaubenssatzes" ist: „Wenn wir ihn verleugnen, so wird er uns verleugnen" (1.Tim2,12). In einigen Dingen wird er auf gleiche Weise reagieren, in anderen nicht.

Ein weiterer Favorit ist: „Dem aber, der euch ohne Straucheln zu bewahren und vor seine Herrlichkeit tadellos

Einmal gerettet – immer gerettet?

mit Jubel hinzustellen vermag…" (Jud24). Dies stellt eine Lobpreisung Gottes und keine göttliche Verheißung dar, wie der Rest des Satzes zeigt: „Dem alleinigen Gott, unserem Retter durch Jesus Christus, unseren Herrn, sei Herrlichkeit, Majestät, Gewalt und Macht vor aller Zeit und jetzt und in alle Ewigkeit! Amen!" (Jud25). Das Schlüsselwort ist „vermag". Es bezieht sich auf seine Fähigkeit festzuhalten, nicht aber auf die Sicherheit, es zu tun; „dem aber…der vermag" sollte nicht als „dem aber…der daran gebunden ist…" gelesen werden. Bezeichnenderweise werden die Leser nur wenige Verse vorher dazu angehalten, „sich in der Liebe Gottes zu erhalten". Dieses „erhalten" hat zwei Aspekte. Gott vermag uns zu halten, wenn wir uns in seiner Reichweite aufhalten!

Es ist wirklich überraschend, wie viele Texte wie diese ein „passendes Gegenüber" (wie man es nennen könnte) im Kontext aufweisen, welches den Text mit einer Bedingung weiter modifiziert. Mir kommen sofort einige in den Sinn. „Der uns aber mit euch festigt in Christus ist Gott" (2.Kor1,21) könnte man so verstehen, dass keinerlei Mitarbeit unsererseits notwendig ist, bis uns ein benachbarter Vers daran erinnert: „denn ihr steht durch den Glauben" (2.Kor1,24). Dieselbe Person, die sagt: „Ich bin überzeugt, dass er mein anvertrautes Gut bis auf jenen Tag zu bewahren vermag (Merke: es heißt nicht „er ist daran gebunden")" (2.Tim1,12), vermag zu sagen: „Ich habe den Glauben bewahrt" (2.Tim4,7). Eine modifizierende Bedingung im Kontext ist auch für einen der bekanntesten Verse, mit den man EGIG unterstützen will. Der „gute Hirte" sagt über seine Schafe: „Niemand kann sie aus der Hand meines Vaters entreißen" (Joh10,29; Vers 28 sagt „aus meiner Hand"). Aber kurz vorher hat er seine Schafe definiert als diejenigen, die „meine Stimme hören…und mir folgen". Beide Tätigkeitsworte stehen wieder in der Verlaufsform der

Gegenwart, so dass sie nicht auf jemanden bezogen werden können, der irgendwann einmal hörte und irgendwann einmal anfing zu folgen. Die Aussage kann sich nur auf diejenigen beziehen, die immer noch hören und jetzt folgen und damit weitermachen (Eine moderne Übersetzung bringt dies gut zur Geltung: „meine Schafe, die gewohnt sind zu hören…"; Wuest's Übersetzung). Berechtigterweise könnte man sagen, dass niemand, der aufgehört hat zu hören und zu folgen, jemals zu seinen Schafen gehört hat, aber das wird hier nicht ausgesagt. Jesus hat zu „Juden" gesprochen, die weder zugehört haben noch gefolgt sind, sondern immer nur sein Recht in Frage gestellt haben, den messianischen Titel des „Hirten" in Anspruch zu nehmen (Joh10,24 i.V.m. Hes37,24). Was er zu solchen gesagt haben würde, die nur eine gewisse Zeit lang gehört haben und gefolgt sind, müsste man aus anderen Schriftstellen herleiten. Außerdem stellt das „aus des Vaters Hand reißen" einen Versuch eines anderen dar; man kann es nur schwer als eine Tätigkeit bezeichnen, mit der man etwas aus seiner eigenen Hand reißt (Hast du schon einmal versucht, dir selbst etwas zu entreißen?) Das ist keine Haarspalterei. Diese Aussage trifft einfach nicht auf solche zu, die auf eigene Initiative abspringen oder abfallen. Die Hand des Vaters ist keine geballte Faust, aus der es kein Entrinnen gibt. Würde man diesen Vers als eine absolute Aussage für ewige Sicherheit ansehen, käme er mit dem weiteren Kontext des ganzen Buches, mit der Betonung auf das „fortwährende" Glauben und das damit einhergehende „fortwährende" Besitzen des Lebens in Konflikt. Und es würde die Aufforderung Jesu, am wahren Weinstock dranzubleiben und festzubleiben und nicht zu verdorren, abgeschnitten und verbrannt zu werden, als unsinnig erscheinen lassen (Joh15,1-6). Der Vers sollte also als eine Zusicherung verstanden werden, dass niemand anderer diejenigen aus des Vaters Hand reißen kann, die weiterhin auf seinen Sohn hören und ihm nachfolgen (gleichbedeutend mit gehorchen).

Ähnliches kann man auch bei anderen bekannten Texten beobachten. „Denn ich bin überzeugt, dass weder Tod noch Leben, weder Engel noch Gewalten, weder Gegenwärtiges noch Zukünftiges, noch Mächte, weder Höhe noch Tiefe, noch irgendein anderes Geschöpf uns wird scheiden können von der Liebe Gottes, die in Christus Jesus ist, unserem Herrn" (Röm8,38.39). Diese Behauptung ist allumfassend und kategorisch. Muss da noch irgendetwas dazu gesagt werden? Lässt dieser Vers noch irgendwelche Fragen offen? Diesen Vers rezitierte und grölte man mir auf Spring Harvest lautstark (siehe Einleitung) entgegen. Ich wies eben auf eine alarmierende Lücke in dieser Liste hin – wir selbst! Wir haben in diesem Anhang bereits die Ermahnung erwähnt: „Erhaltet euch in der Liebe Gottes", ein nicht notwendiger Appell, wenn es keine Alternative gäbe. Im Kontext geht es um Situationen, wo Jünger unter dem Druck von „Schwierigkeiten, Nöten, Verfolgung, Hungersnot oder Blöße oder Schwert" stehen (Röm8,35); aber nichts von alledem wird sie von Christus trennen oder sie überwältigen. Sie werden immer „mehr als Überwinder sein" (Röm8,37). Das ist eine erstaunliche Behauptung – kein Christ wird jemals untergehen? Alles stützt sich auf die Verheißung: „Wenn Gott für uns ist, wer kann gegen uns sein?" (Röm8,31). Aber was ist, wenn wir uns von ihm abwenden und uns damit gegen uns selbst wenden? Um das ganze Bild zu sehen, müssen wir weiter vorne im Kapitel nachlesen: „Wir wissen, dass alle Dinge denen zum Guten mitwirken, die Gott lieben (fortwährend lieben)" (Röm8,28). Es gibt also Bedingungen. Weiter vorne gibt es noch mehr davon. „Wenn wir Kinder sind, dann sind wir Erben – Erben Gottes und Miterben zusammen mit Christus, wenn wir wirklich mitleiden, damit wir auch mitverherrlicht werden"

(Röm8,17; merke auf die „wenn's" des Paulus und vergleiche diese Verse mit Philipper 3,10.11). Und davor hat er seine Leser sogar gewarnt, dass das Leben nach dem „Fleisch" (d.h. nach der „sündhaften Natur", so wie es die New International Version übersetzt), den Tod nach sich zieht; wenn sie aber schonungslos mit den „Untaten des Leibes" umgehen (die Geschäfte des Leibes töten), werden sie das Leben und die Führung des Geistes genießen können. Dass Paulus es für möglich hielt, dass Gläubige dem Fleisch die Herrschaft in ihrem Leben einräumen können, wird durch ähnliche Passagen in einem anderen Brief (Gal5) bestätigt. Ist es vorstellbar, dass Gläubige, die solch ein Leben führen, „mehr als Überwinder" sind, wenn sie unter Druck stehen? Die triumphalen Feststellungen am Ende dieses Kapitels beruhen sicherlich auf der Annahme, dass Gläubige vom Geist kontrolliert werden, dessen Trachten Leben und Friede ist (Röm8,6), dass sie vom Geist geleitet werden und die Sicherheit des Geistes genießen (der fortlaufend bezeugt, dass sie Gottes Kinder sind; Röm8,16), dass sie im Geist beten (der sich mit „unaussprechlichen Seufzern" für uns verwendet; Röm8,26). Dieses ganze „Leben im Geist" ist der Hintergrund, vor dem diese zuversichtlichen Behauptungen ausgesprochen werden, die ihren Höhepunkt in den letzten Versen des Kapitels erreichen. Können diese Behauptungen wirklich genauso auf Gläubige, die im Fleisch leben, die ihrer alten sündhaften Natur die Oberhand über ihr Leben gewinnen lassen, bezogen werden? Können diese wirklich darauf vertrauen, dass nichts und niemand die Überhand über sie gewinnt? Andere Schriftstellen (besonders die Briefe an die sieben Gemeinden in Asien; Offb2-3) vermitteln den Eindruck, dass der äußere Kampf in die Niederlage führen wird, wenn erst einmal der innere Konflikt verloren ist. Wenn wir die Versuchung nicht überwinden können, dann werden wir kaum die Verfolgung überwinden können. Die

Einmal gerettet – immer gerettet?

reichen Verheißungen dieses Kapitels setzen voraus, dass „ihr nicht von eurer sündhaften Natur kontrolliert werdet, sondern durch den Geist, wenn wirklich der Geist Gottes in euch lebt (andauernd und fortlaufend lebt). Und wenn jemand den Geist Christi nicht hat (nicht fortlaufend am haben ist), dann ist er nicht sein" (Röm8,9; der bestimmte Artikel fehlt überall im griechischen Originaltext, was eher die Kraft als die Person des Heiligen Geistes hervorhebt). Dieses Kapitel ist voller „Wenn", achtmal in neun Versen). Wenn diese Bedingungen erfüllt sind, dann kann die herrliche Bestätigung folgen. Wenn diese Versicherungen ohne Bedingungen wären, dann wäre es unvorstellbar, dass später im Brief darauf noch so etwas folgen würde wie die unzweideutige Warnung: „…wenn du in seiner (Gottes) Güte bleibst. Sonst wirst auch du herausgeschnitten werden" (Röm11,22).

Andere berufen sich auf: „…so wird er Schaden leiden, er selbst aber wird gerettet werden, doch so wie durchs Feuer" (1.Kor3,15). Hier wird angenommen, dass dadurch bestätigt wird, dass Gläubige selbst nicht verloren werden können, wenn das Gericht kommt, selbst wenn sie dabei andere Segnungen, insbesondere eine mögliche Belohnung oder Anerkennung, verlieren können. Nochmals, es muss der ganze Vers mit dem ersten Satzteil zitiert werden: „Wenn jemandes Werk verbrennen wird…" Wenn was brennt? Das, was ein Mensch während seines Dienstes im Leib Christi „aufgebaut" hat, ob als „Pionier" oder „Verwalter" (an dieser Stelle durch das Pflanzen und Wässern illustriert). Mit anderen Worten, was hier gerichtet wird, ist der Dienst des Gläubigen und nicht seine Sünden. Was die Qualität von Diensten anbelangt, da gibt es große Unterschiede. Das Feuer des göttlichen Gerichts wird einige unversehrt lassen (wie Gold, Silber und edle Steine) und anderes vernichten (wie Holz, Heu und Stroh). Aber jemand, der zumindest versucht hat, dem Herrn zu dienen, wird überleben, selbst wenn ihm nichts übrigbleibt, um seine Arbeit zu zeigen oder Lohn zu verdienen. Das hat mit den Sünden eines Gläubigen nichts zu tun, die mit seinem Dienst nichts zu tun haben, wie die nächsten Verse eindeutig zeigen: „Wisst ihr nicht, dass ihr Gottes Tempel seid und dass Gottes Geist in euch lebt? Wenn jemand den Tempel Gottes zerstört, den wird Gott zerstören" (1.Kor3,16.17). In diesem Kontext teilt die Sünde die Gemeinde in neidische und zerstrittene Gruppen, die verschiedenen Dienern Christi „folgen" und nicht Christus selbst. An anderer Stelle wendet er denselben Vorwurf auf sexuelle Unmoral an (1.Kor6,18.19). Wir können mit einem schlechten Dienst davonkommen (aber nur gerade so), aber nicht mit Sünde.

Lasst uns schließlich die Beschreibung des Heiligen Geistes als „Siegel" und als „Anzahlung" betrachten (Eph1,13.14). Von beidem wird angenommen, dass sie Dauerhaftigkeit garantieren und damit auch das Ausharren. Wenn man ein „Siegel" betrachtet, dann ist es nicht notwendigerweise dauerhaft fixiert. Das Siegel der Prophetien Daniels bestand nur „bis zur Zeit des Endes" (Dan12,9). Dasselbe gilt für die sieben Siegel auf Gottes Programm zur Beendigung des Zeitalters (Offb5,9;6,1). Das Siegel auf dem Grab Jesu war nur drei Tage vorgesehen (Mt27,64); die Frauen rechneten damit, dass man es brechen könnte, wenn sie kommen würden, um den Leichnam zu salben. Das Siegel auf dem Verließ des Teufels wird nach nicht einmal eintausend Jahren gebrochen werden (Offb20,3.7). Damit will ich nur sagen, dass ein Siegel entweder zeitweise oder dauerhaft angebracht werden kann; es ist aber nicht zwangsläufig dauerhaft. In allen Fällen ist es nur eine Metapher für den Geist, sodass die wirkliche Frage nicht ist, ob ein Siegel gebrochen werden kann oder nicht, sondern ob die Gabe des Heiligen Geistes wieder weggenommen kann oder nicht, was in diesem

Einmal gerettet – immer gerettet?

Kontext weder gefragt noch beantwortet wird. Während Siegel für verschiedene Dinge (Dokumente oder Gräber) verwendet werden, werden sie auch zu verschiedenen Zwecken verwendet. Was Paulus dabei am meisten im Sinn hatte, war ein Zeichen des Eigentumsrechts auf einem Besitztum (Er benutzt beide Worte: „gekennzeichnet" und „Besitztum"). Die Gabe des Geistes an diejenigen, die „geglaubt haben", war Gottes Bestätigung, dass sie nur ihm gehörten, ein objektiver Beweis für andere, damit sie sehen, dass er sie angenommen hatte. Der Vers selbst sichert keine gedankliche Erweiterung eines „für immer" nach der „Versiegelung" zu.

Mit „Anzahlung" wird das griechische Wort *arrabon* übersetzt. Ursprünglich war es ein Begriff aus der Finanzwelt für die erste Anzahlung, wenn man einen Handel oder eine Transaktion vorgenommen hatte. Weniger häufig wurde der Begriff für die andere Seite der Transaktion verwendet, als erste Ablieferung einer größeren Bestellung. In beiden Fällen war die Botschaft, die man dadurch gab, dass „es bei dem, der sie geleistet hat, noch mehr gibt." Im modernen Griechisch wird der Begriff *arrabon* für einen Verlobungsring verwendet. Eine klare Botschaft der Vorwegnahme schwingt mit, ein Erwarten des ganzen Rests, wobei arrabon nur ein Musterstück, eine Kostprobe darstellt. ABER, und zwar ein ganz großes, die „Anzahlung" war keine Garantie, dass der Rest zwangsläufig folgen würde. Er verfiel, wenn das ganze Geschäft platzte, wenn der Rest des Geldes oder der Ware nicht folgte. Auch Verlobungen können platzen und nicht zu Hochzeit führen. Wenn man „Anzahlung" als „Garantie" versteht, entfernt man sich von der Aussage des Textes (so wie die New International Version es tut mit ihrer Übersetzung „eine Anzahlung, die unser Erbe *garantiert*", die dieses Wort einfach einschiebt, obwohl es im Original nicht vorkommt). Die „Anzahlung" des Geistes garantiert

Anhang I Unbequeme Texte

uns natürlich, dass es einen Himmel über uns gibt, garantiert aber nicht, dass wir ihn ererben werden; sie ist eine objektive Garantie auf den Himmel, aber keine subjektive Garantie auf uns (oder sogar gegen uns, gleich wie wir uns erweisen). Darauf weist auch die Tatsache hin, dass das Erbe „bis zur Erlösung" nicht in Besitz genommen werden kann (das kann nur die völlige und letztendliche Rettung, die auch unsere Leiber einschließt, bedeuten; Röm 8,23).

Ich habe jetzt nicht alle Texte, die für EGIG sprechen könnten, behandelt, sondern eine repräsentative Auswahl, die normalerweise zitiert werden. Du sollst aber zumindest wissen, dass ich sie kenne und sie studiert habe, selbst wenn du mit meiner Auslegung nicht einverstanden bist.

Ich glaube auch nicht, dass ich meine Meinung über sie ändern werde. Je länger man einen Vers auf eine gewisse Weise versteht, desto schwieriger wird es, ihn anderes zu sehen. Was ich aber zu erreichen hoffe, ist die Einsicht, dass es auch andere Arten der Auslegung gibt, an denen man mit Fug und Recht festhalten kann. Selbst wenn man nur akzeptiert, dass einige Texte mehrdeutig sein können, dann wäre das schon einmal ein erster Schritt.

Andere werden mich sogleich beschuldigen, dass ich etwas „wegerklären" will, was für sie eindeutige und klare Verkündigungen darstellen. Wir müssen andere Meinungen stehen lassen und uns vertragen können.

Mein Anliegen ist es nicht, in der Lage zu sein, die traditionelle Auslegung dieser Texte zu widerlegen, weshalb ich sie auch nur in einem Anhang betrachtet habe. Meine Auslegung gründet sich auf das durchgängig vorherrschende Muster von Texten und Passagen, die von EGIG wegzeigen, was für den geneigten Bibelstudent zu eindrucksvoll und überzeugend sein dürfte, um abgestritten zu werden.

Anhang II

Der Abgefallene Apostel

Gibt es hier eine zufällige Übereinstimmung oder mehr als das? Einer der zwölf Stämme Israels und einer der zwölf Apostel der Gemeinde sind für immer verloren. Die Namen von Dan und Juda waren auf einem der Tore und auf einem der Grundsteine des neuen Jerusalem eingraviert, aber beide werden durch andere Namen ersetzt. Diese ernüchternde Tatsache verbindet Altes und Neues Testament.

Der Verrat des Judas ist so berüchtigt, dass man leicht alles weitere, was er getan hat, übersieht. Nach einer Nacht des Gebets wurde er von Jesus sorgfältig ausgewählt, im innersten Kreis der Jünger um Jesus zu sein. Er folgte Jesus drei Jahre lang nach und lernte von ihm. Er wurde zusammen mit einem anderen Jünger mit demselben Namen Judas, dem Sohn von Jakobus, in die Mission gesandt. Er predigte das Evangelium des Königreichs, heilte die Kranken und trieb Dämonen aus. Er war der „Schatzmeister" dieser Gruppe von Aposteln und verwaltete die Zuwendungen von Sympathisanten.

Interessanterweise war er der einzige Apostel, der aus dem Süden des Landes stammte (Iskariot bedeutet „Mann aus Kerioth"); alle anderen stammten aus Galiläa und einige von ihnen waren leibliche Verwandte von Jesus (Deshalb waren sie auch auf der Hochzeit von Kana dabei).

Aber da war diese Schwachstelle in seinem Leben – die Gier, die sich in Geldliebe äußerte. War es seine

Idee, Schatzmeister zu werden, oder hat Jesus ihn dazu eingesetzt? Wir wissen es nicht. Was wir aber wissen, ist, dass er der Versuchung nicht widerstehen konnte und das ihm anvertraute gemeinsame Geld zu privaten Zwecken missbrauchte. Er war es, der protestierte, als das wertvolle Salböl für Jesus „verschwendet" wurde, dessen Erlös man doch in die gemeinsame Kasse hätte einlegen können. Er tarnte seine Selbstsucht, indem er vorschlug, den Erlös den Armen zu geben (Joh 12,5.6).

Die Einzelheiten des Verrats sind bekannt. Während des Passahfestes, als Jerusalem mit Tausenden von Pilgern überlaufen war, konnten die Anführer des Volkes keine öffentliche Verhaftung wagen, ohne damit einen Aufstand zu provozieren, denn Jesus war insbesondere bei den Galiläern eine hochangesehene Persönlichkeit. Also mussten sie in Erfahrung bringen, wo und wann er alleine war, um ihn unauffällig verhaften zu können. Judas lieferte diese Information gegen eine Belohnung, die einem Preis für einen Sklaven entsprach.

Es ist modern geworden, seine Tat zu beschönigen, indem man ihm politische und nicht finanzielle Motive unterstellt. Er wäre unwillig über die Weigerung Jesu gewesen, sich als König proklamieren zu lassen, und deshalb hätte er ihn in Zugzwang bringen wollen, indem er eine Krise herbeiführen wollte. Aber für solch eine private Verschwörung finden wir in der Schrift keinerlei Hinweis.

Naheliegender ist aber, dass er erkannte, dass Jesus keine Ambitionen für einen Staatsstreich hatte, besonders nach dem Debakel einige Tage zuvor, als Jesus in die Stadt hineinritt – auf einem Esel, der für Frieden steht und nicht für Krieg wie das Pferd. Und dann war da noch, quasi als Höhepunkt, die Geißelung der jüdischen Händler und nicht die der römischen Soldaten. Das war in seinen Augen mehr als ungeschickt und führte dazu, dass das Volk sich für

Barabbas entschied, einen Freiheitskämpfer, der sein Heil in terroristischen Aktivitäten suchte.

Die ganze Situation wurde von Jesus auf katastrophale Weise gehandhabt, so jedenfalls in den Augen Judas` und des Mobs von Jerusalem. Was sein größter Triumph hätte sein könnte, entwickelte sich zu einer schrecklichen Niederlage, mit einem Jesus, der täglich im Tempel verhöhnt und verlacht wurde. Es wurde Zeit, das hinter sich zu lassen und zu retten, was noch zu retten war.

Jesus wusste, was sich im Herzen und in den Gedanken des Judas abspielte. Beim letzten Abendmahl mahnte Jesus ihn noch einmal zur Vernunft, drängte ihn aber dann, seinen selbstgewählten Weg zu gehen. So ging er nun in die dunkelste Nacht hinaus. Hatte er die Kasse mitgenommen? Sein berechnender Verstand hatte sich schon zurechtgelegt, dass er aus seinem Seitenwechsel auch Profit schlagen könnte. Er wurde zum schlimmsten Verräter der Menschheitsgeschichte, der nicht im Traum daran dachte, dass sein Name für alle Zeiten zum Inbegriff für Verrat werden sollte.

Dass er seine niederträchtige Tat fast unmittelbar darauf bereute, wird auch berichtet. Aber seine Reue führte zur Verzweiflung und nicht zur Buße. Er schleuderte die Münzen seinen neuen Herren ins Gesicht, nahm ein Seil und hängte sich an einem Baum auf. Aber auch das ging daneben. Entweder zerriss das Seil oder der Ast brach ab und er stürzte in die unter ihm liegende Schlucht zu Tode, sein Bauch platzte beim Aufprall auf. Passenderweise war es das Hinnom-Tal, bzw. Gehenna, die Müllkippe Jerusalems, die immer brannte und qualmte und voller Würmer war – Jesus benutzte sie als Bild auf die Hölle. Dorthin wurden auch die Leichname exekutierter Verbrecher geworfen (Jesus hätte dieses Schicksal ebenso erwartet, hätte ihn Josef von Arimathia nicht davor bewahrt). So wie auch Petrus später bemerkte: „Judas ging dorthin, wo er hingehört" (Apg1,19). Das ist die menschliche Geschichte einer tragischen Figur und sie wirft tiefgreifende Fragen auf. Gibt es auch einen göttlichen Aspekt bei dieser Geschichte? War er vielleicht dazu vorherbestimmt, diese entscheidende Rolle bei der Kreuzigung Jesu zu spielen? Hat Jesus ihn vielleicht nur deswegen ausgewählt? Die Tatsache, dass Jesus schon ziemlich am Anfang seines Dienstes seine verhängnisvolle Schwachstelle kannte, scheint in diese Richtung zu weisen (Joh6,70: „Aber einer von euch ist ein Teufel"; *diabolos* bedeutet normalerweise „falscher Ankläger"). Aber die Schrift hört an dieser Stelle auf, diesbezüglich eine umfassende Antwort zu geben. Es gibt jedoch einen aufschlussreichen Vers in allen drei synoptischen Evangelien (Mt26,24; Mk14,21; Lk22,22): „Der Sohn des Menschen wird dahin gehen, wie es geschrieben ist, aber wehe jenem Menschen, durch den der Sohn des Menschen überliefert wird! Es wäre besser für ihn, er wäre niemals geboren worden." Dies offenbart die Unausweichlichkeit des Verrats. Es wurde von den Propheten vorhergesagt und musste sich auch ganz gewiss erfüllen. Das *Ereignis* war demnach vorherbestimmt, und wie steht es um den *Ausführenden*? Rein sprachlich betrachtet war es eindeutig seine freie Entscheidung, für die er auch Verantwortung übernehmen musste.

Ähnlich rätselhaft ist die geistliche Bedeutung. War er „wiedergeboren" und „wiederhergestellt"? Nochmals, wir können uns auf keine Aussage berufen, was einen vermuten lässt, dass diese Frage unwichtig, wenn nicht sogar unpassend ist. Jedoch scheint er die Bedingungen erfüllt zu haben, die ein aus „Gott geboren-sein" während des Zeitraums zwischen der Taufe und dem Tod Jesu voraussetzt (Joh1,12.13; beachte die Vergangenheitsform, die es unmöglich macht, diese Schriftstelle für die Seelsorge zu

Anhang II   Der Abgefallene Apostel

verwenden, wenn Jesus nicht mehr in dieser Welt oder unter seinen Leuten ist; Joh1,10.11). Man kann ihn nicht einfach den Leuten zugesellen, die sagen „Herr, Herr", auch wenn sie prophezeien, Dämonen austreiben und Wunder wirken (Mt7,21.22), denn man kann sich kaum vorstellen, dass Jesus zu Judas sagen wird: „Ich habe dich niemals gekannt", wo er ihn doch sogar auserwählt hat!

Er ist die einzige Person des Neuen Testaments, dem alle drei Dienste eines Apostels, eines Ältesten und eines Diakons zugeschrieben werden. Petrus, der die Wahl für die Nachfolge des Judas beaufsichtigte (durch Lose!), benutzt drei Worte um seinen Dienst zu beschreiben – *apostolos*, *episcopos* und *diakonos*, was nicht gerade ein ermutigender Präzedenzfall ist, alle drei Ämter in einer Person vereinigen zu wollen!

Ein Satz im hohepriesterlichen Gebet Jesu (Joh17) hat eine beachtliche Debatte ausgelöst. Nachdem er unumwunden zugegeben hatte, dass er einen von denen, die ihm vom Vater anvertraut worden waren, „verloren" hat (Was bedeutet, dass Jesus den Judas erwählte, weil der Vater ihn erwählt hatte), nannte er ihn „den Sohn des Verderbens" (Joh17,12). Dies kann man auf dreierlei Weise interpretieren: Er war es schon immer durch sein Wesen (So wie er Johannes und Jakobus *boanerges* „Donnersöhne" nannte und zwar wegen ihres Temperamentes und nicht wegen ihres Stammbaums) oder sein Charakter hatte sich dahingehend entwickelt oder dies war sein zukünftiges Schicksal (Die New International Version übersetzt es als „dem Untergang geweiht"). Der Ausdruck „Sohn des" kann sich also auf die Vergangenheit, die Gegenwart oder die Zukunft beziehen. Kommentatoren neigen dazu, ihre theologischen Vorlieben (oder Vorurteile) entscheiden zu lassen, aber hier haben wir die Situation, dass alles zutreffen kann. Es ist sicherer, an der Offenbarung zu bleiben als

Einmal gerettet – immer gerettet?

sich in Spekulationen zu verlieren. Ausschlaggebend ist die Tatsache, dass von Judas in allen vier Evangelien und in der Apostelgeschichte eindrücklich berichtet wird. Offensichtlich hat er in der Erinnerung seiner Kollegen einen starken Eindruck hinterlassen und seine entscheidende Rolle bei der Hinrichtung ihres Anführers kann den Raum, den sie ihm in ihren Berichten geben, erklären. Aber noch etwas anderes muss eine Rolle spielen.

Wenn wir noch einmal in den Obersaal zu ihrem letzten Mahl mit Jesus (und Judas) zurückkehren, finden wir den Grund, warum seine Tat solch einen Eindruck auf sie hinterlassen hat. Als Jesus sie aufschreckte und verkündete, dass ein Verräter in ihrer Mitte sei, war ihre unmittelbare Reaktion: „Bin ich es, Herr?" Die Tatsache, dass sie nicht sofort an Judas dachten, zeigt, dass ihnen, anders als Jesus, nicht klar war, wie innerlich schwach und untreu Judas sich erweisen würde. Eigentlich erkannten sie, dass es jeder von ihnen sein könnte. Sie wussten, dass sie dazu in der Lage waren. Ihre Frage offenbarte eine Angst, die sie alle teilten. Sie suchten eine Vergewisserung. Nur Johannes war es vergönnt, von Jesus die Identität des Verräters zu erfahren, aber weder er noch die anderen versuchten, Judas abzuhalten, als er die Gesellschaft verließ. Vielleicht befanden sie sich in einem Schockzustand oder realisierten nicht, was sich gerade abspielte. Vielleicht fühlten sie sich auch nur erleichtert, dass es keiner von ihnen war, und waren froh, ihn gehen zu sehen.

Wenn wir uns daran erinnern, dass die Schriften gegeben wurden, um uns „weise zu Errettung" zu machen, dann ist es nicht abwegig, zu unterstellen, dass die Bedeutungsschwere dieser Tragödie beabsichtigt, eine Lektion für alle Nachfolger zu sein. Man kann genauso eng mit Christus verbunden sein, wie er es war, ebenso wie er mit dem Dienst beschäftig sein und kann dennoch in der Treue versagen. Immer wieder warnt das Neue Testament vor dem Geld, vor der Gier nach

Geld, vor der Liebe zum Geld und brandmarkt diese weit verbreitete Versuchung. Sie hat einen der zwölf Apostel in den Untergang getrieben und kann jeden Jünger in den Untergang treiben. Für jeden Jünger geziemt es sich zu fragen: „Bin ich es, Herr?"

Milton Keynes UK
Ingram Content Group UK Ltd.
UKHW050241230324
439834UK00013B/372

9 781913 472115